그리스 로마 신화

돋을새김 푸른책장 시리즈 **030**

그리스 로마 신화

초판 발행 2020년 1월 10일

지은이 | 토머스 불핀치
옮긴이 | 권혁
발행인 | 권오현

펴낸곳 | 돋을새김
주소 | 경기도 고양시 일산동구 하늘마을로 57-9 301호 (중산동, K시티빌딩)
전화 | 031-977-1854~5 팩스 | 031-976-1856
홈페이지 | http://blog.naver.com/doduls 전자우편 | doduls@naver.com
등록 | 1997.12.15. 제300-1997-140호
인쇄 | 금강인쇄(주)(031-943-0082)

ISBN 978-89-6167-264-1 (03900)
Korean Translation Copyright ⓒ 2019, 권혁

값 12,000원

돋을새김
푸른책장
시 리 즈
0 3 0

그리스 로마 신화

토머스 불핀치 지음 | **권혁** 편역

돋을새김

***

이 작품은 학자나 신학자 또는 철학자를 위해 쓴
것이 아니다. 대중적인 강연과 에세이와 시 그리
고 세련된 대화에서 자주 인용되는 은유들을 이해
하고 싶은 문학 독자들을 위한 것이다. —불핀치

제우스와 테티스. 바다의 여신, 테티스가 신들의 제왕, 제우스를 찾아가 트로이 전쟁에 참가한 아들, 아킬레우스를 구해달라고 간청하고 있다. (앵그르 작, 1811년)

에우로페의 납치. 해변에서 놀고 있던 에우로페를 아름다운 황소의 모습으로 변신한 제우스가 접근하여 그녀를 태우고 크레타 섬으로 데려가고 있다.

(좌) 레다와 백조. 아름다운 레다에게
반한 제우스가 백조로 변신하여 그녀를
유혹한다.(귀스타브 모로 작, 19세기경)
(우) 제우스와 세멜레. 천둥과 번개에
휩싸인 제우스의 빛을 견디지 못하고
타 죽은 세멜레.(귀스타브 모로 작, 19세
기경)

자신의 아버지인 하늘의 신, 우라노스를 거세하는 크로노스. 하지만 그도 역시 훗날 아들, 제우스에 의해 왕좌에서 폐위된다. 그리고 세상은 제우스와 올림포스 신들이 차지했다.

파리스의 심판. 트로이의 왕자, 파리스는 미의 여신으로 칭송받는 헤라, 아테나, 아프로디테 중에서 가장 아름다운 여신을 선택하여 황금 사과를 건네라는 제우스의 명령을 받게 되었다. 파리스는 아프로디테를 선택했다. 그녀가 세상에서 가장 아름다운 여인을 주겠다고 약속했기 때문이다.

젊은 여인이 오르페우스의 머리와 리라를 트라케 강가에서 거두고 있다.(귀스타브 모로 작, 1865년).

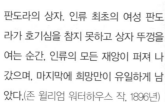

판도라의 상자. 인류 최초의 여성 판도라가 호기심을 참지 못하고 상자 뚜껑을 여는 순간, 인류의 모든 재앙이 퍼져 나갔으며, 마지막에 희망만이 유일하게 남았다.(존 윌리엄 워터하우스 작, 1896년)

아틀라스. 올림피아 신들과 티탄 신족의 싸움에서 티탄
신족을 편들었다는 이유로 제우스로부터 지구를 떠받치
는 형벌을 받았다. 지도책을 의미하는 Atlas는 여기에서
유래되었다.

아프로디테(비너스)의 탄생. 사랑과 미의 여신 아프로디테는 바다의 물거품에서 태어났다. 제피로스와 계절의 여신들이 그녀에게 옷을 입혀 주고 신들이 모여 있는 곳으로 데리고 갔다. (보티첼리 작, 1485년경)

글라우코스와 스킬라. 글라우코스
는 원래 어부였는데, 신비한 풀을
먹고 불사의 바다의 신이 되었다.
요정 스킬라에 대한 짝사랑으로 그
녀를 불행하게 만들게 된다.

아들 아킬레우스를 불사의 신으로 만들기 위해 스틱스 강에 담그는
테티스. 이때 발뒤꿈치는 강물에 닿지 않아 그의 치명적인 급소가 되
었다. 아킬레스건이라는 말은 여기에서 유래되었다.

테세우스와 아이트라. 테세우스가 아버지 아이게우스가 숨겨 놓은 신표인
칼과 신발을 찾기 위해 바위를 들어올리고 있다.

아테나와 아라크네. 베짜는 솜씨와 자수 솜씨로 자신과 경쟁한 아라크네
에 분노한 아테나 여신이 아라크네를 쫓아가서 거미로 변신시켜 버린다.
Arachne는 거미를 의미한다.

오디세우스와 세이렌. 오디세우스는 선원들을 유혹하는 님프, 세이렌의 노래를 이겨내기 위해 자신의 몸은 돛대에 묶고, 부하들의 귀는 밀랍으로 봉했다. (존 윌리엄 워터하우스 작, 1891년) 치명적인 유혹을 의미하는 세이렌의 이미지는 오늘날 스타벅스의 로고에 사용되고 있다.

키르케. 바다의 신, 글라우코스가 사랑한 님프 스킬라를 질투한 그녀는 바
닷물에 마법의 약을 넣어 스킬라를 괴물로 만들어 버렸다. (존 윌리엄 워터
하우스 작, 1892년)

오이디푸스와 안티고네. 아버지를 죽이고 어머니와 결혼하게 될 것이라는 신탁의 예언이 실현되자, 오이디푸스는 스스로 장님이 되었다. 그의 딸, 안티고네가 아버지의 방랑길에 동반자가 되었다.

디오니소스. 로마 신화의 바쿠스. 술의 신, 즉 포도 재배법을 세상에 널리 알린 풍요의 신이다.

디오니소스 축제. 디오니소스의 고향 테베에서는 그의 부활을 찬미하는 의식이 열광적으로 이루어졌다. 그의 주위에는 마니아데스라고 불리는 열광적인 여신도들이 있었다.

차 례

일러두기

1. 이 책은 1913년에 발행된《Bulfinch's Mythology》에서 'The Age of Fable'을 편역한 것이다.

2. 이 책에서 사용된 그리스와 로마의 인명과 지명은 국립국어원의 외래어 표기법에 따라 그리스어와 라틴어 발음을 따랐으며, 영어식 표기가 익숙한 일부의 경우는 통용되는 발음으로 표기했다.

제1장 서론

그리스의 신들

고대 그리스와 로마 시대의 종교는 완전히 사라졌다. 현대인들 중에서 이른바 올림포스의 신들을 숭배하는 사람은 아무도 없다. 올림포스의 신들은 이제 신학이 아닌 문학과 취미의 분야에 속한다. 그 분야에서 신들은 여전히 자신들의 자리를 차지하고 있으며 앞으로도 그럴 것이다. 그들은 고대는 물론 현대의 가장 뛰어난 시와 미술 작품들과 너무나도 밀접하게 연결되어 있어 잊혀지지는 않을 것이다.

이제부터 고대인들로부터 우리에게 전해 내려왔으며 현대의 시인, 수필가, 강연자들에 의해 자주 인용되곤 하는 그들과 관련된 이야기를 들려주려 한다. 독자 여러분은 그동안 상상력으로 창작해낸 것들 중에서도 가장 매력적인 이야기들을 즐기면서 동시에 당대의 세련된 문학 작품을 이해하려는 모든 사람들에게 반드시 필요한 지식을 얻게 될 것이다.

이 이야기들을 이해하려면 고대 그리스인들 사이에 널리 알려져 있던 세계의 구조에 관한 생각을 잘 알고 있을 필요가 있다. 로마인은 그리스인들로부터 과학과 종교를 받아들였으며, 그 밖의 나라에서는 로마인을 통해 그것들을 이어받았기 때문이다.

그리스인들은 지구가 둥글고 평평하며 자신들의 나라가 그 한가운데에 있다고 믿었다. 그리고 그 중심이 되는 곳에 신들의 거주지인 올림포스 산 그리고 신전으로 너무나도 유명한 델포이가 있다고 생각했다.

이 지구라는 둥근 원반은 서쪽으로부터 동쪽으로 가로지르는 '바다'에 의해 두 개의 부분으로 동등하게 나뉘어져 있어서, 그들은 그 바다를 지중해라 부르고 그곳에서 이어지는 바다를 흑해라 불렀으며, 그들이 알고 있던 바다는 오직 이 두 곳뿐이었다.

지구를 둘러싸고 '끝없이 넓은 강'이 흐르며, 지구의 서쪽 지역에서는 남에서 북으로, 동쪽 지역에서는 그 반대로 흘렀다. 한결같이 평온하게 흐르는 그 강은 폭풍이거나 사나운 비바람에도 범람하는 일이 없었다. 바다와 지구상의 모든 강들은 그곳에서 물을 받아들였다.

지구의 북부 지역에는 영원한 행복과 봄날을 누리는 히페르보레오스라는 행복한 종족이 우뚝 솟은 산 너머에서 살고 있으며, 그 산의 동굴로부터 헬라스(그리스)의 사람들을 얼어붙게 만드는 살을 에는 듯한 북풍이 불어온다고 생각했다. 그곳은 육지는 물론 바다로도 접근할 수 없었고, 그곳 사람들은 질병과 고령, 고된 노동과 전쟁을 겪지 않고 살아간다.

무어인(아프리카 북서부에 살던 사람들)이 전해준 '히페르보레오스의 노래'는 이렇게 시작된다.

나는 강렬한 태양 아래
금빛 정원이 반짝이며,
북풍은 고요히 잠들어 있고
소라고둥마저 울리지 않는 땅에서 왔다네.

지구의 남쪽 지역에는 끝없이 넓은 강의 물줄기와 가까운 곳에 히페르보레오스처럼 행복하고 고결한 사람들이 살고 있었다. 신들은 에티오피아인이라 불리는 그들을 무척이나 좋아해서 시시때때로 올림포스의 궁전에서 벗어나 그들이 올리는 제물과 향연을 함께 즐겼다.

또한 끝없이 넓은 강가의 서쪽 가장자리에는 '엘리스온의 평야'라고 불리는 행복이 가득한 지역이 있으며, 신들의 사랑을 받는 그곳의 인간들은 죽음을 겪지 않으면서 영원한 행복을 마음껏 누리며 살고 있었다. 이 행복이 가득한 지역은 '행운의 평야' 또는 '축복받은 섬'이라고 불리기도 했다.

이처럼 고대의 그리스인들은 자신들의 나라 동쪽과 남쪽 또는 지중해 연안 가까이에 있는 사람들 외에는 전혀 알지 못했다는 것을 알 수 있다. 이 바다의 서쪽 지역에는 거인과 괴물, 여자 마법사들이 살고 있으며, 그다지 넓지 않을 것이라고 생각한 원반처럼 생긴 지구의 둘레에는 신들의 특별한 총애를 받으면서 행복과 장수의 축복을 받은 사람들이 산다고 상상했다.

동쪽 지역의 끝없이 넓은 강에서 떠오르는 새벽과 해 그리고 달은 하늘을 가로지르고 이동하며 신과 인간에게 빛을 비춰준다. 북두칠성이거나 큰곰자리를 구성하는 별들과 그 주변의 다른 별들도 모두 이 끝없이 넓은 강에서 떠올라 다시 그곳으로 진다. 날개 달린 배를 타고 다니는 태양신이 지구의 북쪽 지역을 한 바퀴 돌고 떠올랐던 동쪽의 자기 지역으로 돌아간다.

신들의 거주지는 테살리아에 있는 올림포스 산의 꼭대기에 있었다. '계절'이라 불리는 여신들이 지키고 있는 구름의 문은 천상의 신들이 지상으로 내려가고 올라올 때마다 열려 통행할 수 있었다. 신들은 독립된 자신들의 거처가 있었지만 소집이 되면, 평소에 땅과 바다 또는 지하세계의 살던 신들 역시 모두 다 제우스의 궁전으로 모였다.

신들은 올림포스 산의 주인이 살고 있는 궁전의 커다란 연회장에서 그들의 음식과 음료인 암브로시아와 넥타르를 즐긴다. 아름다운 여신 헤베가 넥타르를 나누어 주면 천상과 지상에 일어난 여러 일들에 대해 이야기한다. 그동안 음악의 신, 아폴론이 리라(고대 그리스의 악기)를 연주하여 흥을 돋우고, 뮤즈의 여신들은 그 음악에 맞추어 노래를 불렀다. 해가 지면 신들은 모두 각자의 거처로 돌아가 잠들었다.

여신들의 예복을 비롯하여 그 외의 의상들은 아테나와 미의 세 여신이 베를 짜서 만들었으며, 좀 더 딱딱한 성질의 것들은 모두 여러 가지 금속으로 만들어냈다. 헤파이스토스는 건축가이자 대장장이로 무기와 마차를 만들었으며 올림포스에서 필요한 모든 것을 만들어내는 기술자였다.

그는 놋쇠를 이용해 신들의 집을 지었으며, 신들을 위한 황금 신발도 만들었다. 신들은 황금 신발을 신고 바다와 하늘을 걸어 다녔으며 바람의 속도로, 심지어는 생각의 속도로 이곳저곳으로 옮겨 다녔다.

또한 헤파이스토스가 천마들에게 놋쇠편자를 박아 주자 천마들은 신들의 마차를 이끌고 하늘을 날고 바다의 표면을 따라 질주했다. 그는 자신의 작품에 스스로 움직이는 힘을 부여할 수 있어서 그가 만든 세발 의자나 탁자들은 궁전의 연회장을 마음대로 들고날 수 있었다. 또 자신을 시중들도록 한 황금빛 시녀들에게는 총명함을 불어넣어 주었다.

제우스는 비록 신과 인간들의 아버지라고 불리지만 그에게도 아버지가 있었다. 크로노스(사투르누스)가 그의 아버지이며, 어머니는 레아(옵스)였다. 크로노스와 레아는 하늘과 땅의 자손인 티탄족이었으며 하늘과 땅은 카오스에서 태어났다. 카오스에 대해서는 다음 장에서 좀 더 자세히 이야기하게 될 것이다.

또 다른 우주개벽설 또는 창조의 이야기에 따르면 처음에는 대지와 에레보스(어둠의 신) 그리고 에로스가 있었다. 에로스는 카오스 위에 떠돌아다니던 밤의 알에서 태어났다. 그는 화살로 세상의 온갖 것들을 꿰뚫고 횃불로 생기를 불어넣어 생명과 기쁨을 만들어냈다.

티탄족에는 크로노스와 레아만이 아니라 오케아노스, 히페리온, 이아페토스, 오피온이라는 남자 신들과 테미스, 므네모시네, 에우리노메라는 여자 신들도 있었다. 원로신으로 불리는 이들의 지배권은 훗날 다른 신들에게 넘어가게 되었다.

크로노스는 제우스에게, 오케아노스는 포세이돈에게, 히페리온은 아폴론에게 지배권을 넘겨주었다. 히페리온은 태양과 달 그리고 새벽의 아버지였다. 가장 화려하고 아름답게 묘사되는 최초의 태양신이며, 태양신으로서의 지배권은 나중에 아폴론에게 물려주었다. 오피온과 에우리노메는 크로노스와 레아에 의해 왕위에서 물러나게 될 때까지 올림포스를 다스렸다.

크로노스에 대한 설명은 전혀 일관성이 없다. 한편으로는 그가 다스리던 시절이 순수하고 순결한 황금시대였다고 말하지만, 또 다른 한편으로는 그가 자식들을 잡아먹은 괴물이라고 설명한다. 하지만 이러한 운명에서 벗어난 제우스(크로노스의 아들)는 성인이 되어 메티스를 아내로 맞이했으며, 메티스는 크로노스에게 약을 먹여 그가 잡아먹은 자식들을 토해내도록 했다.

제우스는 그 형제자매들과 함께 아버지인 크로노스와 티탄 신족인 그의 형제들에게 반기를 든다. 그들을 정복하고 난 후 일부는 타르타로스(무한 지옥)에 가두고 다른 신들에게는 또 다른 형벌을 내렸다. 아틀라스에게는 두 어깨로 하늘을 지고 있도록 하는 벌을 내렸다.

크로노스를 왕위에서 몰아낸 제우스는 형들인 포세이돈, 플루톤과 함께 크로노스의 영토를 나누었다. 제우스는 하늘을, 포세이돈은 바다, 플루톤은 지하세계를 차지했으며 대지와 올림포스는 공동으로 소유하기로 했다.

제우스는 신과 인간들의 왕이 되었다. 제우스의 무기는 천둥이었고, 헤파이스토스가 그를 위해 만들어 준 아이기스라는 방패를 가지고 있었으며, 총애하는 독수리와 함께 번개를 손에 지니고 있었다.

헤라(유노)는 제우스의 아내였으며 신들의 여왕이었다. 무지개의 여신인 이리스는 헤라의 시녀이며 심부름꾼이었다. 여왕이 총애하는 새는 공작이었다.

최고의 장인인 헤파이스토스는 제우스와 헤라 사이에서 태어난 아들이었다. 그는 절름발이로 태어났는데 어머니인 헤라는 그 모습이 너무 못마땅해서 그를 하늘에서 쫓아내버렸다.

또 다른 이야기에 의하면 제우스와 헤라가 부부싸움을 할 때 어머니 편을 들었다는 이유로 헤파이스토스를 발로 차버렸는데 하늘에서 떨어지면서 절름발이가 되었다고 한다. 하루 종일 추락하던 그는 마침내 렘노스 섬에 떨어졌고, 그 후로 이 섬은 헤파이스토스의 성지가 되었다.

전쟁의 신, 아레스(마르스)는 제우스와 헤라의 아들이었다. 궁술과 예언, 음악의 신, 포이보스('밝게 빛나는 자'라는 뜻이며, 아폴론의 별칭이다) 아폴론은 제우스와 레토 사이에서 태어난 아들이며 아르테미스의 오빠였다. 그는 태양의 신이었으며, 그의 여동생인 아르테미스는 달의 여신이었다.

사랑과 아름다움의 여신인 아프로디테(베누스, 비너스)는 제우스와 디오네 사이에서 태어난 딸이었다. 또 다른 이야기에 따르면 아프로디테는 바다의 거품에서 태어났는데, 제피로스(서풍의 신)가 물결을 따라 그녀를 키프로스 섬까지 밀어 보냈으며, 계절의 여신들이 그녀를 환영하여 옷을 입혀주고 신들이 모여 있는 곳으로 데리고 갔다고 한다.

신들은 모두 그녀의 아름다움에 매혹되어 저마다 아내가 되어 달라고 요청했다. 제우스는 번개를 잘 만들어 낸 것에 대한 감사의 표시로 그녀를 헤파이스토스에게 주었다. 이렇게 하여 여신들 중에서 가장 아름다운 여신이 가장 못생긴 신의 아내가 되었다.

아프로디테는 케스토스라 불리는 자수로 장식된 허리띠를 갖고 있었는데, 이 허리띠에는 사랑을 일으키는 힘이 있었다. 그녀가 총애하던 새는 백조와 비둘기였으며, 그녀에게 바쳐지는 식물은 장미와 도금양이었다.

사랑의 신, 에로스는 아프로디테의 아들이다. 그는 언제나 어머니와 함께 했으며 활과 화살을 가지고 다니면서 신과 인간들의 가슴에 사랑의 화살을 쏘아 날렸다. 안테로스라는 신이 있었는데, 그는 때로는 서로 사랑하는 연인의 상징이었지만, 때로는 무시 받은 사랑을 복수하는 신이기도 했다. 그에 대한 다음과 같은 이야기가 전해진다.

아들인 에로스가 언제나 어린이로 머물러 있는 것에 대해 테미스(율법의 여신, 앞날을 예견한다)에게 하소연하던 아프로디테는 에로스가 외로워서 그런 것이니 만약 동생이 생긴다면 빨리 자라게 될 것이라는 말을 듣게 되었다. 그로부터 얼마 후 안테로스가 탄생하자마자 에로스는 빠르게 키도 크고 힘도 세어졌다고 한다.

지혜의 여신, 팔라스 아테나(미네르바)는 제우스의 딸이었지만 어머니는 없었다. 그녀는 제우스의 머리에서 완전히 성장한 상태로 태어났다. 그녀가 총애하던 새는 올빼미였으며, 그녀에게 바쳐진 식물은 올리브였다.

헤르메스는 제우스와 마이아 사이에서 태어난 아들이었다. 그는 상업과 힘겨루기 그리고 그 밖의 여러 가지 운동 경기들과 심지어는 도둑질도 주관했는데, 한마디로 말하자면 능숙하고 재빠른 솜씨가 필요한 모든 일을 주재했다. 그는 제우스의 전령으로 날개가 달린 모자를 쓰고 날개가 달린 신발을 신고 있었으며, 손에는 두 마리의 뱀이 칭칭 감겨 있는, 케리케이온이라는 지팡이를 들고 다녔다.

헤르메스가 리라를 발명했다고 한다. 어느 날 거북이 한 마리를 발견한 그는 등딱지의 양 끝에 구멍을 뚫고 그곳에 린네르 실을 꿰어 넣어 그 악기를 완성시켰다. 현의 수는 아홉 명의 뮤즈의 여신을 경배하는 의미로 아홉 줄이었다. 헤르메스는 이것을 아폴론에게 주었고, 그것에 대한 답례로 케리케이온을 받았다.

데메테르는 크로노스와 레아의 딸이었다. 페르세포네라는 그녀의 딸은 훗날 플루톤의 아내가 되어 지하세계의 여왕이 되었다. 데메테르는 농업을 주재했다.

술의 신, 디오니소스는 제우스와 세멜레 사이에서 태어난 아들이었다. 취하게 하는 술의 효력을 의미할 뿐만 아니라 사회적으로 유익한 영향력을 끼친다는 의미에서 문명의 선구자이며 입법자 그리고 평화의 수호자로 여겨진다.

뮤즈의 여신들은 제우스와 므네모시네와의 사이에서 태어난 딸들이었다. 그들은 노래를 주재하고 기억을 불러일으켰다. 아홉 명인 그들은 각각 문학, 예술 또는 과학의 특별한 분야들을 우선적으로 담당했다. 즉 칼리오페는 서사시, 클레이오는 역사, 에우테르페는 서정시, 멜포메네는 비극, 테르프시코레는 노래와 춤, 에라토는 사랑시, 폴리힘니아는 성가, 우라니아는 천문학, 탈레리아는 희극의 뮤즈였다.

미의 여신(카리테스)들은 향연과 춤을 비롯하여 모든 사회적인 오락 활동과 품위 있는 예술 활동을 주재했다. 세 자매인 그들의 이름은 에우프로쉬네, 아글라이아, 탈리아였다.

운영의 여신 역시 세 명으로 클로토와 라케시스 그리고 아트로포스였다. 그들의 임무는 인간의 운명의 실을 짜는 것이었으며 커다란 가위를 가지고 다니면서 자신들이 원하는 대로 운명의 실을 잘라냈다. 그들은 테미스의 딸이며, 테미스는 제우스의 왕좌 곁에 앉아 조언을 건넸다.

에리니에스 또는 푸리아이(Furies)는 공공의 정의를 거부하거나 기피하는 사람들의 범죄를 그들의 비밀스러운 바늘로 벌을 주는 세 명의 여신이었다. 그들의 머리는 뱀들로 장식되어 있었으며 온몸이 공포스럽고 소름끼치는 모습이었다. 세 자매의 이름은 알렉토, 티시포네, 메가이라인데 에우메니데스라고 불리기도 했다. 네메시스도 역시 복수의 여신이었으며, 특히 거만하고 무례한 자들에 대한 신들의 정당한 분노를 상징한다.

판은 가축과 목동의 신이었다. 그가 자주 들러 머무는 곳은 아르카디아의 들판이었다. 사티로스는 숲과 들판의 신들이었다. 그들의 몸은 온통 거친 털로 덮여 있고 머리에는 짧은 뿔이 돋아 있었으며 다리는 염소의 다리와 비슷하다고 한다.

모모스는 웃음의 신이며, 플루토는 풍요로움의 신이었다.

로마의 신들

지금까지 이야기한 신들은 그리스의 신들이었지만 로마인들도 받아들였다. 다음은 로마의 신화에만 등장하는 신들이다.

사투르누스는 고대 이탈리아인들의 신이었다. 그를 그리스의 신인 크로노스와 동일한 신이라고 생각하기도 했으며 제우스에 의해 쫓겨나 이탈리아로 달아나 황금시대라 불리는 기간 동안 그곳을 다스렸다는 이야기가 전해오고 있다.

그의 선정을 기념하기 위해 해마다 겨울이 되면 사투르나리아라는 축제가 열렸다. 축제가 열리는 동안에는 모든 공공 업무가 정지되고, 전쟁 선포와 형벌의 집행도 연기되었으며 친구들은 서로 선물을 교환하고 노예들에게는 최대한의 자유가 허용되었다. 뿐만 아니라 노예들을 위한 연회가 열리면 노예들은 식탁에 앉고 주인이 그들의 시중을 들었다. 이것은 사투르누스가 다스리는 동안에는 모든 인간은 자연적으로 평등하며, 만물은 모든 인간에게 공평하게 속한다는 것을 보여주기 위한 것이었다.

사투르누스의 손자인 파우누스는 들판과 목동의 신 그리고 예언의 신으로도 숭배를 받았다. 파우누스의 복수형인 파우니는 그리스의 신인 사티로스처럼 장난기가 많은 무리들을 가리킨다. 전쟁의 신, 키리누스는 다름 아닌 로마의 창시자인 로물루스로 사망 이후에 신의 지위로 올려졌다고 한다. 벨로나는 전쟁의 여신이다.

테르미누스는 토지의 경계를 다스리는 신으로 거친 바위와 기둥으로 만든 그의 상을 세워 들판의 경계를 표시했다. 팔레스는 가축과 목초지를 관장하는 여신이다. 포모나는 과일나무를 주재하는 신이며, 플로라는 꽃의 여신, 루키나는 출산의 여신이다.

베스타(헤스티아)는 나라와 가정의 화로를 주재하는 신이었다.

베스타의 신전에는 베스탈이라는 여섯 명의 처녀 사제들이 신성한 불씨를 지켰다. 로마인들은 나라의 안전이 이 불씨의 보존에 달려 있다고 믿었으므로 처녀 사제들의 부주의로 불씨가 꺼진다면 그녀들을 엄격하게 처벌했으며, 꺼진 불씨는 태양의 광선으로부터 다시 점화되었다.

리베르는 바쿠스(디오니소스)의 라틴어 이름이며 물키베르는 불카누스의 이름이다.

야누스는 하늘의 문지기였다. 그가 한 해를 시작하므로 첫 번째 달은 그의 이름(야누리아리우스, 영어 January)에서 유래되었다. 그는 문을 수호하는 신이기 때문에 보통 두 개의 머리를 가진 것으로 묘사되는데, 모든 문은 양쪽 방향을 바라보고 있기 때문이다. 로마에는 야누스의 신전이 무척 많았다. 전쟁 시기에는 제1의 문이 항상 열려 있었으며 평화로운 시기에는 닫혔지만 누마(로마시대의 제2대 왕)와 아우구스투스(고대 로마의 초대 황제)의 통치 시기 사이에 단 한번만 닫혀 있었다.

페나테스는 가족의 건강과 행복을 지켜주는 신들로 여겨졌으며 그들의 이름은 그들에게 바쳐진 식료품 저장실인 페누스에서 유래된 것이었다. 한 가족의 가장은 모두 자신의 집에서는 페나테스의 사제였다.

라레스 또는 라르들도 가정의 수호신이지만 인간의 신성시된 영혼으로 여겨진다는 점에서 페나테스와는 다르다. 가정의 수호신 라레스는 후손을 지켜주며 보호하는 조상들의 영혼이라고 믿었다. 레무레스(Lemures)와 라르바(Larva)라는 말은 현재의 고스트(ghost)라는 말에 더 가깝다.

로마인들은 모든 남자는 자신의 수호신인 게니우스, 여자는 자신의 수호신인 유노가 있어서, 그 신이 자신들에게 영혼을 주었으며, 평생 자신들을 보호하는 것이라고 믿었다. 그래서 자신들이 태어난 날에 남자는 게니우스에게, 여자는 유노에게 예물을 올렸다.

프로메테우스
제우스에게서 불을 훔쳐 인간에게 주다

이 세상의 창조는 자연스럽게 이곳에 살고 있는 우리 인간들의 강렬한 관심을 불러일으키기에 충분한 문제이다. 우리가 성서를 통해 알고 있는 창조에 대한 지식이 전혀 없었던 고대의 이교도들에게는 다음과 같은 자신들만의 창조 이야기가 있었다.

땅과 바다와 하늘이 창조되기 전에 만물은 모두 한 가지 모습만을 지니고 있었으며 우리는 그것을 카오스라고 불렀다. 혼란스럽고 형태가 없는 무거운 덩어리일 뿐이었지만, 그 안에는 모든 사물의 근원이 잠들어 있었다.

땅과 바다와 공기가 모두 뒤섞여 있었으므로 땅은 고체가 아니었고 바다는 액체가 아니었으며 공기는 투명하지 않았다. 마침내 신과 자연이 개입하여 땅을 바다에서 분리시키고, 하늘을 그 두 가지와 분리시켜 이러한 불화의 상태를 끝내게 되었다. 가장 가벼워 불붙기 쉬운 부분은 솟아올라 하늘이 되었으며, 공기는 그 다음의 무게로 그 다음의 장소를 차지했다. 그보다 더 무거운 땅은 아래로 가라앉았으며 물은 가장 낮은 곳을 차지하며 땅을 지탱했다.

이때 어떤 신 — 어떤 신이었는지 알려지지 않았지만 — 이 세계를 정돈하고 배치하는 역할을 떠맡았다. 그는 강과 해안의 위치를 지정하고, 산을 일으키고 땅을 파 계곡을 만들고 숲과 샘, 비옥한 들판과 메마른 황야를 골고루 배치했다. 공기가 깨끗해지면서 별들이 나타나기 시작했고, 물고기는 바다를, 새는 하늘을, 네발 짐승은 땅을 차지했다.

하지만 보다 고귀한 동물이 필요하게 되어 인간이 만들어졌다. 창조주가 인간을 신성한 재료로 만들었는지, 아니면 이제 막 하늘에서 떨어져 나와 여전히 천상의 근원이 잠들어 있는 땅으로 만들었는지는 알 수 없다.

프로메테우스는 이 땅의 일부를 떼어내 물로 반죽하여 신의 형상으로 인간을 만들었다. 그는 인간에게 똑바로 설 능력을 주었으므로 다른 모든 동물들이 얼굴을 아래로 향해 땅을 보지만, 인간은 얼굴을 하늘로 향해 별들을 올려 보게 되었다.

프로메테우스('먼저 생각하는 사람')는 인간이 만들어지기 전에 이 땅에 살던 거대한 종족인 티탄 신족의 일원이었다. 그와 동생인 에피메테우스('뒤늦게 생각하는 사람')에게는 인간을 만들고, 인간과 그 밖의 모든 동물들에게 자신들을 지키는데 필요한 능력을 제공하라는 역할이 맡겨져 있었다.

에피메테우스가 이러한 일을 수행했으며 프로메테우스는 그 작업이 다 끝났을 때 확인을 할 예정이었다. 그래서 에피메테우스는 여러 동물들에게 용기, 힘, 재빠름, 총명함 등의 다양한 선물을 제공하는 일을 진행했다. 어떤 동물에게는 날개를 주고, 다른 동물에게는 발톱을 주었으며 또 다른 동물에게는 몸을 덮을 껍질을 주었다.

하지만 다른 모든 동물보다 더 뛰어나게 만들기로 되어 있던 인간에게 무언가를 주려 했을 때, 에피메테우스는 자신이 가진 것을 모두 다 써버렸기 때문에 인간에게 줄 것이 하나도 남아 있지 않았다. 당황한 그는 형인 프로메테우스에게 도움을 청했고, 프로메테우스는 아테나의 도움을 받아 하늘로 올라가 태양의 마차에서 자신의 횃불에 불을 붙여 인간에게 불을 전해 주었다.

불을 선물로 받게 된 인간은 다른 모든 동물보다 더 강해졌다. 그것으로 그들을 제압할 무기와 땅을 경작할 도구들을 만들 수 있었다. 또한 자신들이 사는 곳을 따뜻하게 만들 수 있었으므로 어느 정도는 기후와 관계없이 살 수 있게 되었다. 더 나아가 예술을 이해할 수 있게 되었으며, 거래와 무역의 수단인 화폐를 만들어 사용할 수 있게 되었다.

판도라
인류에게 불행을 선물하다

여자는 아직 만들어지지 않았다. 터무니없는 이야기이지만, 제우스가 여자를 만들어 프로메테우스와 그의 동생에게 보냈는데, 그들에게는 하늘에서 불을 훔쳐낸 주제 넘는 짓을 한 것에 대해 그리고 인간에게는 그 선물을 받아들인 것에 대한 벌이었다는 것이다.

최초의 여자는 '판도라'라고 불렸다. 그녀는 하늘에서 만들어졌으며, 모든 신들이 그녀를 완성하기 위해 조금씩 도움을 주었다. 아프로디테는 아름다움을, 헤르메스는 설득력을, 아폴론은 음악 등을 주었다. 그러한 것들을 모두 갖춘 판도라는 땅으로 옮겨져 에피메테우스에게 건네졌다. 비록 형인 프로메테우스가 제우스와 그의 선물을 조심해야 한다고 경고했지만 에피메테우스는 그녀를 흔쾌히 아내로 맞이했다.

에피메테우스의 집에는 보금자리를 새로 꾸미는 신랑에게는 불필요한 것들을 담아둔 항아리가 하나 있었다. 판도라는 항아리 속에 들어 있는 것이 무엇인지 알고 싶은 호기심에 사로잡혀, 어느 날 항아리의 뚜껑을 열고 그 안을 들여다보았다. 그 즉시, 인간을 불행하게 만드는 수많은 재난과 저주들이 — 인간의 육체를 괴롭히는 통풍, 류머티즘, 복통 그리고 정신을 괴롭히는 질투, 원한, 복수와 같은 것들 — 그 속에서 빠져나와 사방으로 멀리 흩어졌다.

판도라는 서둘러 뚜껑을 덮으려 했지만 항아리 속에 들어 있던 것들은 모두 도망쳐 버리고 맨 밑바닥에 있던 오직 한 가지 '희망'만이 남아 있었다. 그래서 오늘날의 우리는 그 어떤 불행이 사방에 퍼져 있다 해도 희망은 결코 우리 곁을 떠나지 않는다는 것을 알고 있다. 그리고 희망을 간직하는 한 그 어떤 불행도 우리를 완전히 비참하게 만들지는 못한다.

또 다른 이야기도 있다. 제우스가 인간을 축복하기 위해 성의껏 판도라를 보내면서, 모든 신들의 축복을 담고 있는 상자 하나를 결혼 선물로 주었다는 것이다. 판도라가 경솔하게 그 상자를 열었을 때 축복들은 모두 달아나고 오직 희망만이 남아 있었다는 것이다. 이 이야기가 앞의 것보다 더 있음직한 일처럼 보인다. '희망'이란 무척이나 소중한 보석과 같은 것인데, 앞의 이야기처럼 어떻게 온갖 불행들로 가득 찬 항아리 속에 보관되어 있었다는 것일까?

이렇게 하여 이 세상에는 사람들이 살게 되었으며, 최초의 시기는 죄가 없고 행복하여 '황금시대'라고 불렸다. 법으로 강제하지 않아도 진실과 정의가 실현되었으며, 위협하거나 벌을 내릴 관리도 없었다.

배를 만들기 위한 목재를 공급하기 위해 숲에서 나무들을 베어내는 일도 없었고 마을 주변에 성곽을 쌓는 일도 없었고, 칼과 창, 투구와 같은 것들도 없었다.

대지는 굳이 밭을 갈거나 씨를 뿌리는 노동 없이도 인간에게 필요한 모든 것들을 제공해 주었다. 줄곧 봄이었으므로 씨를 뿌리지 않아도 꽃이 피었고 강에는 우유와 포도주가 흐르고, 참나무에서는 노란 꿀이 방울방울 흘러내렸다.

그 후로 '황금시대'보다는 못했지만 '청동시대'보다는 좋았던 '은의 시대'가 이어졌다. 제우스는 봄을 단축시키고 1년을 네 계절로 나누었다. 인간은 그때 처음으로 극심한 추위와 더위를 견뎌야만 했으며 집들이 필요하게 되었다. 처음에는 동굴에서 살았으며 숲 속의 무성한 나뭇잎으로 덮은 은신처와 나뭇가지를 엮어 만든 오두막에 살았다. 농작물은 더 이상 씨를 뿌리지 않고는 자라지 않았다. 농부는 씨를 뿌려야만 했으며, 소를 끌어 쟁기질을 해야만 했다.

그 다음의 '청동의 시대'에는 인간의 기질이 조금 더 사나워졌으며 언제든 무기를 들고 싸우려 했지만 아직은 모두가 사악하지는 않았다. 가장 험악하고 가장 나빴던 시대는 '철의 시대'였다. 범죄는 홍수처럼 터져 나왔으며 겸양, 진실, 명예는 사라졌다. 그 대신 기만, 교활함, 폭력 그리고 이익을 좇는 사악한 욕망만이 나타났다.

뱃사람은 바람을 향해 돛을 펼쳤으며, 산에서 벌채된 나무들로 배의 용골을 만들어 대양을 누비고 다녔다. 그동안 공동으로 경작하던 땅은 분배하여 소유하기 시작했다. 땅 위에서 수확하는 것으로 만족할 수 없었던 인간들은 땅 밑을 파고 들어가 광석들을 퍼 올렸다. 그렇게 해로운 '철'과 그보다 더 해로운 '금'을 생산해냈다. 이 두 가지를 무기로 삼아 전쟁이 일어났다. 손님으로 친구의 집에 있어도 안전하지 못했으며, 사위와 장인, 형제와 자매, 남편과 아내도 서로를 믿을 수가 없었다. 아버지의 재산을 상속받게 될 아들들은 아버지가 죽기를 바랐으며, 가족의 사랑은 지극히 약해졌다. 대지는 살육의 피로 물들었고 신들도 하나 둘 떠나게 되고 마침내는 아스트라이아(정의의 여신)만이 남았지만 결국에는 그녀도 떠나버렸다.

이러한 상황을 확인한 제우스는 크게 분노하여 회의를 열기 위해 신들을 소집했다. 소집에 따르기 위해 신들은 하늘의 궁전으로 향했다. 맑은 날 밤이면 누구나 볼 수 있는 그 길은 하늘을 가로질러 펼쳐져 있으며, 은하수라고 불린다. 이 길을 따라 이름난

신들의 궁전이 우뚝 서 있고, 하늘의 평민들은 길 양쪽의 떨어진 곳에 살고 있다.

제우스는 신들에게 지상에서 벌어지고 있는 끔찍한 상황을 알리고, 그곳의 주민들을 모두 없애버릴 것이며 그들과는 달리 생명을 누릴만한 가치도 있으며 신을 잘 숭배하는 새로운 종족을 만들겠다고 선언하고 회의를 끝냈다.

말을 마치면서 그는 번개를 집어 들고 이 세상을 향해 던져 모두 불태워 버릴 생각을 했다. 하지만 그처럼 커다란 화재가 일어나면 하늘도 불을 피할 수 없을 것이라는 생각에 미치자, 자신의 계획을 바꾸어 물 속에 빠뜨리는 것으로 결정했다.

비구름을 흩어버리는 북풍을 사슬로 묶어놓고 남풍을 보내자, 하늘은 온통 암흑천지가 되었다. 몰려든 구름은 서로 부딪치며 엄청난 소리를 내고 폭포수처럼 비가 쏟아졌다. 농작물들은 땅에 쓰러지고, 농부들이 일 년 동안 애써 가꾼 모든 것들이 순식간에 사라졌다. 자신의 물만으로 만족하지 못한 제우스는 형인 포세이돈을 불러 그의 물로 자신을 도우라고 했다. 포세이돈은 강을 넘쳐흐르게 하여 대지 위로 쏟아지도록 했다. 그와 동시에 지진을 일으켜 대지를 뒤흔들고 바다를 역류시켜 해안을 휩쓸었다.

양과 소, 인간 그리고 집들이 모두 휩쓸려가고 신성한 울타리로 둘러싸여 있던 신전들도 더럽혀졌다. 무너지지 않은 커다란 건물들도 모두 물속에 잠기고 그곳의 탑들도 밀려오는 파도 아래로 사라졌다. 이제 모든 것이 바다가 되어 해변조차 없었다. 불쑥 튀어 오른 산꼭대기에 몇몇 사람이 살아남았고, 일부는 최근까지 쟁기질을 했던 곳에서 보트를 타고 노를 저었다.

물고기들이 나무 꼭대기 사이에서 헤엄치고, 닻이 정원 안에 내려져 있다. 우아한 양들이 뛰놀던 곳에는 이제 거친 바다표범들이 뛰놀았다. 늑대가 양들 사이에서 헤엄을 치고, 누런 사자와 호랑이가 물속에서 허우적거렸다. 물속에서는 멧돼지의 힘도, 사슴의 빠른 동작도 아무런 소용이 없었다. 쉴 땅을 찾을 수 없는 새들은 날다 지쳐 물에 빠졌다. 물을 피해 겨우 살아남은 생물들도 결국에는 굶주려 죽었다.

모든 산들 중에서 파르나소스 산만이 밀려오는 물결 위로 솟아나 있었다. 그곳에 프로메테우스 가문의 데우칼리온과 그의 아내, 피라가 피신해 있었다. 그는 정직한 사람이었으며, 그녀는 신을 가장 충실하게 섬기는 사람이었다.

그들 부부 외에는 살아 있는 사람이 아무도 없다는 것을 알게 된 제우스는 그들의 악의 없는 삶과 경건한 행실을 기억하면서 북풍에게 구름을 쫓아내 버리고 하늘을 지상에, 땅을 하늘에 드러내도록 명령했다.

포세이돈도 아들인 트리톤에게 소라고둥을 불어 물이 물러나도록 하라고 지시했다. 물은 그 명령에 복종하여 바다는 해안으로 돌아가고 강은 자신들의 수로로 돌아갔다. 그때 데우칼리온이 피라에게 말했다.

"오, 아내여, 유일하게 살아남은 여인이여. 처음에는 혈연과 결혼으로 맺어졌지만 이제는 공동의 위험 앞에 있구려. 우리가 선조인 프로메테우스의 능력을 갖추고 그가 처음에 만들어 냈던 그 종족을 새롭게 만들어낼 수 있다면 얼마나 좋을까! 하지만 그렇게 할 도리가 없으니 신전을 찾아가 우리가 할 수 있는 일을 신들에게 물어 봅시다."

그들은 진흙투성이가 되어 버린 볼품없는 신전으로 들어가 제단으로 다가갔다. 그곳에는 성화도 타오르지 않고 있었다. 그들은 땅에 엎드려 신들에게 기도를 올리며 자신들에게 닥친 이 불행한 사태를 어떻게 벗어나야 할지를 알려 달라고 했다. 그때 신탁이 내려졌다.

"머리에는 베일을 쓰고 옷은 아무 것도 걸치지 말고 이 신전을 떠나라. 그리고 너의 어머니의 뼈를 너의 뒤로 내던져라."

그들은 그 말을 듣고 깜짝 놀랐다. 피라가 먼저 침묵을 깨뜨리며 말했다.

"저희들은 복종할 수 없습니다. 감히 우리 부모님의 유해를 불경스럽게 할 수는 없습니다."

그들은 숲속에서 가장 어두운 그늘을 찾아가 신탁에 대해 곰곰이 생각해 보았다. 마침내 데우칼리온이 입을 열었다.

"나의 판단이 옳다면 신탁은 경건하게 복종해야만 하는 것이오. 대지는 만물의 위대한 부모이며 돌은 대지의 뼈이니 이것을 우리 뒤쪽으로 던져도 될 것 같소. 이것이 신탁의 뜻인 것 같소. 적어도 그렇게 하는 것이 아무런 해도 되지는 않을 거요."

그들은 베일로 얼굴을 가리고 옷을 벗은 다음 돌을 주워 뒤로 던졌다. 그러자 놀랍게도 돌이 점점 부드러워지면서 모양을 갖춰갔다. 마치 조각가의 손에 의해 절반은 완성된 작품처럼 차츰차츰 인간의 형태와 비슷해졌다.

돌 주위의 습기와 진흙은 서서히 살이 되고, 딱딱한 부분은 뼈가 되었다. 돌의 결(veins)은 그대로 혈관(veins)이 되어 이름은 그대로였지만 단지 쓰임새만이 달라졌다. 남자의 손으로 던진 돌은 남자가 되었고, 여자의 손으로 던진 돌은 여자가 되었다. 그들은 오늘날 우리들의 모습에서 알 수 있듯이 노동을 하기에 적합한 튼튼한 종족으로 우리들의 기원을 쉽게 설명해준다.

프로메테우스는 시인들이 좋아하는 주제였다. 그는 제우스가 인류에 대해 격노했을 때 인류의 이익을 위해 관여했으며 문명과 기술을 가르쳤던 인류의 친구로 칭송되었다. 하지만 그것으로 제우스의 뜻을 거역하여 그 자신이 신과 인간의 통치자인 제우스의 분노를 사게 되었다.

제우스는 그를 코카서스 산상의 바위에 쇠사슬로 결박하여, 독수리에게 그의 간을 쪼아 먹게 했으며, 간은 먹어치우자마자 다시 재생되도록 했다. 만약 프로메테우스가 자신의 박해자인 제우스를 굴복시키려 했다면 언제라도 고통스러운 형벌을 끝낼 수도 있었다. 그는 제우스의 왕좌를 견고하게 만드는 비밀을 알고 있었으므로 만약 그것을 제우스에게 알려 주었다면 즉시 총애를 받았을 것이기 때문이다. 그러나 그는 그렇게 하는 것을 경멸스럽게 생각했다. 그래서 프로메테우스는 부당한 고통에 대한 고결한 인내 그리고 억압에 저항하는 강한 의지의 상징이 되었다.

아폴론과 다프네
태양신의 무모한 첫사랑

물이 범람하면서 땅을 뒤덮었던 진흙은 매우 비옥한 토양을 만들어냈으며 좋은 것 나쁜 것 상관없이 온갖 것들이 나타나게 되었다. 그것들 중에서도 어마어마하게 큰 피톤이라는 독사는 파르나소스 산의 동굴 안에 도사리고 있으면서 사람들을 공포에 떨게 했다.

아폴론은 토끼나 산양과 같은 연약한 동물들을 사냥할 때 외에는 사용하지 않았던 화살을 쏘아 피톤을 죽였다. 자신의 빛나는 공적을 기념하기 위해 그는 피톤 경기를 창설하고 힘겨루기나 달리기 또는 전차 경주의 우승자에게는 너도밤나무의 잎으로 만든 관을 씌워 주었다. 당시에는 아직 아폴론이 월계수를 자신의 나무로 받아들이지 않았기 때문이었다.

'벨베데레'라는 아주 유명한 아폴론의 조각상은 피톤을 죽인 아폴론의 승리를 표현해낸 것이다.

다프네는 아폴론의 첫사랑이었다. 그들의 관계는 우연이 아닌 에로스의 악의 때문에 이루어진 것이었다. 피톤을 물리친 승리감에 도취되어 있던 어느 날 어린 소년이 활과 화살을 가지고 놀고 있는 것을 보게 된 아폴론은 소년에게 말했다.

"어이, 장난꾸러기 꼬마야! 전쟁할 때 쓰는 무기로 무얼 하려는 거냐? 그건 쓸 자격이 있는 사람한테나 줘라. 나는 그것으로 독을 품은 몸뚱이로 들판을 활개치고 다니던 어마어마한 독사를 죽였거든! 애야, 너 같은 아이는 횃불에 불이나 붙이면서 노는 것이 더 어울리니 내 무기를 쓸데없이 만지작거리며 놀지 말아라."

이 말에 아프로디테의 아들(에로스)이 대꾸했다.

"아폴론이시여, 당신의 화살은 다른 모든 것을 쏘아버릴 수 있겠지만, 내 화살은 당신을 명중시킬 겁니다."

그렇게 말하면서 에로스는 파르나소스 산의 바위 위에 서서 화살통에서 서로 다른 솜씨로 만든 두 개의 화살을 꺼냈다. 하나는 사랑을 일으키지만, 다른 하나는 사랑을 거부하게 만드는 것이었다. 금으로 만든 앞의 것은 화살 끝이 뾰족했으며, 끝이 무딘 뒤의 것은 납으로 만든 것이었다.

에로스는 납으로 만든 화살로 강의 신, 페네이오스의 딸이며 님프인 다프네를 쏘았고 금 화살로는 아폴론의 심장을 쏘았다.

그 즉시 아폴론은 다프네를 향한 사랑에 사로잡혔으나, 다프네는 사랑한다는 생각마저 싫어하게 되었다. 그녀는 숲속을 뛰어다니며 사냥하는 것을 좋아했다. 그녀에게 사랑을 구하려는 연인들은 많았지만 그녀는 그들을 모두 퇴짜 놓고 숲속을 돌아다녔으며, 사랑이나 결혼 따위는 전혀 관심이 없었다.

그녀의 아버지는 종종 이렇게 말했다.

"얘야, 사위도 그렇지만 손자도 있어야 하지 않겠니."

결혼이 죄를 짓는 것처럼 생각되어 증오하게 된 그녀는 아름다운 얼굴을 붉히고 팔을 아버지의 목에 두르며 말했다.

"사랑하는 아버지, 제발 나도 아르테미스처럼 결혼하지 않은 채 영원히 처녀로 살게 해 주세요."

아버지는 승낙을 하면서도 이렇게 말했다.

"너의 얼굴 때문에 그렇게 할 수는 없을 거다."

다프네를 사랑했던 아폴론은 그녀를 간절히 원했지만, 온 세상에 신탁을 내리는 그에게도 자신의 운명을 예측할 수 있는 지혜는 없었다. 그는 다프네의 양 어깨 위로 흘러내리는 머릿결을 바라보며 말했다.

"마구 흐트러져 있어도 저렇게 아름다운데 단정하다면 얼마나 아름다울까?"

그는 별처럼 빛나는 다프네의 눈을 바라보고 입술도 보면서 그저 바라보는 것만으로 만족할 수는 없었다. 다프네의 두 손과 어깨까지 노출된 팔을 보며 찬탄하면서 보이지 않게 감춰진 곳은 더욱 아름다울 것이라고 상상했다. 아폴론이 쫓아가면 다프네는 바람보다 더 빨리 달아났고, 아무리 간청을 해도 단 한순간도 발을 멈추지 않았다.

"페네이오스의 따님이여, 잠시 멈춰주시오. 해치려는 것이 아니오. 양이 늑대를 피하듯, 비둘기가 매를 피하듯 나로부터 도망가진 마시오. 사랑을 얻기 위해 당신을 쫓아다니는 것입니다. 나 때문에 돌에 걸려 넘어져 다칠까봐 무척이나 걱정이 됩니다. 부디 천천히 가세요. 나도 천천히 따라가겠습니다. 나는 우스꽝스러운 광대도 아니고 무례한 농사꾼도 아니라오. 나의 아버지는 제우스입니다. 나는 델포이와 테네도스의 주인으로 현재와 미래의 모든 일들을 알고 있으며 노래와 리라의 신이기도 합니다. 내가 화살을 쏘면 반드시 표적을 명중시키지만, 놀랍게도! 나의 화살보다도 더 치명적인 화살이 나의 심장을 관통했습니다. 나는 의술의 신이므로 모든 약초의 효능도 알고 있지만, 지금은 그 어떤 약으로도 치료할 수 없는 병을 앓고 있습니다."

그가 하소연을 마저 끝내기도 전에 다프네는 달아나 버렸다. 아폴론의 눈에는 달아나는 모습마저도 아름다웠다. 바람이 불자 그녀의 옷자락은 펄럭거렸고 풀어헤친 머리카락은 등 뒤로 물결처럼 나부꼈다. 자신의 구애가 거절당하자 더욱 안달이 난 아폴론은 사랑의 힘으로 더욱 빨리 달려가 그녀를 바싹 뒤쫓았다. 마치 사냥개가 토끼를 쫓듯 크게 벌린 입으로 금세라도 물어버릴 것 같았지만 연약한 동물은 쏜살같이 달아나 그의 손아귀로부터 벗어났다.

이렇게 신은 사랑의 날개로, 처녀는 두려움의 날개로 쉬지 않고 나는 듯이 달렸다. 하지만 뒤쫓는 아폴론의 속도가 더 빨라서 마침내 다프네를 따라 잡았으며, 그의 헐떡이는 숨소리가 그녀의 머리카락에 닿았다. 점점 힘이 빠진 다프네는 거의 쓰러질 지경이 되어서, 아버지인 강물의 신을 불렀다.

"아버지, 도와주세요. 땅을 열어 저를 둘러싸 주세요. 아니면 내 모습을 바꾸어 주세요. 저의 모습이 이런 위험에 빠지게 했어요!"

간신히 말을 마친 이후 그녀의 팔다리는 뻣뻣하게 굳어갔다. 가슴은 부드러운 나무껍질로 둘러싸이고, 머릿결은 나뭇잎이 되었으며, 두 팔은 나뭇가지가 되었다. 다리는 뿌리가 되어 땅 속으로 단단하게 박혔고 얼굴은 나무 꼭대기로 변해 있었다. 여전히 아름다웠으나, 예전의 모습은 전혀 남아 있지 않았다.

아폴론은 깜짝 놀라 멈춰 섰다. 그가 나무의 줄기를 만지자 새로운 나무껍질 밑에서 떨고 있는 몸이 느껴졌다. 가지들을 끌어

안고 나무에 키스를 퍼붓자 나뭇가지들은 그의 입술을 피해 움츠러들었다.

"이제 당신은 내 아내가 될 수 없으니 나의 나무가 되어야겠소. 당신을 내 왕관으로 쓰고 있겠소. 나의 하프와 화살통도 당신으로 장식할 것이고, 위대한 로마의 장군들이 카피톨리움 언덕으로 개선 행진을 할 때 그들의 이마에 그대의 잎으로 엮은 화관을 쓰게 할 것이오. 영원한 청춘은 나의 것이니 당신 역시 언제나 싱싱할 것이며, 잎은 결코 시들지 않을 것이오."

마침내 월계수로 변한 님프는 머리를 숙여 감사의 표시를 할 뿐이었다.

피라모스와 티스베
검붉은 오디로 피어난 처연한 사랑

세라미스 여왕이 통치하는 바빌로니아에서 가장 아름다운 처녀는 티스베였으며, 가장 잘 생긴 청년은 피라모스였다. 그들의 부모는 이웃집에 살았으므로 두 사람은 함께 자랐고 마침내 사랑하는 사이가 되었다. 두 사람은 기꺼이 결혼을 하려 했지만 부모들은 허락하지 않았다. 하지만 두 사람의 가슴 속에서 열렬히 타오르는 사랑만은 금지할 수 없었다. 그들은 몸짓과 눈짓으로 대화를 나누었으며 감춰진 사랑의 불꽃은 더 강렬하게 타올랐다.

두 집 사이의 벽에는 지을 때 생긴 갈라진 틈이 있었다. 전에는 아무도 알아차리지 못했지만 이 연인들이 그 틈을 찾아냈다. 사랑이 무엇인들 찾아내지 못할까! 그 틈은 이야기를 나눌 통로가 되었으며, 그곳으로 달콤한 사랑의 속삭임이 오고 갔다. 벽을 사이에 두고 서 있을 때는 두 사람의 입김이 섞일 정도였다.

두 사람은 말했다.

"무자비한 벽이여, 왜 연인들을 갈라놓고 있는 것인가? 하지만 너의 은혜를 잊지 않을 것이다. 고백하건대, 우리가 이렇게 사랑의 속삭임이라도 주고받을 수 있는 것도 다 너의 덕택이지."

그들은 벽을 사이에 두고 양쪽에서 이렇게 속삭이곤 했다. 그리고 밤이 되어 작별인사를 해야 할 때가 되면 벽에 키스를 했다. 더 가까이 갈 수는 없었으므로 그녀는 그녀의 벽에, 그는 그의 벽에 키스를 했다.

다음날 아침, 새벽의 여신 에오스가 밤하늘의 별빛을 끄고 태양이 풀잎의 이슬을 녹일 때 두 사람은 익숙한 장소에서 만났다. 자신들의 괴로운 운명을 서글퍼하던 두 사람은 다음날 밤 모든 것이 고요할 때 감시의 눈을 피해 집을 빠져나와 들판으로 나가기로 약속했다. 확실하게 만날 수 있도록 니노스의 무덤이라 불리는 마을의 경계선 밖에 있는 유명한 사원으로 가서, 먼저 도착한 사람이 어떤 나무 아래에서 상대방을 기다리기로 했다. 그 나무는 하얀 뽕나무였으며 시원한 샘물 가까이에 있었다.

약속을 모두 확인한 그들은 조바심 속에 태양이 물 밑으로 저물고 밤이 그 위로 떠오를 때를 기다렸다. 마침내 티스베는 얼굴을 베일로 가리고 가족들에게 들키지 않도록 조심스럽게 집을 빠져나와 무덤으로 가서 약속한 나무 밑에 앉아 있었다.

어슴푸레한 저녁노을 속에 홀로 앉아 있던 그녀는 방금 사냥감을 먹어치우고 갈증을 달래기 위해 샘물로 다가오는 암사자 한 마리를 발견했다. 그 모습을 본 티스베는 바위 뒤로 몸을 숨기기 위해 도망치다가 베일을 떨어뜨리고 말았다. 샘에서 물을 마신 사자가 다시 숲을 향해 돌아가려다, 땅 위에 있는 베일을 발견하고는 피 묻은 아가리로 갈기갈기 찢어 버렸다.

뒤늦게 출발한 피라모스는 이제야 약속장소로 다가가고 있었다. 모래땅에서 사자의 발자국을 발견한 그의 안색은 하얗게 질려버렸다. 곧이어 그는 갈기갈기 찢어지고 피투성이가 된 베일을 발견했다.

"오, 가엾은 티스베여. 나 때문에 당신이 죽었군요! 나보다 더 고귀한 당신이 살아야 하는데, 이렇게 먼저 희생이 되었구려. 당신의 뒤를 따르겠소. 당신을 이처럼 위험한 곳으로 오도록 부추겨놓고, 당신을 지키지도 못했으니 모든 것이 나의 잘못입니다.

사자들아, 바위 뒤에서 모두 나와라. 죄를 지은 나의 몸을 너희들의 사나운 이빨로 물어뜯어라!"

베일을 집어 든 피라모스는 약속했던 나무로 다가가 베일로 덮어 주고 눈물을 흘리며 키스를 했다.

"나의 피 또한 당신의 베일을 물들일 것이오."라고 말하며 칼을 빼낸 그는 자신의 가슴을 찔렀다. 상처에서 뿜어져 나온 피가 하얀 뽕나무를 붉게 물들였고, 땅 속으로 스며들어 뿌리에까지 이르자 붉은 빛이 나무 몸통을 타고 열매에까지 올라갔다.

그 무렵 여전히 공포에 사로잡혀 있던 티스베는 사랑하는 연인이 실망하지 않도록 조심스럽게 걸어 나와 초조하게 그를 찾았다. 그녀는 자신이 빠져나온 위험을 빨리 알려주고 싶었다. 약속한 장소에 도착했을 때 뽕나무의 색이 변해 있는 것을 보고 그곳이 약속장소인지를 의심했다. 잠시 머뭇거리는 동안 그녀는 죽음의 고통으로 몸부림치고 있는 한 사람을 보게 되었다.

그녀는 깜짝 놀라 뒤로 물러섰다. 갑작스럽게 바람이 불어 왔을 때 잔잔한 물 위를 퍼져가는 파문처럼 티스베의 온몸으로 전율이 스치고 지나갔다. 곧 그 사람이 자신의 연인이라는 것을 알아차린 티스베는 가슴을 치며 비명을 질렀다. 생기라고는 없는 몸을 부여안고 상처 위로 눈물을 쏟으며 싸늘한 입술에 키스를 퍼부었다.

"오, 피라모스, 어찌된 일인가요? 대답해 주세요. 저예요. 당신의 티스베랍니다. 내 말이 들리면 고개를 들어보세요!"

티스베라는 이름을 듣고 피라모스는 잠깐 눈을 떴지만 이내 다시 감고 말았다. 티스베는 피로 물든 자신의 베일과 칼이 없는 칼집을 보게 되었다.

"나 때문에 스스로 목숨을 끊다니… 나도 한번은 용기를 낼 수 있을 거예요. 나의 사랑도 당신의 사랑만큼이나 강하니까요. 이 모든 일이 나로 인해 생겼으니, 나도 죽음으로 당신의 뒤를 따르겠습니다. 우리를 갈라놓을 수 있는 죽음도 내가 당신과 함께하는 것은 막지 못할 테니까요. 불행한 우리의 부모님들도 하나가 된 우리의 이 부탁만은 거절하지 않겠지요. 사랑과 죽음이 우리를 하나가 되게 했듯이, 하나의 무덤에 함께 묻어 주세요. 그리고 뽕나무여, 우리들이 남긴 죽음의 흔적을 간직해다오. 너희의 열매가 우리의 피를 기념하도록 해다오."

그렇게 말하며 티스베는 칼로 자신의 가슴을 찔렀다. 그녀의 부모는 딸의 소원을 받아들였고 신들도 역시 그렇게 했다. 두 사람은 하나의 무덤에 묻혔으며, 그 후로 뽕나무는 오늘날까지 진홍색의 열매를 맺는다.

케팔로스와 프로크리스
여신들의 질투로 빚어진 슬픈 사랑

아름다운 청년 케팔로스는 남자다운 운동을 좋아했다. 그는 사냥감을 쫓기 위해 해가 뜨기 전에 일어나곤 했다. 새벽의 여신, 에오스가 그를 처음 보았을 때 한눈에 반해버려 그를 납치해 갔다. 그러나 이제 막 아름다운 아내와 결혼한 케팔로스는 그녀를 열렬히 사랑하고 있었다. 그녀의 이름은 프로크리스였다. 그녀를 총애하던 사냥의 여신 아르테미스는 그녀에게 가장 빨리 달리는 개와 던지기만 하면 반드시 표적을 맞추는 창을 주었는데, 프로크리스는 그 선물들을 남편에게 주었다. 아내와 너무 행복했던 케팔로스가 에오스의 간청을 모두 거절해 버렸고 마침내 에오스는 화를 벌컥 내면서 그를 놓아주었다.

"가라, 이 은혜도 모르는 인간아. 네 아내나 잘 지켜라. 분명히 말해두지만, 언젠가 다시 마주치게 된다면 아주 후회하게 될 것이다."

다시 돌아온 케팔로스는 숲속에서 운동을 즐기며 아내와 함께 행복하게 살았다. 어느 날, 화가 난 어떤 신이 그의 나라를 괴롭히기 위해 몹시 굶주린 여우를 보냈다. 사냥꾼들이 여우를 포획하기 위해 엄청나게 애를 썼지만 아무런 소용이 없었다.

여우를 따라잡을 수 있는 개가 없었던 그들은 마침내 레렙스라는 유명한 개를 빌리기 위해 케팔로스를 찾아갔다. 풀어놓자마자 쏜살같이 달려 나간 그 개는 그들의 눈으로는 쫓아갈 수조차 없을 만큼 빨랐다. 모래 위에 생긴 발자국을 확인하지 못했다면 날아갔다고 생각했을 정도였다. 케팔로스와 사냥꾼들은 언덕 위에 서서 여우를 쫓는 개를 바라보았다.

여우는 원을 그리며 달리기도 하고 방향을 바꾸기도 하면서 온갖 재주를 부렸고, 가까이 다가간 개는 여우의 뒤꿈치를 물려고 했지만 허탕을 치곤 했다. 케팔로스가 자신의 창을 사용하려고 할 때 갑작스럽게 개와 사냥감이 즉시 멈추는 것을 보게 되었다. 개와 여우를 모두 보냈던 하늘의 권력자가 아무도 정복되는 것을 바라지 않았던 것이다. 살아서 움직이던 그 자세 그대로 개와 여우는 돌로 변해버렸다. 마치 살아 있는 것처럼 자연스러운 모습으로, 개는 짖고 여우는 도망치려는 자세 그대로 돌이 되었다.

비록 자신의 개는 잃었지만, 케팔로스는 여전히 사냥감을 쫓는 일을 즐거워했다. 아침 일찍 집을 나와 숲과 언덕을 누볐다. 도움은 필요 없었기 때문에 아무도 동반하지 않았다. 그의 창은 어떤 경우에도 빗나가지 않는 믿을 수 있는 무기였기 때문이었다. 해가 높이 떠오르고 사냥으로 피로해질 즈음 케팔로스는 시원한 시냇물이 흐르는 외진 곳으로 찾아가, 옷을 벗어 던지고 풀밭에 누워 시원한 바람을 즐기곤 했다.

가끔씩 그는 이렇게 중얼거렸다.

"향기로운 산들바람아, 어서 와 내 가슴에 불어다오.

타버릴 것만 같은 이 뜨거운 열을 식혀 다오."

어느 날, 그곳을 지나치던 사람이 케팔로스가 허공에 말하고 있는 것을 듣고는 바보스럽게도 어떤 처녀에게 말하는 것이라 믿었다. 그는 케팔로스의 아내, 프로크리스를 찾아가 그 비밀을 전해주었다. 사랑은 남의 말을 쉽게 믿도록 만든다. 프로크리스는 갑작스러운 충격으로 기절해 버렸고, 얼마 후에 깨어난 그녀는 이렇게 말했다.

"사실이 아닐 거야. 내 눈으로 직접 보지 않고서는 도저히 믿을 수가 없어."

걱정에 싸인 프로크리스는 다음날 아침 케팔로스가 평상시처럼 사냥을 하러 나갈 때까지 기다렸다. 그리고 몰래 그의 뒤를 따라간 그녀는 밀고자가 가르쳐준 장소에 가서 숨었다.

언제나 그랬듯이 사냥으로 피로해진 케팔로스는 풀밭에 누워 중얼거렸다.

"향기로운 바람이여, 어서 와 내게 불어다오. 내가 너를 얼마나 사랑하는지! 네가 있어서 이 작은 숲을 홀로 돌아다녀도 즐겁기만 하구나."

이렇게 중얼거리고 있을 때, 문득 수풀 속에서 흐느끼는 듯한 소리를 듣게 되었다. 아니 들었다고 생각했다. 그 소리가 사나운 동물일 것이라고 생각한 그는 소리 나는 곳을 향해 창을 던졌다. 그는 사랑하는 프로크리스가 지른 외마디 소리로 자신이 던진 창이 표적을 정확히 맞혔다는 것을 알게 되었다.

그곳으로 급히 달려간 케팔로스는 피를 흘리며 자신에게 선물로 주었던 창을 빼내기 위해 안간힘을 쓰고 있는 프로크리스를 발견했다. 케팔로스는 그녀를 안아 일으켜 흐르는 피를 막으며 흔들어 깨우려 했다. 자신을 불행하게 남겨두지 말라고 애원하면서 그녀를 죽게 만든 자신을 한탄했다.

그녀는 간신히 눈을 뜨고 있는 힘을 다해 이렇게 말했다.

"당신이 나를 사랑한 적이 있다면, 그리고 내가 당신의 애정을 받을 만한 사람이었다면, 나의 마지막 소원을 들어주세요. 그 밉살스러운 산들바람과는 결혼하지 마세요."

이로써 수수께끼는 모두 풀렸지만, 애통하게도 이제 알게 된들 무슨 소용이 있으랴! 그녀는 죽었지만, 남편이 사실대로 말했을 때 그녀의 표정은 평온해졌고 안타까운 듯이 그리고 용서한다는 듯이 남편을 바라보았다.

이오
헤라의 가장 강력한 연적

어느 날, 헤라는 갑자기 날이 점점 어두워지고 있다는 것을 알 아챘다. 그녀는 곧바로 남편인 제우스가 밝은 빛을 감당하지 못 할 어떤 짓을 저지르고 구름을 불러 모은 것이라고 의심했다. 구 름을 쓸어내자, 남편이 유리처럼 맑은 강의 기슭에서 아름다운 암송아지 한 마리와 함께 있는 것이 보였다.

헤라는 이 암송아지의 모습 속에 인간의 형상을 한 아름다운 님프가 감춰져 있을 것이라고 의심했다. 실제로 그랬다. 사실 암 송아지는 강물의 신, 이나코스의 딸인 이오였다. 이오와 시시덕 거리고 있던 제우스는 아내가 다가오는 것을 눈치 채고 암송아지 로 변하게 했던 것이었다.

남편과 만난 헤라는 암송아지를 가리키며 아름답다고 칭찬했 다. 그리고 누구의 것인지, 목동이 누구인지를 물었다. 쏟아지는 질문을 막기 위해 제우스는 지상에서 온 새로운 품종이라고 대답했다. 헤라는 선물로 받고 싶다고 했다.

제우스는 어떻게 해야 할지 몰랐다. 그는 자신의 연인을 아내에게 내주기는 싫었지만 그저 송아지처럼 사소한 것을 주지 않겠다고 거절할 수는 없었다. 의심을 일으키지 않으려면 그렇게 할 수밖에 없었던 제우스는 승낙을 했다.

여전히 의심을 풀지 못하고 있던 헤라는 암송아지를 아르고스에게 보내 엄격히 감시하라고 했다. 아르고스의 머리에는 100개의 눈이 있으며 잠을 잘 때도 한 번에 두 개 이상의 눈을 감지 않았으므로 이오를 줄곧 감시할 수 있었다. 낮에는 먹이를 주고 밤이 되면 끔찍한 밧줄로 목을 묶어놓았다.

그녀는 아르고스로부터 벗어나기 위해 팔을 내밀어 애원하려 했지만 앞으로 내밀 팔이 없었고, 목소리는 자신도 놀랄 정도로 소의 울음소리였다. 아버지와 언니를 마주친 그녀가 곁으로 다가가자 그들은 그저 등을 쓰다듬으면서 아름답다고 칭찬만 할 뿐이었다. 그녀의 아버지가 한 웅큼의 풀을 줄 때 이오는 아버지의 손을 혀로 핥았다. 간절하게 자신을 알리고 싶어 말을 건네려 했지만, 가엾게도 말이 나오지 않았다.

마침내 글로 알려야겠다고 생각하고 발굽으로 모래 위에 자신의 이름을 썼다. 그녀의 이름은 아주 짧다. 아버지인 이나코스는 그 글씨를 알아보았고, 이렇게 변한 모습으로 감춰져 있어서 오랫동안 찾을 수 없었다는 것도 알게 되었다. 그는 그녀의 모습에 슬퍼하며 하얀 목을 끌어안고서 외쳤다.

"아아, 불쌍한 내 딸! 차라리 너를 잃어버렸다면 이보다 더 슬프지 않을 것 같구나."

그가 애통해 하고 있는 동안 감시자 아르고스가 다가와 이나코스를 쫓아 버렸다. 그리고 다시 사방을 훤히 내려다볼 수 있는 높은 언덕 위의 자기 자리에 앉았다.

자기 연인이 고통을 겪고 있는 것을 바라보며 괴로워하던 제우스는 헤르메스를 불러 아르고스를 없애버리라고 했다. 헤르메스는 급히 날개 달린 신발을 신고, 머리에는 모자를 쓰고 잠에 빠져들게 만드는 지팡이를 들고, 천상의 탑에서 지상으로 훌쩍 뛰어내렸다. 지상으로 내려온 그는 날개를 내려놓고 지팡이만을 들고 마치 양떼를 모는 양치기처럼 보이도록 했다. 그는 천천히 걸어가며 피리를 불었다. 시링크스 또는 판이라 불리는 피리였다. 지금까지 한 번도 본 적이 없는 악기였으므로 아르고스는 즐겁게 그 소리를 들으며 말했다.

"젊은이, 이리 와서 이 바위 위의 내 옆자리에 앉게. 양들이 풀을 뜯어 먹기에는 이 근처보다 더 좋은 곳은 없다네. 게다가 여기에는 양치기들이 좋아하는 시원한 그늘도 있거든."

헤르메스는 그 곁에 앉아 날이 어두워질 때까지 이런저런 이야기를 하다가, 가장 은은한 선율로 피리를 불기 시작했다. 그렇게 해서 감시자 아르고스의 눈들이 잠들기를 기대했지만 아무런 소용이 없었다. 아르고스는 비록 일부는 눈을 감고 있었지만 나머지는 여전히 뜨고 있기 때문이었다.

또 다른 이야기에 의하면 헤르메스가 자신이 불던 악기가 어떻게 만들어지게 되었는지를 아르고스에게 말해주었다고 한다.

"옛날에 시링크스라는 님프가 있었습니다. 그녀는 숲 속에 사는 사티로스와 요정들의 사랑을 받았지만 그들에게는 아무런 관심도 없었고, 아르테미스 여신의 충실한 숭배자로 사냥만 좋아했을 뿐입니다. 사냥복을 입은 시링크스의 모습은 아르테미스라고 생각할 정도로 똑같았으며, 단지 그녀의 활은 뿔로 만든 것이었고 아르테미스의 활은 은으로 만들었다는 것만 달랐습니다.

어느 날, 사냥을 마치고 돌아가던 중에 마주친 판이 이런저런 이야기를 늘어놓으며 그녀를 유혹했습니다. 시링크스는 그런 판의 찬사에도 걸음을 멈추지 않고 도망쳤습니다. 판이 강의 기슭까지 쫓아와 거의 따라잡게 되자, 시링크스는 친구인 물의 님프들에게 도움을 요청할 수밖에 없었습니다.

그 소리를 들은 님프들은 바로 응답했습니다. 판이 님프라고 생각하고 두 팔로 끌어안으려 했지만 곧 그것이 그저 한 다발의 갈대라는 것을 알게 되었죠. 실망한 판이 한숨을 토해내자 갈대밭을 통해 울려 퍼지면서 구슬픈 가락을 만들어냈습니다. 그 진기하고 감미로운 음악에 흠뻑 빠져든 판은 '그렇다면 너라도 내 것으로 만들어야겠다.'라고 했습니다.

판은 길이가 똑같지 않은 갈대들을 가져와 나란히 함께 묶어 악기를 만들었고, 님프에 대한 경의의 표시로 '시링크스'라고 불렀습니다."

헤르메스의 이야기가 끝나기도 전에 아르고스의 눈들은 모두 잠에 빠져들었다. 그의 머리가 가슴 쪽으로 끄덕거리자, 헤르메스는 단칼에 그의 목을 내려쳤고 그의 머리는 바위 아래로 굴러떨어졌다. 아, 불운한 아르고스여! 밝게 빛나던 백 개의 눈은 일시에 꺼져 버렸고 헤라는 그것을 가져다 공작의 꼬리에 장식으로 달았다. 그 눈들은 지금까지도 남아 있다.

그러나 헤라의 복수는 아직 충분히 만족스럽지 않았다. 그녀는 이오를 괴롭히기 위해 등에를 보내 온 세상을 날아다니며 그녀를 쫓아다니도록 했다. 이오는 이오니아 해를 헤엄쳐 건너간 후('이오니아 해'는 그녀의 이름에서 유래한 것이다) 일리아의 평원을 떠돌다 하이모스 산을 넘어 트라키아 해협을 횡단했다. 그 때부터 해협의 이름은 보스포러스('소가 건넌 개울'이라는 의미)가 되었다. 그 후 스키타이를 지나 킴네리아인들의 나라를 떠돌아다니다 마침내 네일로스 강(나일 강) 기슭에 이르렀다.

결국 제우스가 그녀를 위한 중재에 나서, 더 이상은 이오에게 관심을 갖지 않겠다고 약속하자 헤라는 이오를 본래의 모습으로 돌아올 수 있도록 해주었다.

이오가 서서히 본래의 모습으로 돌아오는 과정은 흥미진진하다. 거친 털들이 몸에서 떨어져 나가고 뿔들은 오그라들었으며 두 눈은 점점 가늘어지고 입은 짧아졌다. 앞다리의 발굽 대신 손과 손가락이 나타났다. 마침내 암송아지의 모습은 완전히 없어지고 아름다운 미모는 남게 되었다. 처음에는 암송아지의 울음소리를 낼 것이 두려워 말하는 것을 무서워했지만, 차츰 자신감을 찾게 되어 아버지와 언니들에게 돌아가게 되었다.

칼리스토
하늘의 별자리가 되다

칼리스토는 헤라의 질투를 자극한 또 다른 처녀로 여신은 그녀를 곰으로 변신시켜버렸다.

"나의 남편을 사로잡은 너의 아름다움을 없애 버리고 말겠다."

그 말을 듣고 칼리스토는 무릎을 꿇고 땅에 엎드려 애원하기 위해 두 팔을 뻗으려고 했지만 이미 팔은 검은 털로 뒤덮이고 있었다.

그녀의 손은 점점 뭉툭해지고 구부러진 발톱이 나타나 발이 되었다. 제우스가 아름답다고 찬탄하던 그녀의 입은 무서운 주둥이로 변했다. 연민을 일으키던 그녀의 목소리는 공포를 불러오기에 적당한 으르렁거리는 소리로 바뀌었다. 하지만 그녀의 성품은 그대로 남아 있어 줄곧 신음소리를 내며 자신의 운명을 슬퍼했다. 최대한 똑바로 서서 두 발을 들어 올려 자비를 간청했다. 직접 말은 할 수 없었지만 제우스가 매정하다고 생각했다.

캄캄한 밤에 숲속에 혼자 있는 것이 두려웠던 그녀는 줄곧 전에 살던 곳 주변을 서성거렸다. 얼마 전까지만 해도 사냥꾼이었던 그녀가 이제는 사냥개들에게 놀라 두려움에 떨며 사냥꾼들로부터 도망쳐야 했다. 이제는 자신이 사나운 짐승이라는 것을 잊고서 다른 야생동물들을 만나면 도망을 쳤다. 자신이 곰이었지만 곰을 무서워했다.

어느 날, 사냥을 하던 젊은 청년이 그녀를 발견했다. 그녀는 그 청년이 이제는 다 큰 자신의 아들이라는 것을 알아보았다. 칼리스토는 멈춰 서서 아들을 안아 주고 싶었다. 그녀가 다가서려 하자 깜짝 놀란 청년은 사냥 창을 들어 그녀를 찌르려고 했다. 그 광경을 보게 된 제우스는 그 비극적인 사건을 저지했다. 그리고 두 사람을 납치하여 하늘에 있는 큰곰과 작은곰의 별자리에 가져다 놓았다.

헤라는 자신의 경쟁자가 명예로운 자리를 차지하는 것에 분노했다. 나이 많은 대양의 신들인 테티스와 오케아노스를 급히 찾아가 그들이 찾아온 이유를 묻자 이렇게 대답했다.

"신들의 여왕인 내가 왜 천상을 떠나 이 깊은 곳까지 찾아왔는지를 묻고 있는 것이죠? 내가 천상에서 밀려났으며 내 자리가 남에게 주어졌다는 걸 알게 되었거든요. 믿을 수 없겠지만, 밤이 이 세상을 캄캄하게 만들 때 하늘을 살펴보세요. 그러면 북극성 근처의 가장 작은 궤도가 있는 곳으로 내가 한탄하기에 충분한 두 개의 별자리가 하늘로 떠오르는 것을 확인할 수 있을 겁니다. 나를 화나게 한 것에 대해 이런 보상이 주어진다면, 앞으로 과연 누가 헤라를 화나게 하는 걸 두려워하게 될까요?

내가 할 수 있었던 일이 어떻게 되었는지 보세요! 나는 그녀가 인간의 모습을 갖도록 허락하지 않았는데, 그녀는 별자리 사이로 들어갔어요. 그게 내가 내린 벌의 결과랍니다. 나의 권한이 그 정도밖에 안돼요. 차라리 내가 이오에게 그랬듯이 본래의 모습으로 돌아가도록 허락하는 것이 더 나았을 것입니다. 어쩌면 제우스는 그녀와 결혼을 하고 나를 쫓아내고 싶었을 거예요. 하지만 나를 길러주신 두 분께서 나를 불쌍히 여기신다면, 나를 초라하게 취급하는 것에 화가 나신다면, 죄를 지은 두 사람이 다시는 당신들의 바다 속으로 내려올 수 없도록 금지해 주세요. 부탁입니다."

대양의 신들은 그 부탁을 받아들였고 그로 인해 큰곰과 작은곰의 두 별자리는 영원히 하늘을 돌면서 다른 별들처럼 대양 아래로 내려갈 수 없었다.

아르테미스와 악타이온
처녀의 신, 아르테미스의 저주

이렇게 해서 두 가지 예를 통해 자신의 연적들에 대한 헤라의 가혹한 대처를 알게 되었다. 이제 처녀의 신, 아르테미스가 자신의 사생활을 침범한 이들에게 어떻게 벌을 내렸는지 알아보자.

태양이 동쪽과 서쪽으로부터 똑같은 거리에 떠 있는 한낮에 카드모스 왕의 아들, 젊은 악타이온이 산속에서 함께 사슴 사냥을 하고 있던 청년들에게 말했다.

"친구들, 그물과 무기가 사냥감의 피로 물들었으니 오늘 하루의 사냥은 충분한 것 같으니 내일 새롭게 사냥을 하자. 태양의 신, 포이보스가 대지를 바짝 말리는 동안 사냥 장비들은 내려놓고 이제는 쉬도록 합시다."

삼나무와 소나무로 빽빽하게 둘러싸인 그 계곡은 수렵의 여신 아르테미스에게 바쳐진 곳이었다. 계곡의 끝에는 동굴이 하나 있었다. 인공적으로 꾸민 것은 아니었지만 둥근 천장의 바위들이 마치 인간의 손으로 빚은 것처럼 정교하게 짜 맞춰져 있어 자연이 그 구조에 마음껏 솜씨를 부린 것만 같았다.

한쪽에서는 샘물이 솟아나왔으며 그 웅덩이 주변에는 풀들이 무성하게 우거져 있었다. 숲의 여신 아르테미스는 사냥을 하다가 지치면 이곳으로 와 생기 넘치는 물속에 들어가 순결한 몸을 씻곤 했다.

어느 날 이곳에서 님프들과 휴식을 취한 아르테미스는 창과 화살통을 한 님프에게 건네고, 다른 님프에게는 옷을 맡겼다. 그 사이에 세 번째의 님프는 그녀의 발에서 신발을 벗겼다. 님프들 중에서 가장 솜씨가 좋은 크로칼레가 그녀의 머리를 빗고 네펠레와 피아레 그리고 나머지 님프들은 커다란 항아리에 물을 길었다.

이렇게 여신이 몸단장을 하는 동안 일행들과 떨어져 별다른 목적 없이 이리저리 거닐던 악타이온은 운명에 이끌려 이곳으로 왔다. 동굴 입구에 그가 나타나자 남자를 보게 된 님프들은 비명을 지르며 여신에게 달려가 자신들의 몸으로 여신을 숨겼다.

그러나 여신은 님프들보다 키가 커서 그들 사이로 머리가 솟아나왔다. 깜짝 놀란 아르테미스의 안색은 일출이나 일몰에 구름을 물들이는 붉은빛으로 변했다. 님프들에게 둘러싸여 있던 아르테미스는 몸을 반쯤 돌리며 급히 자신의 화살을 찾았다. 그러나 화살이 손에 닿지 않자 그녀는 침입자의 얼굴에 물을 끼얹으면서 말했다.

"이제 가서, 아르테미스의 벗은 몸을 보았다고 말할 수 있으면 한번 해보도록 해라."

그 즉시 악타이온의 머리 위로는 가지가 있는 사슴뿔 한 쌍이 솟아났고 목은 길어지고 귀는 쫑긋해졌다. 손은 발이 되고, 팔은 긴 다리가 되었으며 몸은 얼룩무늬 털투성이 가죽으로 뒤덮였다. 대담했던 그의 마음은 공포심으로 가득 차게 되었고, 영웅은 그곳에서 도망쳤다.

그는 달리는 자신의 속도에 놀라지 않을 수 없었지만 물속에 비친 자신의 뿔을 보면서 "아, 내가 이렇게 초라해졌다니!"라고 했지만 아무 소리도 나지 않았다. 그는 신음소리를 냈고, 본래 자신의 얼굴이었던 곳으로 눈물이 흘러내렸다. 그러나 의식은 명료하게 남아 있었다. 이제 어떻게 해야 하나? 궁전으로 가야 할까, 아니면 숲에 숨어 있어야 하는 걸까? 숲에 숨어있는 것은 두려웠고, 집으로 가는 것은 부끄러웠다.

그가 머뭇거리고 있는 동안 사냥개들이 그를 발견했다. 제일 먼저 스파르타의 개 멜람푸스가 짖으며 신호를 하자 팜파고스, 도르케우스, 렐랍스, 테론, 나페, 티그리스를 비롯한 모든 사냥개들이 바람보다 빨리 그를 쫓아왔다. 그는 바위와 절벽을 넘어 거의 다닐 수도 없는 산의 계곡들을 지나서 도망쳤다. 자신이 사슴을 쫓으며 사냥개 무리를 격려하던 그곳에서, 이제는 사냥꾼들의 응원을 받는 그의 사냥개들이 그를 쫓고 있었다. 그는 '난 악타이온이다. 주인을 몰라보겠느냐!'라고 외치고 싶었지만 뜻과는 달리 말이 나오지 않았다.

사방으로 온통 개 짖는 소리만 울려 퍼졌다. 마침내 한 마리가 그의 등을 덮치고, 다른 한 마리가 그의 어깨를 물어뜯었다. 두 마리의 개가 자신들의 주인을 붙잡고 있자, 다른 개들도 달려와 이빨로 그의 살을 물어뜯었다. 그는 신음했다. 인간의 소리도 아니었지만 분명 사슴의 소리도 아니었다. 그리고 무릎을 꿇고 눈을 들어 바라보며, 만약 팔이 있었다면 애원하기 위해 팔을 들었을 것이다.

그의 친구들과 동료 사냥꾼들은 개들을 칭찬하면서 함께 사냥을 하자며 악타이온을 불렀다. 그의 이름을 부르는 소리에 악타이온은 머리를 돌렸다. 그가 없어 섭섭하다는 소리가 들렸다. 그도 간절히 함께 하고 싶었다. 사냥개들의 용맹함을 칭찬하며 무척이나 기뻐했겠지만 도저히 그렇게 할 수가 없었다. 사냥개들은 그를 둘러싸서 물어뜯었고, 그의 목숨이 갈갈이 찢겨 나갈 때까지 아르테미스의 분노는 풀리지 않았다.

레토와 시골뜨기들
개구리로 만든 여신의 저주

이 이야기에서 여신이 지나치게 가혹했다는 사람들도 있지만 그녀의 순결한 존엄성에 잘 어울리는 행동이었다고 칭찬하는 사람들도 있다. 늘 그렇듯이, 새로운 사건은 과거의 사건들을 떠올리게 하는데, 구경꾼들 중의 한 명이 이런 이야기를 들려주었다.

"언젠가 리키아의 사람들이 레토(라토나) 여신에게 무례한 짓을 했는데, 무사할 수는 없었지. 내가 어릴 때, 힘든 노동을 하기엔 너무 늙은 나의 아버지께서 리키아로 가서 아주 튼튼한 소를 몇 마리를 끌고 오라고 하셨거든. 그런데 거기에서 그 놀라운 일이 일어났던 샘과 풀밭을 보게 되었어.

그 근처에 제물을 태운 연기로 검게 그을린 오래된 제단이 갈대밭 사이에 묻혀 있어서 누구의 것인지를 물어보았지. 파우누스(농업과 가축의 신)의 것인지, 물의 요정들의 것인지 아니면 인근 산의 신을 위한 제단인지 물었더니 그 지방 사람이 이렇게 알려주었네.

'산이나 물의 신을 모시는 제단이 아니라 질투에 빠진 헤라 여신에게 이리저리 쫓기느라 지상의 그 어느 곳에서도 쌍둥이를 키울 수 없었던 여신의 것이야.'

레토 여신은 쌍둥이를 안고 이곳에 오게 되었는데 몸은 지쳐 있었고 갈증으로 목이 탈 지경이었습니다. 레토 여신은 우연히 골짜기 아래에서 맑은 물이 솟아나는 이 샘을 발견했는데 그곳에서는 이 지방 사람들이 버드나무를 모으고 있었습니다. 여신이 샘가로 다가가 무릎을 꿇고 그 시원한 개울물로 목을 축이려 했지만 농부들은 그녀를 막았습니다.

'왜 물을 못 마시게 막는 거요? 물은 누구나 마실 수 있는 겁니다. 자연은 어느 누구에게도 햇빛과 공기와 물을 사유물로 주장하도록 허용하지 않아요. 나는 공동으로 주어진 혜택을 누리려고 하는 겁니다. 하지만 여러분에게 부탁합니다. 비록 매우 피곤하긴 해도 물속에 들어가 몸을 씻으려는 것은 아니고 단지 갈증을 풀려는 것이에요. 입이 너무 말라서 말도 할 수 없을 정도예요. 물 한 모금이 내게는 꿀처럼 단물이 되어 나를 되살려 줄 터이니, 당신들은 내 생명의 은인이 되는 거죠. 나를 위해 애원하듯이 작은 팔들을 내밀고 있는 이 어린 것들을 불쌍히 여겨주세요.'

실제로 아이들이 두 팔을 내밀고 있었지요.

과연 누가 이 같은 여신의 온화한 말에 감동하지 않겠습니까? 하지만 이 촌뜨기들은 줄곧 무례한 태도를 보였습니다. 심지어 이곳을 떠나지 않는다면 가만 두지 않겠다며 거칠게 조롱하고 위협했습니다. 그 뿐만이 아니라 그들은 샘물 속으로 들어가서 발로 진흙을 휘저어 물을 마실 수 없도록 했습니다. 너무 화가 난 레토는 자신의 갈증 같은 건 신경도 쓰지 않게 되었죠. 그녀는 더 이상 시골뜨기들에게 애원하지 않고 하늘을 향해 두 손을 들어 올리며 외쳤습니다.

'이 사람들이 절대로 이 웅덩이를 떠나지 못하게 해주시고, 평생을 여기에서 살게 해 주십시오.'

그리고 그런 일이 벌어지게 되었죠. 그들은 지금도 물속에서 살면서, 가끔은 물속으로 완전히 가라앉았다가, 수면 위로 머리를 내밀거나 헤엄을 치기도 합니다. 가끔은 둑 위로 나오기도 하지만 금세 물속으로 뛰어 들어갑니다. 그들은 여전히 상스러운 목소리로 욕설을 내뱉고, 물을 다 차지하고 있으면서도 물속에서 투덜거리는 소리를 내는 것을 부끄러워하지도 않습니다.

그들의 목소리는 귀에 거슬리고, 목구멍은 부풀어 올라 있고, 입은 줄곧 욕설을 내뱉기 위해 크게 벌어져 있고, 목은 잔뜩 오그라들어 거의 없어서 머리는 몸과 하나가 되어 있습니다. 등짝은 녹색이고 어울리지 않는 배는 흰색입니다. 한 마디로 그들은 지금 개구리가 되어 진흙투성이인 연못에 살고 있습니다."

제5장 파에톤

파에톤
태양신의 마차에서 추락하는 신의 아들

파에톤은 아폴론(태양신 헬리오스를 가리킨다. 종종 아폴론과 헬리오스는 혼동된다.)과 님프 클리메네의 아들이었다. 어느 날, 한 친구가 그가 신의 아들이라고 생각하는 것에 대해 비웃자 화도 나고 창피하기도 했던 파에톤은 어머니에게 그 말을 전했다.

"만약 제가 진짜 하늘에서 태어났다면, 증거를 보여주세요. 그래서 저의 명예를 확실히 지킬 수 있게 해주세요."

클리메네는 두 팔을 하늘을 향해 뻗으며 말했다.

"내 말이 진실이라는 건 우리를 내려다보고 계신 태양신을 증인으로 내세울 수 있단다. 만약 내가 거짓말을 하는 것이라면 그분의 빛을 다시는 보지 못하게 될 거다. 하지만 태양이 떠오르는 땅은 가까운 곳에 있으니, 네가 직접 물어보러 가는 것이 그리 힘든 일도 아니란다. 가서 너를 아들로 인정하는지 그분께 물어 보거라."

파에톤은 그 말을 듣고 기뻤다. 그는 태양이 떠오르는 곳이 있는 인도를 향해 떠났다. 희망과 자부심으로 충만한 그는 부모가 자신을 낳은 목적지에 다가가게 되었다.

기둥들 위에 우뚝 솟아 있는 태양신의 궁전은 값비싼 보석들과 금으로 번쩍였으며 빛나는 상아로 만든 천정과 은으로 만든 문이 있었다. 그것을 만든 솜씨는 사용된 재료보다 훨씬 더 뛰어났다. 헤파이스토스는 사방 벽에 땅과 바다 그리고 하늘을 그곳의 주민들과 함께 그려놓았다.

바다에는 파도를 타거나 물고기들의 등에 올라탄 님프들이 있었고 바위에 올라 앉아 푸른 바다색 머리카락을 말리고 있는 님프들도 있었다. 그들의 얼굴은 매우 비슷하거나 전혀 다르지는 않았지만 자매들처럼 보였다.

땅에는 도시와 숲과 강 그리고 전원의 신들이 있었다. 전체에 걸쳐 영광스러운 하늘과 비슷하게 조각해 놓았고 은으로 만든 문에는 12궁(宮)이 양쪽에 여섯 개씩 새겨져 있었다.

클리메네의 아들은 가파른 언덕길을 올라가 의문시 되고 있는 아버지의 저택 안으로 들어갔다. 아버지 앞으로 다가가던 그는 감당할 수 없을 정도로 밝은 빛 때문에 걸음을 멈추어야 했다. 포이보스(태양신의 별칭)는 다이아몬드처럼 빛나는 왕좌에 보랏빛 예복을 차려입고 앉아 있었다. 좌우에는 연월일의 신이 서 있었고 일정한 간격으로 시간의 신들이 서 있었다.

봄의 여신은 머리에 화관을 쓰고, 여름의 신은 옷을 벗은 채 잘 익은 곡식의 줄기로 짠 화관을 쓰고 있었으며, 가을의 신은 발이 포도즙으로 얼룩져 있었고, 얼음 같은 겨울의 신은 머리카락이 흰 서리로 덮여 뻣뻣해져 있었다.

수행원들에게 둘러싸여 있는 태양신은 세상의 모든 일을 볼 수 있는 눈이 있었다. 휘황찬란한 광경에 어찌할 줄 모르고 안절부절하고 있는 젊은이를 발견한 그는 이곳까지 온 용건을 물었다.

"무한한 이 세상의 빛이신 포이보스 신, 나의 아버지이시여 — 이렇게 불러도 될지는 모르겠지만 — 부디 제가 당신의 아들이라는 증거를 보여주십시오."

파에톤이 말을 멈추자 그의 아버지는 머리 위에서 사방을 비추던 화관을 벗으며 가까이 다가오라 명령하고 그를 끌어안으며 말했다.

"나의 아들아, 너를 인정하지 않을 수는 없구나. 너의 어머니가 너에게 했던 말은 틀림이 없다. 더 이상 의심하지 않도록 원하는 선물을 말하면 너에게 주도록 하겠다. 무시무시한 강(지상과 지하세계의 경계를 이루는 스틱스 강을 가리킨다)을 증인으로 내세울 것이다. 한 번도 본 적은 없지만, 우리 신들은 가장 중대한 약속을 할 때 그 신 앞에서 맹세를 한다."

파에톤은 그 즉시 태양의 마차를 하루 동안 타는 것을 허락해 달라고 청했다. 태양신은 자신의 약속을 후회하며 빛나는 자신의 머리를 세 번, 네 번 흔들어 경고했다.

"내가 너무 경솔했구나. 그것만은 들어줄 수가 없다. 제발 그 청은 거두어다오. 안전한 부탁이 아닐 뿐더러 너의 젊음이나 힘에 적당한 일도 아니다. 너는 죽을 운명을 타고난 인간인데, 그 능력에서 벗어나는 일을 요청하고 있다. 그것을 모르기 때문에 신들조차 감히 하지 않으려는 일을 열망하고 있구나.

하루 종일 불타오르는 저 마차는 오직 나만 몰 수 있다. 번개를 집어던지는 엄청난 오른팔이 있는 제우스라도 몰지 못한다. 그 길의 첫 번째 부분은 깎아지른 듯해서 힘이 넘치는 아침에도 말들이 오르기 힘들어하고, 중간은 하늘 높은 곳이어서 나조차도 조심하지 않으면 내 발 아래에 펼쳐지는 대지와 바다를 바라보지 못할 정도이다.

마지막 길은 급경사로 내려가므로 가장 조심스럽게 몰아야 한다. 나를 맞이하기 위해 기다리고 있는 바다의 여신, 테티스는 종종 내가 거꾸로 떨어질까 두려워 몸서리를 치곤 한다.

게다가 하늘은 언제나 별들과 함께 빙빙 돌고 있거든. 다른 모든 것들을 휩쓸어가는 그 움직임에 빠져 들어가지 않도록 끊임없이 경계해야 한다. 너에게 태양마차를 빌려준다면, 어떻게 하려는 것이냐? 네 발 밑에서 세상이 돌고 있는데, 너의 경로를 똑바로 지킬 수 있겠느냐? 어쩌면 도중에 신들이 사는 숲과 도시 그리고 궁전과 신전이 있을 것이라 생각할 수도 있겠지만, 정반대로 그 길은 무서운 괴물들 사이를 통과해야 하는 것이다.

사자궁 앞에서는 뿔 달린 황소를 지나야 하고, 사자의 턱을 스치듯 지나야 하고, 한쪽에는 전갈이 또 다른 쪽에는 게가 집게발을 펼치고 있는 곳을 지나야 한다. 게다가 저 말들을 이끌고 가는 것도 쉽지 않다. 말들의 가슴은 불로 가득 차 있어 입과 코로 불을 내뿜는다. 말들이 제멋대로 날뛰면, 나도 내 뜻대로 몰고 가기 힘들다. 그러니 아들아, 내가 너에게 치명적인 선물을 주지 않도록 아직 늦지 않았으니 너의 청을 거두어 다오.

네가 나의 혈육이라는 증거를 달라고 하는 것이지? 너를 걱정하는 나의 마음이 바로 그 증거다. 내 얼굴을 봐라. 내 마음속을 들여다볼 수만 있다면 온통 걱정에 휩싸인 아버지의 마음을 확인하게 될 거다."

이어서 그는 이렇게 말했다.

"마지막으로, 이 세상을 잘 살펴보고 바다에서 또는 지상에서 네가 원하는 가장 귀중한 것을 선택해서 거절당할 것을 두려워 말고 요청해라. 하지만 마차만은 청하지 않기를 바란다. 네가 구하려는 것은 명예가 아닌 파멸이란다. 너는 어찌하여 내 목에 매달려 간청하는 것이냐? 그렇게 고집을 피운다면 마차를 주겠지만 — 약속을 했으니 지켜야만 하겠지 — 좀 더 현명한 선택을 하면 좋겠구나."

하지만 파에톤은 모든 충고를 거부하고 자신의 요구를 고집했다. 그렇게 최대한 거절하려 노력했지만 포이보스는 마침내 고결한 마차가 서 있는 곳으로 그를 데리고 갔다.

헤파이스토스가 선물한 마차는 금으로 만든 것이었다. 차축과 장대, 바퀴 모두 금으로 만든 것이었고, 바퀴살은 은이었다. 좌석에는 태양의 밝은 빛을 사방으로 반사시키는 감람석과 금강석이 줄을 지어 박혀 있었다. 겁 없는 청년이 감탄하며 바라보는 동안, 새벽의 여신이 동쪽의 보랏빛 문들을 열어젖히자 장미가 흩뿌려져 있는 오솔길이 나타났다. 샛별이 몰려들자 별들이 사라졌다. 그리고 마침내 샛별들도 모두 물러났다.

대지가 붉게 물들기 시작하면서 달의 여신도 물러날 준비를 했다. 아버지는 시간의 신들에게 말들을 준비하도록 명령했다. 명령에 따라 그들은 고귀한 마구간에서 암브로시아를 충분히 먹인 말들을 끌어내 고삐를 맸다. 아버지는 활활 타오르는 불길을 견딜 수 있도록 아들의 얼굴에 효험이 뛰어난 연고를 발라 주었다. 그는 빛의 관을 쓰면서 불안한 듯 한숨을 내쉬며 말했다.

"애야, 적어도 이 말만은 명심해라. 채찍질은 삼가하고 고삐는 단단히 쥐어야 한다. 말들은 제 스스로 엄청 빨리 달리기 때문에 다루기가 어렵단다. 다섯 개의 궤도 사이를 곧장 지나치지 말고 약간 왼쪽으로 비켜서 가도록 해라. 중간 지역을 벗어나지 않도록 달리고 북쪽이나 남쪽 지역은 모두 피해야 한다. 바퀴 자국이 보일 것이니 그것을 길잡이 삼으면 될 것이다.

하늘과 대지 모두 적당한 열기를 받아야 하므로 너무 높이 달리면 안 된다. 그렇게 하지 않으면 천상의 집들을 태우게 될 것이고, 너무 낮게 달리면 지상에 불이 붙을 것이니 중간의 경로가 가장 안전하고 가장 좋다.

네가 직접 마차를 모는 것보다 운에 맡기는 것이 더 나을 것이니, 이제 나는 너를 운에 맡기겠다. 밤이 서쪽 문을 빠져나가고 있으니 더 이상 지체할 수는 없다. 자, 이제 고삐를 잡아라. 하지만 결국 자신을 잃게 되면, 내 말을 따르는 것이 좋을 것이다. 대지를 비추고 따뜻하게 하는 일은 내가 할 터이니, 그 자리에 안전하게 멈춰 서 있도록 해라."

청년은 날쌔게 마차로 뛰어올라 우뚝 서더니 흥에 겨워 고삐를 움켜쥐었다. 그리고 여전히 주저하는 아버지에게 연신 감사의 인사를 건넸다.

그 사이에 말들은 콧바람을 불어대고, 활활 타오르는 불을 뿜어내며 조급하게 발굽을 굴러댔다. 빗장이 내려지자 우주의 광활한 평원이 그들 앞에 펼쳐졌다. 말들은 구름을 가르며 쏜살같이 날아가 동쪽 끝에서 함께 출발한 아침 바람을 앞질렀다.

마차가 평상시보다 가볍다는 것을 금세 알아차린 말들은 바닥짐이 없는 배가 바다 위에서 이리저리 흔들리듯이 평소와 다른 무게로 인해 마치 빈 마차처럼 돌진해 나아갔다. 황급하게 달리던 마차는 결국 익숙한 길에서 벗어났다.

파에톤은 깜짝 놀랐지만 말들을 어떻게 이끌어야 할지 몰랐으며, 설령 알았다 해도 그렇게 할 능력도 없었다. 그러자 큰곰자리와 작은곰자리가 처음으로 불길에 그을렸다. 그들은 가능했다면 바다 속으로 뛰어들고 싶었을 것이다. 북극 주변에서 똬리를 틀고 조용히 겨울잠을 자고 있던 뱀자리는 점점 따뜻해지자 그 온기로 인해 사나운 성질이 되살아났다.

사람들이 말하기를, 목동자리는 비록 쟁기가 거추장스럽고 재빨리 움직이는 것에 익숙하진 않았으나 달아나 버렸다고 한다.

불운한 파에톤은 자신의 발아래로 광대하게 펼쳐지는 대지를 내려다보자 차츰 안색이 창백해지고 두려움으로 무릎이 덜덜 떨렸다. 주변은 번쩍이는 빛으로 둘러싸여 있었지만 그의 두 눈은 점점 흐려졌다. 아버지의 말들을 건드리지도 않고, 자신의 혈통도 알려 하지 않고, 자신의 요청도 거절당했더라면 좋았겠다고 생각했다.

키잡이도 기도하는 것 외에는 아무것도 할 수 없는 폭풍우 앞에서 부서져 흩어지려는 선박처럼 그는 간신히 버티고 있었다. 어떻게 해야 할까? 하늘 길을 한참이나 달려왔지만, 아직도 가야할 길이 더 많이 남아 있었다. 그는 이쪽저쪽으로 눈을 돌려 살펴보았다. 출발한 곳을 바라보았다가, 절대 도착하지 못할 것만 같은 해지는 쪽을 번갈아 바라보았다.

자제력을 잃은 그는 어찌 해야 할지 알 수가 없었다. 고삐를 당겨야 할지, 늦추어야 할지도 알 수 없었고 말들의 이름조차 생각나지 않았다. 그는 하늘 위에 흩어져 있는 기괴한 형체들을 벌벌 떨며 바라보았다. 전갈자리는 거대한 두 팔을 펼치고, 꼬리와 굽은 발톱은 12궁 중에서 두 개의 궁에 걸쳐 늘어져 있었다.

독기를 내뿜는 이빨로 위협하는 전갈을 보자 소년은 용기를 잃고 고삐를 놓치고 말았다. 등 쪽이 느슨해진 것을 알게 된 말들은 앞으로 돌진해 나가면서 거침없이 하늘의 알 수 없는 영역으로 들어섰다. 별들 사이를 뚫고 길도 없는 곳으로 뛰쳐나가 하늘 위로 높이 솟아올랐다가 다시 대지에 닿을 듯이 떨어져 내려갔다.

달의 여신은 오빠의 마차가 자신의 마차 아래를 달리고 있는 것을 보고 깜짝 놀랐다. 구름에서 연기가 나기 시작하고 산꼭대기는 불이 붙었다. 들판은 뜨거운 열로 바싹 마르고 식물들은 시들었다. 잎이 무성했던 나무들이 불에 타고, 추수한 곡식들은 활활 타올랐다. 하지만 이런 일들은 아무것도 아니었다.

거대한 도시의 성벽과 탑들이 무너져 내렸고 백성들과 함께 온 나라가 잿더미가 되었다. 아토스, 타우르스, 트몰로스, 오이테 등 숲이 우거졌던 산들이 불에 타버렸고, 샘물로 유명했던 아이다 산은 이제 바싹 말라 버렸다. 뮤즈 여신들의 헬리콘 산과 하이모스도 다 타버렸다. 아이트나는 안팎으로 불이 붙고, 파르나소스 산의 두 봉우리도 마찬가지였다. 로도페 산도 결국에는 눈으로 뒤덮인 관을 벗어야만 했다. 차가운 기후도 스키티아를 보호하지 못했다. 카프카스 산도 불타버리고 오사 산, 핀도스 산 그리고 이들보다 더 큰 올림포스 산도, 하늘 높이 솟아 있던 알프스 산도, 구름 관을 쓰고 있던 아페닌 산도 타버렸다.

불타오르는 세상을 바라보던 파에톤은 그 뜨거운 열기를 견딜 수 없었다. 그가 들이마시는 공기는 용광로의 공기처럼 불타고 있는 재로 가득 했고 연기는 찐득찐득했다.

그는 어디인지도 모르는 곳을 향해 달려갔다. 그때 에디오피아의 사람들은 피부 표면으로 피가 몰려들어 피부색이 검어졌으며, 리비아의 사막도 바싹 말라버려 오늘날과 같은 상태가 되었다고 한다.

머리카락을 풀어헤친 샘의 님프들은 물이 말라가는 것을 애통해했다. 제방 아래의 강들도 안전하지 않았다. 타나이스는 연기를 내뿜었고, 카이쿠스, 크산토스와 미앤더, 바빌로니아의 유프라테스와 갠지스, 금빛 모래사장이 있던 타구스 그리고 백조들의 휴양지였던 카이스트로스 강이 모두 그러했다.

나일강은 도망쳐 사막 속에 머리를 감추고 그곳에서 여전히 숨어 있다. 일곱 개의 강어귀를 통해 바다로 물을 내보내던 그곳에는 일곱 개의 바싹 마른 수로만이 남아 있었다. 땅이 넓게 갈라지고 그 틈으로 타르타로스까지 빛이 비추어 지하세계의 왕과 여왕을 깜짝 놀라게 했다.

바다는 수량이 줄어들었다. 바닷물이 있던 곳은 건조한 평야가 되었고, 파도 밑에 있던 산들은 수면 위로 올라와 섬이 되었다. 물고기들은 가장 낮은 곳으로 찾아들었고, 돌고래들은 더 이상 수면 위로 솟구치던 모험을 할 수 없었다.

바다의 신, 네레우스와 그의 아내, 도리스마저도 딸들인 바다 요정들을 이끌고 바다 속의 가장 깊은 동굴 속으로 피신했다. 포세이돈은 수면 위로 세 번이나 머리를 내밀어 보려 했지만 열기로 인해 세 번 모두 돌아와야만 했다. 대지의 여신은 물로 둘러싸여 있었지만 머리와 두 어깨는 그대로 드러나 있었다. 그녀는 손으로 얼굴을 가린 채 하늘을 올려다보며 잔뜩 쉰 목소리로 제우스를 불렀다.

"오, 신들의 통치자시여! 내가 이런 대접을 받는 것이 마땅하다면 그리고 나를 불로 없애버리려는 것이 당신의 뜻이라면, 왜 번개를 사용하지 않는 거죠? 적어도 당신의 손으로 죽게 해주세요. 이것이 풍요를 내린 것에 대한 보답이고, 순종적인 봉사에 대한 대가란 말입니까? 이것이 가축에게는 풀을 주고 인간에세는 열매를 주었으며, 당신의 제단에는 유향을 바친 대가입니까? 내가 대가를 받을 자격조차 없다 해도 내 동생인 오케아노스는 왜 이런 최후를 맞이해야만 합니까?

만약 우리 둘 다 당신의 동정을 얻지 못한다 해도, 제발 당신의 하늘을 생각해 보세요. 당신의 궁전을 지탱하는 기둥에는 연기가 솟구치고 있으니, 모두 불타버리게 되면 틀림없이 무너지게 될 것입니다. 아틀라스도 약해져 자신의 임무를 지키지 못할 겁니다. 바다와 대지, 하늘이 모두 사라지면, 우린 고대의 카오스로 빠져들게 될 것입니다. 모든 것을 집어삼키는 불구덩이로부터 아직 남아 있는 것이라도 구해 내세요. 부디 이 끔찍한 상태에서 우리를 구해 주세요."

이렇게 호소하던 대지의 여신은 열기와 목마름에 압도되어 버렸다. 그러자 전능한 제우스는 마차를 빌려준 신을 포함한 모든 신들을 증인으로 부르고, 긴급하게 구제책을 시행하지 않으면 모든 것을 잃게 될 것이라고 밝히고 높은 탑으로 올라갔다. 그곳은 제우스가 대지 위에 구름을 퍼뜨리고, 쩍쩍 갈라지는 번개를 던지는 곳이었다. 하지만 그때에는 대지를 가려줄 구름 한 점도 없었고 빗방울도 전혀 남아 있지 않았다.

제우스는 천둥을 내리고 오른손으로는 번쩍이는 번개를 머리 위로 쳐들어 마차를 몰던 파에톤에게 던졌다. 파에톤은 번개를 맞자마자 그 자리에서 죽어버렸다. 머리카락에는 불이 붙고, 마치 유성처럼 하늘에 길게 빛줄기를 남기면서 거꾸로 추락했다. 그러자 강의 신, 에리다노스가 그를 받아 불타고 있는 몸을 차갑게 식혀주었다.

이탈리아의 물의 요정들은 그를 위해 비석을 세워주면서 이렇게 비문을 새겨넣었다.

'태양신의 마차를 몰던 파에톤이 제우스의 번개에 맞아 이 묘지 밑에 잠들었다. 그는 아버지의 마차를 잘 다루지는 못했으나 그의 열망은 고귀한 것이었다.'

파에톤의 여동생, 헬리아데스는 오빠의 죽음을 너무 슬퍼하다가 강 언덕의 포플러나무로 변했고, 그녀들이 흘린 눈물은 강물에 떨어져 호박 구슬이 되었다.

제6장 미다스

미다스
만지는 것마다 금으로 변하는 '미다스의 손'

언젠가 디오니소스는 자신의 옛 스승이며 양아버지인 실레노스가 사라졌다는 것을 알게 되었다. 술에 취해 길을 잃고 헤매는 노인을 농부들이 미다스 왕에게 데리고 갔던 것이었다. 그 노인이 누구인지 알아차린 미다스는 극진히 대접하면서 열흘 동안 아침저녁으로 술잔치를 베풀어 주었다. 열하루 째가 되는 날 실레노스를 안전하게 그의 제자에게 돌려보냈다.

디오니소스는 미다스에게 보답을 할 테니 원하는 것은 무엇이든 선택하라고 했다. 왕은 자신의 손이 닿는 것이 무엇이든 '금'으로 변할 수 있도록 해달라고 요청했다. 비록 더 좋은 것을 선택하지 않는 것이 안타까웠지만, 디오니소스는 그렇게 해주겠다고 약속했다.

미다스는 뛸 듯이 기뻐하며 돌아가는 도중에 새로 얻게 된 능력을 빨리 시험해 보고 싶었다. 참나무 가지 하나를 꺾었을 때 손 안에서 즉시 황금으로 바뀌는 것을 본 그는 자신의 눈을 믿을 수 가 없었다. 돌을 하나 주워들자 금으로 변했고, 잔디를 만져도 마 찬가지였다. 나무에서 딴 사과는 마치 헤스페리데스의 정원에서 훔쳐온 사과처럼 보였다.

한없이 기뻤던 그는 집으로 돌아오자마자 즉시 하인들에게 호 사스러운 식사를 준비하라고 명령했다. 하지만 놀랍게도 손으로 빵을 만지면 곧바로 딱딱해져 버렸고, 한 조각을 들어 입으로 가 져가는 즉시 굳어져 씹을 수가 없었다. 포도주 잔을 들어 마시려 했지만 녹아버린 황금물이 되어 목구멍으로 흘러내렸다.

상상조차 할 수 없었던 고통에 소스라치게 놀란 그는 몹시 탐 을 냈던 그 선물을 증오하면서 자신의 능력을 없애려 애썼다. 하 지만 아무런 소용이 없었고 굶어죽는 수밖에 없는 것만 같았다. 미다스는 금빛으로 번쩍번쩍 빛나는 두 팔을 들어 올려 디오니소 스에게 겉만 번드르한 이 파멸로부터 구해 달라고 간청했다. 자 비로운 신인 디오니소스는 그의 간청을 들어주었다.

"팍토로스 강이 시작되는 곳까지 거슬러 올라가 그곳에 머리 와 몸을 담그고 너의 허물과 형벌을 씻어내라."

그 말을 따라 강물에 손을 넣자마자 금을 만들어내는 능력이 강물 속으로 씻겨 내려갔고, 강바닥의 모래는 황금으로 바뀌어

지금까지 남아 있다.

 그 후로 미다스는 재산과 호사스러운 것을 미워하게 되었고 시골에 살면서 들판의 신인 판(pan; 당황, 공포를 뜻하는 panic의 어원)을 숭배했다. 어느 날 판은 무모하게도 자신의 음악을 아폴론의 음악과 비교하며 리라의 신인 그에게 음악 경연을 하자고 도전했다. 신은 그의 도전은 받아들였고, 산의 신, 트몰로스가 심판관으로 선택되었다. 심판석에 앉은 이 늙은 신은 음악 소리를 방해하는 나무들을 모두 없애버렸다. 신호를 보내자 판이 먼저 피리를 불었다. 소박한 멜로디는 그 자신과 우연히 그곳에 참석하게 된 그의 충실한 추종자인 미다스를 크게 만족시켰다.

 트몰로스가 태양신에게 머리를 돌리자 나무들도 모두 함께 머리를 돌렸다. 파르나소스 산의 월계수로 만든 관으로 이마를 장식한 아폴론이 자리에서 일어나자 티로스 지방의 자줏빛 염료로 염색한 그의 겉옷이 땅에 끌렸다. 그는 왼손으로는 리라를 들고 오른손으로 그 현을 연주했다. 황홀한 선율에 도취한 트몰로스는 그 즉시 아폴론에게 승리를 선언했고 미다스 외에는 모두 그 판결을 받아들였다.

 미다스는 판결에 이의를 제기하며 판정의 정당성을 의심했다. 아폴론은 미다스의 형편없는 두 귀를 더 이상 인간의 것과 같은 모양으로 놓아둘 수 없어 그의 귀를 점점 길게 늘이고 안팎으로 털이 자라게 한 다음 귓볼을 움직일 수 있도록 했다. 한마디로 말해 당나귀의 귀와 똑같은 모양으로 만들어버린 것이었다.

미다스는 이러한 불운을 분하게 생각했지만 그는 커다란 머릿수건이나 터번으로 자신의 불행을 감출 수 있을 것이라며 마음을 달랬다. 하지만 그의 이발사는 당연히 이러한 비밀을 알게 되었다. 그는 비밀을 누설하지 말 것이며, 만약 어기게 된다면 엄벌에 처할 것이라는 협박을 받았다. 그렇지만 비밀을 지키는 일이 마음대로 되지 않았던 이발사는 넓은 풀밭으로 가서 땅을 파 구멍을 만들고, 그 아래로 몸을 굽히고는 그 이야기를 은밀하게 속삭인 다음 흙으로 덮어 버렸다.

얼마 후 풀밭에서 갈대들이 싹을 틔우고 무성하게 자라자마자 그 이야기를 속삭이기 시작했다. 그때부터 지금까지 산들바람이 그곳을 스치고 지나갈 때마다 그 속삭임이 계속 들린다.

미다스는 프리기아의 왕이었다. 그는 가난한 농부인 고르디우스의 아들이었다. 백성들은 고르디우스를 선택해 왕으로 추대했는데, 그들은 장차 왕이 될 사람은 마차를 타고 올 것이라는 신탁을 따랐기 때문이었다. 백성들이 그런 생각을 하고 있을 때 마차를 탄 고르디우스가 아내와 아들을 데리고 마을의 광장으로 들어왔던 것이었다.

왕이 된 고르디우스는 자신의 마차를 신탁을 내린 신에게 바치고 신전에 단단한 매듭으로 묶어두었다. 이것이 그 유명한 '고르디우스의 매듭'으로 훗날 그 매듭을 푸는 사람이 아시아 전체의 왕이 될 것이라고 알려지기 시작했다.

많은 사람들이 매듭을 풀려고 시도했지만 정복 원정 중이던 알렉산드로스 대왕이 프리기아에 왔을 때까지 성공한 사람은 아무도 없었다. 그도 역시 매듭을 풀어보려 했지만 다른 사람과 마찬가지로 실패했다. 점점 조급해진 그는 자신의 칼로 매듭을 끊어버렸다. 훗날 그가 아시아를 모두 정복하는데 성공하게 되자, 사람들은 신탁의 진정한 의미에 따라 조건을 충족시킨 사람이라고 생각하기 시작했다.

바우키스와 필레몬
대홍수에서 살아남은 고귀한 인류의 기원

프리가아의 언덕에는 보리수 한 그루와 참나무 한 그루가 낮은 담으로 둘러싸여 있었다. 그곳에서 멀지 않은 초원에는 옛날에는 살기 좋은 땅이었지만 지금은 물웅덩이들이 만들어져 늪새와 가마우지가 드나들고 있었다. 어느 날, 인간의 모습을 한 제우스가 아들인 헤르메스와 함께 이곳을 방문했다. 헤르메스는 날개 없이 지팡이를 들고 있었다.

그들은 아주 지친 나그네처럼 변장하고 쉬어 갈 집을 찾았지만, 밤이 너무 늦어 문은 모두 닫혀 있었다. 불친절한 주민들은 그들을 맞이하는 것을 귀찮아했다. 마침내 초라하고 작은 초가집에서 그들을 맞아 주었다.

그곳에는 신앙심 깊은 노파 바우키스와 남편 필레몬이 살고 있었다. 그들은 젊을 때부터 함께 살며 늙어가고 있었다. 가난을 부끄럽게 여기지 않는 그들은 욕심을 절제하고 친절한 성품으로 가난을 견디어 왔다. 그들의 집에서는 주인이나 하인을 가릴 필요 없이 한 가족으로서 서로가 주인이며 동시에 하인이었다.

두 명의 천상의 나그네가 소박한 문지방을 넘어 낮은 문 아래로 고개를 숙이고 들어섰을 때, 노인은 자리를 권했고 노파는 부산하고 세심하게 자리 위에 천 조각을 펼치고 앉기를 권했다. 잿더미 속에서 석탄을 긁어모아 불을 붙이고 마른 나뭇잎과 나무껍질을 올리더니 입으로 바람을 불어 불꽃을 피웠다.

그녀는 한구석에서 쪼개진 장작과 마른 나뭇가지를 가지고 와 잘게 부수어 작은 솥 아래로 넣었다. 노인이 정원에서 데쳐 먹을 야채를 가져오자 노파는 잘게 찢어 냄비에 넣었다. 노인이 갈라진 나뭇가지로 꿰어 굴뚝에 걸어 놓았던 베이컨 덩어리를 끄집어 내려 잘게 썰었다. 일부는 채소와 함께 끓이기 위해 냄비 속에 넣고, 나머지는 다음에 쓰려고 남겨 놓았다. 너도밤나무의 우묵한

통은 손님들이 씻을 따뜻한 물로 채워져 있었다. 이렇게 준비를 하는 동안 그들은 이런저런 이야기로 손님들을 즐겁게 해주었다.

손님들을 위해 마련된 긴 의자에는 해초를 채워 넣은 방석이 놓여 있었고, 특별한 경우를 위해 준비된 낡고 거친 천 조각이 그 위에 덮여 있었다. 앞치마를 두른 노파는 떨리는 손으로 상을 차렸다. 상다리의 한쪽이 다른 쪽보다 짧았지만 석판 한 조각으로 받쳐 균형을 맞추었다. 상다리를 맞추고 나자 노파는 향기로운 허브로 식탁을 닦았다. 그 위에 정결한 처녀 신, 아르테미스의 올리브와 식초에 절인 산딸기 몇 개와 순무와 치즈 그리고 잿더미 속에서 살짝 익힌 달걀을 곁들였다.

모든 음식은 흙으로 빚은 접시에 담고 토기 주전자와 나무 컵들이 그 옆에 놓여 있었다. 모든 준비가 끝났을 때, 뜨거운 김이 나는 스튜가 식탁 위에 차려졌다. 아주 오래 된 것은 아니었지만 포도주를 곁들였으며 디저트로는 사과와 야생 꿀이 나왔다. 다른 무엇보다 친절한 표정과 간소하지만 애정 어린 환대가 돋보였다.

식사를 하는 동안 노인들은 포도주를 따르면 새 술이 저절로 술병 속에 채워지는 것을 보고 깜짝 놀랐다. 두려움에 휩싸인 바우키스와 필레몬은 그들이 천상에서 온 손님이라는 것을 알아차리고, 무릎을 꿇고 두 손은 꼭 잡고 자신들의 변변치 않은 대접을 용서해 달라고 빌었다.

늙은 부부는 자신들의 누추한 집을 지키는 거위 한 마리가 있었는데, 그 거위를 이 손님들에게 제물로 바치려고 했다. 하지만 거위가 발과 날개를 이용해 너무 빨리 달아났고 마침내는 신들 사이로 가서 몸을 숨겼다. 신들은 거위를 죽이지 못하게 했다.

"우리는 신이다. 이 불친절한 마을은 불경한 행위에 대해 벌을 받아야 하지만 너희들만은 벌을 받지 않을 것이다. 이 집을 떠나 우리와 함께 저기 있는 언덕으로 가자."

그들은 신의 말에 따라 서둘러 지팡이를 짚고 가파른 길을 올라갔다. 산꼭대기에 올라 밑을 내려다보니 자신들의 집을 제외하곤 마을이 모두 호수 속에 잠겨 있었다. 그 광경에 깜짝 놀라며 이웃 사람들의 운명을 슬퍼할 때 그들의 초라한 집이 서서히 신전으로 변하는 것을 보았다. 모퉁이의 기둥들은 원주(圓柱)가 되었고, 초가지붕은 서서히 노란색으로 바뀌더니 금빛 나는 지붕이 되었다. 마루는 대리석으로 변하고, 대문에는 조각이 새겨지고 황금으로 아름답게 장식되어 있었다.

그때 제우스가 자비로운 목소리로 말했다.

"훌륭한 노인이여, 그리고 남편만큼이나 훌륭한 여인이여, 너희들의 소원을 말해라. 어떤 은총이 내려지기를 원하는가?"

필레몬은 바우키스와 상의한 후, 두 사람의 소원을 신들에게 말했다.

"우리는 두 분을 모시는 신전의 사제이며 관리인이 되고 싶습니다. 평생 사랑하며 사이좋게 함께 살아왔으니, 내 손으로 아내의 무덤을 돌보게 되거나 아내의 손으로 나의 무덤을 돌보지 않도록 이 세상을 떠날 때도 한날한시에 떠나고 싶습니다."

신들은 그 소원을 들어주었고, 그들은 살아 있는 동안 신전을 지키며 살았다. 그들이 나이가 더 들어 신전의 계단 앞에 서서 그곳에 얽힌 이야기들을 나누고 있을 때, 바우키스는 필레몬의 몸에서 나뭇잎이 돋아나기 시작하는 것을 보았으며, 늙은 필레몬도 바우키스의 몸에 똑같은 변화가 일어나는 것을 보았다.

얼마 지나지 않아 그들은 말을 할 수 있을 때까지 서로에게 작별인사를 건넸다. 그동안 잎사귀로 가득 채워진 관이 그들의 머리 위에서 자라났다.

"사랑하는 그대여, 안녕!"

그렇게 말하는 순간 나무껍질이 그들의 입을 막아 버렸다. 티니아의 양치기들은 아직도 그 두 명의 선한 노인들의 이야기로 남아 있는, 나란히 서 있는 두 그루의 나무를 보여주곤 한다.

제7장 페르세포네, 글라우코스와 스킬라

페르세포네
대지의 풍요와 소멸을 순환시키는 여신

제우스와 그의 형제들이 티탄 신족을 물리치고 지하세계로 내쫓았을 때 새로운 적이 나타나 신들에게 저항했다. 그들은 거인족인 티폰, 브리아레오스, 엔셀라두스를 비롯한 여러 종족들이었다. 팔이 100개나 있고 불을 내뿜는 종족도 있었다. 결국 그들도 진압되어 산 채로 에트나 산 아래 파묻혔지만, 시시때때로 풀려나기 위해 몸부림을 치면 섬 전체에 지진이 일어났다. 인간들이 화산의 분출이라 부르는 것은 그들이 내뿜는 숨이었다.

이 괴물들의 몰락이 대지를 흔들어대자 지하세계의 신 하데스는 깜짝 놀라 자신의 왕국이 밝은 빛에 드러나게 될 것을 두려워했다. 불안했던 그는 검은 말들이 이끄는 마차를 타고 피해를 입은 곳의 안전을 직접 살펴보기 위해 길을 떠났다.

그가 순찰을 하고 있는 동안, 에릭스 산 위에 앉아 아들인 에

로스와 놀고 있던 아프로디테가 하데스를 알아보고 에로스에게
말했다.

"애야, 제우스는 물론이고 이 세상의 누구라도 항복시키는 너
의 화살을 타르타로스의 영토를 다스리는 저 어둠의 지배자의 가
슴을 향해 쏘아라. 그가 어찌 피해갈 수 있겠느냐? 너와 나의 왕
국을 넓힐 수 있는 기회를 잡아야 한다. 하늘에서도 우리의 힘을
얕보는 무리들이 있다는 것을 알지 않느냐? 지혜의 여신, 아테나
와 사냥의 여신, 아르테미스도 우리를 무시하고 데메테르의 딸
(페르세포네)마저도 그들을 본보기로 삼으려 하고 있더구나. 너와
나의 권리에 조금이라도 관심이 있다면 한마음이 되어야 한다."

에로스는 화살통에서 가장 날카롭고 튼튼한 화살을 꺼냈다.
활을 무릎으로 구부려 활시위를 당겨 준비를 마치자, 화살의 뾰
족한 끝을 하데스의 가슴으로 정확하게 쏘았다.

엔나 계곡에는 숲으로 둘러싸인 호수가 있었다. 숲은 태양의
뜨거운 빛을 막아주었고, 촉촉한 땅은 꽃으로 뒤덮여 있어 영원
한 봄이 지속되고 있었다. 이곳에서 백합과 바이올렛을 바구니와
앞치마에 하나 가득 모으며 친구들과 놀고 있던 페르세포네를 본
하데스는 사랑에 빠져 그녀를 끌고 가 버렸다.

그녀는 어머니와 친구들에게 도와달라고 외쳤다. 너무 놀란
그녀가 붙잡고 있던 앞치마 끝을 놓치자 꽃들이 땅으로 쏟아져

내렸다. 꽃들을 놓쳐버린 그녀는 어린아이처럼 더욱 슬퍼했다. 약탈자는 말들의 이름을 하나씩 부르면서 머리와 목에 걸쳐 있는 쇠고삐를 풀어주며 말들을 몰아댔다. 키아네 강에 이르러 길이 끝나고 하데스가 삼지창으로 강둑을 내리치자 땅이 갈라지면서 타르타로스로 내려가는 길이 열렸다.

데메테르는 딸을 찾아 온 세상을 돌아다녔다. 머리카락이 빛나는 에오스(새벽의 여신)가 아침 일찍 나타나고 헤스페로스(저녁별, 금성)가 별들을 이끌고 나타나는 저녁때까지 데메테르는 딸을 찾느라 분주했지만 아무런 소용이 없었다. 결국 지치고 슬픔에 빠진 데메테르는 돌 위에 주저앉아 햇빛과 달빛 아래에서 가끔은 비를 맞으며 9일 낮과 밤을 보냈다.

그곳은 지금의 엘레우시스라는 도시로 당시에는 켈레우스라는 노인이 살고 있었다. 그는 들판에 나가 도토리와 딸기를 줍고, 땔감을 모으고 있었다. 그의 어린 딸이 염소 두 마리를 이끌고 집으로 돌아오던 중 늙은 여인의 모습으로 변장한 여신의 곁을 지나치면서 말을 걸었다.

"어머니, (그 말은 데메테르에게는 무척이나 상냥하게 들렸다) 왜 바위 위에 홀로 앉아 계세요?"

무거운 짐을 지고 있던 노인도 멈추어 서서 자신의 집으로 가자고 청했지만 데메테르는 거절했다. 노인이 또다시 권유하자,

이렇게 말했다.

"그냥 편히 가세요. 당신은 딸과 행복하기를 빕니다. 그런데 나는 딸을 잃어 버렸답니다."

그렇게 말하는 동안 그녀의 눈물 — 혹은 눈물과 같은 것, 신들은 절대 울지 않는다 — 이 뺨을 타고 가슴까지 흘러내렸다. 인정 많은 노인과 딸도 데메테르와 함께 울었다.

"누추한 집이지만 괜찮으시다면 우리와 함께 가시지요. 그러면 당신의 딸도 무사하게 돌아올 수 있을 겁니다."

"그렇게 청하시는데 거절할 수는 없군요. 그럼 안내해 주세요."

데메테르는 돌에서 일어나 그들을 따라갔다. 집으로 가는 동안 노인은 자신에게 어린 외아들이 열도 나고 잠도 못 자며 병으로 누워 있다고 말했다. 그녀는 몸을 굽혀 양귀비를 따 모았다.

오두막에 도착했을 때 그들은 큰일이 일어났다는 것을 알았다. 아이가 회복될 수 없을 것처럼 보였기 때문이었다. 그런데도 아이의 어머니 메타네이라는 데메테르를 친절하게 맞아 주었다. 여신은 몸을 굽혀 병든 아이의 입술에 키스를 했다. 그러자 창백했던 얼굴이 살아나며 건강한 기운을 되찾았다.

가족들은 모두 기뻐했다. 이 집에는 하인이 없었기 때문에 아버지와 어머니 그리고 어린 딸이 전부였다. 그들은 식탁을 펼치고 치즈와 사과 그리고 야생꿀을 올렸다. 그들이 식사를 하는 동안 데메테르는 소년의 우유에 양귀비 즙을 섞었다. 밤이 되어 사방이 고요할 때 여신은 자리에서 일어나 잠자고 있는 소년의 팔다리를 손으로 주무르며 소년을 향해 엄숙한 주문을 세 번 외운 다음 잿더미 속에 눕혔다.

아이의 어머니는 손님이 하는 일을 지켜보다가 비명을 지르며 달려가 화로에서 아이를 꺼냈다. 그때 데메테르가 여신의 모습을 드러내자 신성한 광채가 주변을 가득 비추었다. 그들이 너무 놀라 어쩔 줄 모르고 있을 때, 여신이 말했다.

"아들에 대한 애정이 지나쳐 당신이 모든 일을 망치고 말았습니다. 그 아이를 불사의 몸으로 만들어 주려 한 나의 시도는 수포로 돌아갔습니다. 그럼에도 불구하고 저 아이는 훌륭하고 유능한 사람이 될 것입니다. 그는 인간에게 쟁기 쓰는 법을 가르쳐 주고, 노동을 통해 경작한 땅에서 대가를 받는다는 것을 알게 할 것입니다."

그렇게 말하며 여신은 구름으로 자신의 몸을 감추고 마차를 타고 떠나 버렸다.

데메테르는 계속해서 자신의 딸을 찾기 위해 이 땅에서 저 땅으로, 바다와 강을 건너 결국에는 자신이 출발했던 시칠리아 섬으로 돌아와 키아네 강둑에 섰다. 그곳은 페르세포네를 납치한 하데스가 자신의 왕국으로 들어가는 길을 만들었던 곳이었다. 강의 님프는 여신에게 자신이 목격했던 것을 모두 말해 주고 싶었지만, 하데스가 두려워 감히 그렇게 할 수 없었고 단지 페르세포네가 도망칠 때 떨어뜨린 허리띠를 몰래 주워 놓았다가 바람에 띄워 어머니의 발 아래에 놓이게 했다.

그 허리띠를 본 데메테르는 더 이상 딸의 죽음을 의심하진 않았지만, 여전히 그 원인은 알 수 없었기에, 아무런 관계도 없는 대지를 나무랐다.

"은혜도 모르는 대지야. 내가 너를 비옥하게 만들어 목초와 비옥한 곡식으로 가득 채워 주었는데, 이제 더 이상의 축복은 받지 못할 것이다."

그러자 가축들이 죽고, 부서진 쟁기들이 밭고랑에 쌓였다. 씨앗은 싹을 틔우지 못했고 심한 가뭄이 들거나 장마가 반복됐다. 엉겅퀴와 가시덤불만 자랐고 새들은 씨앗을 쪼아댔다. 이 광경을 바라보며 샘의 님프, 아레투사가 대지를 위해 중재에 나섰다.

"여신이시여, 대지를 나무라지는 마세요. 그도 어쩔 수 없이 당신의 딸에게 길을 열어주었을 뿐입니다. 내가 페르세포네를 본 적이 있으니 그녀의 운명을 말해줄 수 있습니다. 이곳은 나의 고향이 아닙니다. 나는 엘리스에서 왔죠. 나는 숲의 님프로 사냥을 즐겼습니다. 모두 나의 미모를 칭찬했지만 전혀 신경 쓰지 않고 사냥하는 것만을 자랑스러워했습니다. 어느 날 뛰어다니느라 더워서 숲으로 돌아오는 길에 마침 고요히 흐르는 강가에 이르렀습니다. 물이 너무나도 맑아 강바닥의 자갈들을 셀 수 있을 정도였답니다.

버드나무가 그늘을 만들고 풀이 무성한 강둑은 물가까지 완만하게 경사져 있었습니다. 그곳으로 다가가 발을 물에 넣었습니다. 물은 무릎까지 차올랐지만 성에 차지 않아서 옷을 벗어 버드나무에 걸어두고 물속으로 들어갔습니다. 물속에서 물놀이를 하고 있을 때 강바닥에서 희미하게 웅얼거리는 소리가 들려와 급히 가장 가까운 강둑으로 도망치려고 했습니다.

그 목소리는 이렇게 말했습니다.

'아레투사여, 왜 도망치려 하느냐? 나는 이 강의 신, 알페이오스다.'

내가 도망치면 그가 따라왔습니다. 나보다 빠르지는 않았지만 힘은 나보다 더 세서 기운이 빠져버릴 즈음에 나를 따라잡았습니다. 지친 나는 결국 아르테미스에게 도움을 청했습니다. '여신이여, 도와주세요! 당신의 숭배자를 도와주세요!'

여신은 그 소리를 듣고 두꺼운 구름으로 갑자기 나를 감싸 주었습니다. 강의 신은 이곳저곳으로 나를 찾아다니면서 두 번이나 내 곁으로 왔지만 나를 발견하지는 못했습니다. 그가 마구 소리

를 질렀습니다. '아레투사! 아레투사!'

아아, 우리 밖에서 으르렁거리는 늑대의 소리를 듣고 있는 어린 양처럼 얼마나 무서웠는지 모릅니다. 온몸에서 식은땀이 배어 나오고, 머리카락이 연달아 흘러내렸고 두 발이 서 있던 곳은 웅덩이가 되었습니다. 한마디로, 아주 짧은 순간에 나는 샘물이 되어 버렸습니다. 이렇게 변신을 했지만 알페이오스는 나를 알아채고 자신의 강물을 나의 샘물과 뒤섞으려고 했습니다.

아르테미스가 대지를 둘로 나누었고 나는 알페이오스로부터 도망치기 위해 갈라진 틈으로 들어가 땅 밑을 통해 여기 시칠리아 섬으로 나오게 되었습니다. 가장 깊은 땅 속을 지나칠 때 페르세포네를 보았습니다. 그녀는 슬퍼했지만, 더 이상 놀랄 것이 없다는 표정이었습니다. 그녀는 여왕이 된 것 같았습니다. 에레보스(암흑)의 여왕, 죽음의 세계를 다스리는 지배자의 여왕이 된 것처럼 보였습니다.'

이 말을 듣고 있던 데메테르는 잠시 넋을 잃고 서 있었다. 그러나 곧바로 마차를 하늘로 돌려 천상의 왕좌에 앉아 있는 제우스를 찾아 급히 달려갔다. 데메테르는 제우스에게 자신이 사별하게 된 이야기를 전하며, 딸을 찾아올 수 있도록 도와 달라고 간청했다. 제우스는 지하세계에 있는 동안 페르세포네가 아무 것도 먹지 않는다는 한 가지 조건을 내세우며 허락했다. 그렇지 않다면 운명의 여신들이 그녀를 놓아주지 않을 것이라고 했다.

봄의 여신을 거느린 헤르메스가 하데스에게 페르세포네의 석방을 요구하기 위해 파견되었다. 교활한 지하세계의 왕은 승낙을 했지만, 슬프게도 소녀는 하데스가 준 석류를 받아 씨앗에 붙어 있는 달콤한 과육을 빨아 먹었던 것이다. 결국 온전히 풀려나올 수는 없었지만 일 년의 반은 어머니와 지내고 나머지 반년은 남편인 플루토와 지낸다는 타협안이 만들어졌다.

이 제안을 받아들인 데메테르는 대지에게 내렸던 풍요로운 은혜를 되돌려 놓았다. 그리고 켈레우스와 그의 가족 그리고 그의 어린 아들 트립톨레모스에게 했던 약속을 기억해냈다. 소년이 어른이 되자 그녀는 쟁기를 사용하는 방법과 씨 뿌리는 법을 가르쳐 주었다. 그리고 날개 달린 용이 끄는 자신의 마차에 태우고 지상의 모든 나라를 돌아다니면서, 인류에게 소중한 곡식과 농사짓는 법을 가르쳐 주었다.

세상을 돌아보고 온 트립톨레모스는 데메테르에게 바치는 거대한 신전을 엘레우시스에 세우고 '엘레우시스의 신비한 의례'라는 이름으로 여신을 숭배하도록 했다. 그곳에서 벌어지는 의식의 화려함과 장엄함은 다른 모든 그리스인들의 종교적인 의식을 능가하는 것이었다.

데메테르와 페르세포네의 이야기는 분명 우화이다. 페르세포네는 곡물의 씨앗을 의미하며, 대지에 묻힌 씨앗은 땅에서 그 모습이 사라진다. 다시 말해, 지하세계의 신에게 납치되어 그곳에서 모습을 드러냈다가, 반년 후에는 어머니에게로 돌아올 수 있다. 봄의 여신이 그녀를 지상의 밝은 햇볕 아래로 인도하기 때문이다.

사실 알페이오스 강이 흐르다가 지하로 들어가 보이지 않게 되는 것은 지하의 물길을 지나 다시 지상으로 나타나기 때문이다. 시칠리아 섬에 있는 아레투사 샘은 바다 밑을 흐르다 다시 시칠리아에 나타난 알페이오스 강이라고 한다. 그래서 알페이오스 강에 물컵 같은 것을 던지면 아레투사 샘에서 다시 떠오른다는 이야기가 전해지고 있다.

글라우코스와 스킬라
키르케의 질투로 바다 괴물이 된 스킬라

글라우코스는 어부였다. 어느 날 그물을 끌어 올리자 다양한 종류의 고기들이 엄청나게 많이 잡혀 있었다. 그래서 그는 그물을 털어내고 나서 풀밭 위에서 물고기를 종류별로 골라냈다. 그가 서 있는 곳은 강 한가운데 있는 아름다운 섬으로 아무도 살지 않는 외딴 곳이었다. 가축을 방목하는 곳으로도 사용되지 않았고 그 외에는 아무도 와본 적이 없는 곳이었다. 갑자기 풀밭 위에 올려놓은 물고기들이 되살아나더니 마치 물속에 있는 것처럼 지느러미를 움직이기 시작했다.

그가 깜짝 놀라 바라보는 동안 물고기들은 물속으로 뛰어들어 헤엄쳐 달아났다. 그는 어떤 신이 그렇게 한 것인지, 아니면 풀밭에 있는 어떤 신비한 힘 때문인지 그로서는 알 수가 없었다.

"대체 어떤 풀에 그런 힘이 있는 것일까?"

그는 풀을 뜯어 먹어 보았다. 풀의 즙이 입천장에 닿자마자 물이 마시고 싶어 안절부절했다. 더 이상 참을 수 없었던 그는 땅에서 벗어나 물속으로 뛰어들었다. 강물의 신들은 그를 상냥하게 맞이해 주면서 오랜 친구처럼 대해 주었다. 그들은 바다의 지배자, 오케아노스와 테티스의 허락을 받아 그에게 남아 있던 인간의 운명을 모두 씻어내려고 했다. 백 개의 강이 그에게 물을 쏟아부어 주었고, 그는 과거의 본성과 의식을 모두 잃어 버렸다.

그가 다시 깨어났을 때 자신의 몸과 마음이 완전히 변했다는 것을 알았다. 머리카락은 바닷물과 같은 담록색을 띠고 물 위로 길게 드리워져 있었다. 어깨는 점점 더 넓어지고, 허벅지와 다리는 물고기의 꼬리와 같은 모양이 되었다. 바다의 신들은 그의 변한 외모를 칭찬했고 글라우코스는 자신이 멋있어졌다고 느꼈다.

어느 날, 글라우코스는 물의 요정이 총애하는 아름다운 처녀

스킬라를 보았다. 해안을 거닐던 그녀는 사람의 눈에 띄지 않는 외딴 곳에서 맑은 물에 몸을 담그고 있었다. 그녀에게 반한 그는 물 위로 모습을 드러내고 말을 걸었다. 그녀가 머물러 있도록 하기 위해 이런저런 이야기를 건넸지만, 그의 모습을 보자마자 그녀는 도망치기 시작해 바다가 내려다보이는 높은 절벽 위에 이르렀다. 그곳에 멈춰서서 그가 신인지 아니면 바다의 동물인지 알아보기 위해 고개를 돌린 그녀는 그의 모습과 색깔에 깜짝 놀란 듯이 바라보았다. 글라우코스는 몸의 일부를 물 위로 드러내며 바위에 기대 말했다.

"아가씨, 나는 괴물도 아니고, 바다 동물도 아니며, 신입니다. 프로메테우스나 트리톤도 나보다 높지 않습니다. 한때 인간이었으며 생계를 위해 바다에 가곤 했지만 지금은 온전한 바다의 신입니다."

그는 자기의 변신 이야기와 어떻게 하여 지금과 같은 지위에 오르게 되었는지를 설명하고 한 마디를 덧붙였다.

"하지만 당신의 마음을 움직일 수 없다면 이 모두가 쓸데없는 일입니다."

그는 계속 말을 하려 했으나, 스킬라는 돌아서서 달아나버렸다. 글라우코스는 절망에 빠졌지만 불현듯 마법사의 여신 키르케에게 도움을 청해야겠다는 생각이 들었다. 그는 키르케의 섬으로 갔다.(다음에 알게 되겠지만 이곳은 오디세우스가 귀향길에 들른 섬이다.)

서로 인사를 나눈 후에 그가 말했다.

"여신이시여, 간절히 부탁드립니다. 당신만이 나를 고통에서 벗어나게 해줄 수 있습니다. 누구나 알고 있듯이 내가 이렇게 변한 것은 약초의 효력 때문입니다. 나는 스킬라를 사랑합니다. 당신에게 말하기 부끄러울 정도로 온갖 말로 사랑을 구하고 맹세도 했지만 그녀는 비웃기만 하는군요. 부디 당신의 마법을 사용하시거나, 만약 마법보다 더 뛰어난 효능이 있는 약초로 나의 사랑은 치료하지 마시고 — 그것은 원치 않는 일이기 때문이죠 — 스킬라가 사랑을 할 수 있고, 내게 그 사랑을 줄 수 있도록 해 주세요."

키르케 역시 바다 색깔을 띤 그의 매력에 관심이 있었기 때문에 이렇게 대답했다.

"오히려 당신을 좋아하는 상대를 구하는 것이 나을 거예요. 당신은 사랑을 헛되이 쫓아다닐 사람이 아니고, 사랑을 받을 만한 멋진 사람이거든요. 자신을 잃지 말고 당신의 가치를 잘 알고 있어야 해요. 비록 내가 약초의 효력과 마법을 잘 다룰 수 있는 여신이지만, 나 역시 당신을 거절하지는 못할 거예요. 그녀가 당신에게 퇴짜를 놓는다면 당신도 퇴짜를 놓으세요. 기꺼이 당신을 인정하는 사람을 만나세요. 그렇게 하면 두 사람 모두 즉시 마땅한 보답을 받게 될 거예요."

그 말에 글라우코스는 대답했다.

"바다 밑에서 나무가 자라고, 산꼭대기에서 해초가 자란다 해도 오직 스킬라에 대한 나의 사랑만은 변치 않을 것입니다."

여신은 화가 났지만 그에게 벌을 내릴 수도 없었고 벌을 내릴 마음도 없었다. 그를 너무 좋아했기 때문이었다. 그래서 여신은 연적인 가엾은 스킬라에게 분을 풀기로 했다. 독성이 있는 약초들을 꺾어와 주문을 외우고 마법을 걸어 함께 섞었다. 그리고 자신의 마법에 걸린 짐승들이 뛰놀고 있는 곳을 지나 스킬라가 살고 있는 시칠리아 해안으로 갔다.

그 해안에는 스킬라가 날씨가 더워지면 바람을 맞으며 목욕하려고 가는 자그마한 만(灣)이 있었다. 여신은 그곳의 바닷물에 독이 든 약초를 풀어 넣으며 마법의 주문을 읊었다.

스킬라는 평상시처럼 그곳에 와 허리까지 물이 차오르도록 몸을 담갔다. 그때 그녀는 자기를 둘러싸는 한 떼의 뱀과 소리를 질러대는 괴물들을 보고 공포에 휩싸였다. 처음에 스킬라는 그것들이 자신의 일부분일 것이라고는 전혀 생각하지 못하고 그것들로부터 달아나며 쫓아내려고 했다. 그러나 그녀가 달려가면 그것들이 함께 따라왔고, 자신의 팔다리를 만지려 하자 입을 크게 벌린 괴물들의 턱만 손에 닿을 뿐이었다.

스킬라는 그곳에서 꼼짝 못하고 서 있었다. 그녀의 성질도 끔찍한 생김새만큼이나 점점 더 포악해졌으며, 운이 나쁜 뱃사공들을 손에 잡히는 대로 먹어치우는 것을 즐기게 되었다.

스킬라는 오디세우스의 동료 여섯 명을 잡아 먹었으며, 아이네이아스의 배도 난파시키려 했다. 결국 스킬라는 바위로 변했으며 지금도 배를 난파시키는 암초가 되어 선원들을 공포에 떨게 하고 있다.

제8장 피그말리온, 드리오페, 아프로디테와 아도니스, 아폴론과 히아킨토스

피그말리온
자신이 만든 조각상을 사랑하다

여성의 허물을 너무나 많이 보았던 피그말리온은 마침내 여성을 혐오하며 평생 독신으로 살겠다는 결심을 하게 되었다. 조각가인 피그말리온은 상아로 뛰어난 조각상을 만들었는데 너무나도 아름다워 실제 여성은 아무도 그 근처에도 가지 못할 정도였다. 완벽한 처녀의 모습이어서 단지 수줍어서 움직이지 않을 뿐 생생하게 살아 있는 것처럼 보였다. 그의 솜씨는 너무 완벽해서 그의 작품은 인간의 솜씨가 아닌 자연이 빚어낸 것처럼 보였다.

피그말리온은 자신의 작품에 감탄하여, 마침내는 자신이 만들어낸 작품과 사랑에 빠지게 되었다. 마치 살아 있는 것은 아닌지 확인이라도 하려는 듯 종종 손으로 만져보곤 했으며, 확인한 후에도 그저 상아일 뿐이라는 것을 믿을 수가 없었다. 그는 조각을 쓰다듬기도 하고 소녀들이 좋아할 만한 것들—반짝거리는 조개껍질, 매끄러운 돌, 작은 새, 여러 빛깔의 꽃들, 구슬과 호박 같은 것—을 선물로 주었다. 옷을 입히고, 손가락에는 보석을 끼우고, 목에는 목걸이를 걸어 주었다.

귀에는 귀고리를 달고, 가슴에는 진주를 엮은 끈을 달아주었다. 옷은 잘 어울렸으며 옷은 입지 않았을 때와 다름없이 매력적으로 보였다. 그는 티로스의 염료로 물들인 조각보를 펼쳐놓은 소파에 그녀를 올려놓고 아내라고 불렀다. 그녀의 머리는 가장 부드러운 새털로 만든 베개 위에 뉘었다. 부드러운 새털을 그녀가 아주 좋아할 것이라고 생각하는 듯했다.

아프로디테의 제전이 다가왔다. 키프로스 섬에서는 굉장히 화려하게 펼쳐지는 축제였다. 제물을 올리고, 제단에 향이 피워지면 주변은 향기로 가득 찼다. 제전에 참가하여 자신이 역할을 다한 피그말리온은 제단 앞에 서서 소심하게 말했다.

"이 세상 모든 일을 주재하는 신이시여, 아내를 맞이하게 해주세요."(그는 감히 '나의 상아처녀'라고 말하지는 못하고, 그 대신 '나의 상아처녀 같은 사람'이라고 했다.) 제전에 참석했던 아프로디테는 그의 말이 어떤 의미인지 알고 있었다. 그의 청을 들어주겠다는 표시로, 제단의 불꽃을 공중으로 강하게 세 번 피어오르게 했다.

집으로 돌아온 피그말리온은 자신의 조각을 보러 가서 소파에 기댄 채 입술에 키스를 했다. 입술의 온기가 느껴지는 것 같았다. 그는 다시 그 입술에 키스해보고, 팔다리도 손으로 만져보았다. 상아조각이 부드럽게 느껴졌으며 히메투스 산의 밀랍처럼 변해 있었다.

피그말리온은 놀랐지만 한편으로는 기뻤다. 비록 무엇인가 잘못된 것은 아닌지 두려운 생각이 들었으나, 사랑에 빠진 연인의 열정으로 희망을 품은 채 몇 번이나 만져보았다. 그것은 실제로 살아 있었다! 손가락으로 누르면 혈관이 눌러졌다가 다시 원래대로 돌아왔다.

마침내 아프로디테의 열렬한 숭배자인 피그말리온은 여신에게 감사의 기도를 올리고 자신의 입술과 똑같은 진짜 입술에 자신의 입술을 댔다. 키스를 받은 처녀의 얼굴은 붉어졌고 수줍게 눈을 뜨고 연인을 바라보았다.

아프로디테는 자신이 이루어준 두 사람의 결혼을 축복했다. 이들 부부 사이에서 아들인 파포스가 태어났다. 아프로디테에게 바쳐진 파포스라는 도시는 그의 이름에서 유래되었다.

드리오페
포플러 나무로 변한 슬픈 운명

드리오페와 이올레는 자매였다. 안드라이몬의 아내인 드리오
페는 남편의 사랑도 받으며 첫 아이도 낳고 행복하게 살고 있었
다. 어느 날 자매는 시냇가의 강둑을 거닐고 있었다. 강둑은 물가
까지 완만하게 경사져 있었으며 둑 위로는 도금양나무가 우거져
있었다.

그들은 님프에게 바칠 화관을 만들기 위한 꽃을 따려고 했다.
드리오페는 아주 귀한 것인 양 아들을 가슴에 안고 걸어가며 젖
을 먹이고 있었다. 물가에는 자줏빛 꽃을 활짝 피운 연꽃이 자라
고 있었다. 드리오페는 꽃을 따서 아기에게 주었다. 이올레도 아
기에게 꽃을 주려고 했으나 언니가 딴 연꽃의 줄기에서 피가 흐
르는 것을 보게 되었다. 그 꽃은 못된 추적자를 피해 도망치던 님
프인 로티스가 변신해 있던 것이었다. 그 이야기는 마을 사람들
에게 들어 알고 있었지만 이미 너무 늦어 버렸다.

자신이 한 짓을 알게 된 드리오페는 두려움에 떨며 재빨리 그
곳에서 도망치려고 했지만 발이 뿌리를 내린 것처럼 붙어서 꼼짝
도 하지 않았다. 발을 빼려고 했지만 상체만 겨우 움직일 수 있을
뿐이었다. 드리오페의 몸은 아래로부터 차츰차츰 나무로 변해 갔

다. 너무 괴로워 머리를 잡아 뜯어보려 했지만 그녀의 두 손은 나뭇잎으로 가득 차 있었다.

아기는 엄마의 가슴이 굳어지기 시작하더니 젖이 나오지 않는다는 것을 알았다. 이올레는 언니의 슬픈 운명을 지켜보았지만 아무런 도움도 줄 수 없었다. 마치 나무로 변해가는 것을 멈추게 하려는 듯 자라고 있는 언니의 몸통을 힘껏 부둥켜안으며 자신도 똑같은 나무껍질로 뒤덮이는 것이 낫겠다고 생각했다.

바로 그때 드리오페의 남편인 안드라이몬이 자매들의 아버지와 함께 다가왔다. 그들이 드리오페를 찾을 때 이올레는 새로 자라고 있는 연꽃나무를 가리켰다. 그들은 아직도 온기가 남아 있는 나무의 줄기를 부여안고 나뭇잎에 키스를 퍼부었다.

이제 드리오페에게는 얼굴 외에는 아무것도 남아 있지 않았다. 눈물이 흐르자 잎사귀 위로 굴러 떨어졌다. 말을 할 수 있는 동안 그녀는 이렇게 말했다.

"죄를 짓지 않았으니, 이런 운명은 잘못된 겁니다. 누구에게도 나쁜 짓을 하지 않았어요. 거짓을 말하고 있는 것이라면 잎은 말라 죽고 줄기는 베어져 불 속에 던져져도 좋습니다. 아기는 유모에게 데려다 주세요. 이곳에 자주 데리고 와 나뭇가지 아래에서 젖을 먹이고, 나무 그늘 아래에서 놀게 해 주세요. 아기가 말을 할 수 있는 나이가 되면 나를 어머니라고 부르게 해 주세요. 그리고 '어머니는 이 나무 아래에 숨어 있다'라고 말하며 슬퍼하게 해 주세요. 강둑을 다닐 때는 조심하라고 해주세요. 연꽃 무더기를 보면 여신이 변신한 것일 수도 있으니 꽃을 꺾지 말라고 일러 주세요.

사랑하는 당신이여, 그리고 동생, 아버지, 안녕! 아직도 나를 사랑한다면 도끼로 나를 다치게 하거나, 새와 짐승들이 나의 가지들을 물어뜯지 않게 해주세요. 몸을 구부릴 수 없으니, 당신들이 이곳으로 올라와서 나에게 키스해 주세요. 아직 입술에 감각이 있으니 키스를 할 수 있도록 아기를 높이 올려주세요. 더 이상 말을 할 수 없군요. 나무껍질이 이미 목까지 차올라 곧 온몸을 뒤덮게 될 거예요. 내 눈을 감겨 줄 필요는 없어요. 당신들의 도움이 없어도 나무껍질이 눈을 감겨줄 거예요."

말을 마치자, 마침내 입술은 더 이상 움직이지 않았다. 목숨이 끊어졌지만 잠시 나뭇가지에는 체온이 남아 있었다.

아프로디테와 아도니스
바람꽃이 된 아도니스의 전설

아들인 에로스(큐피드)와 놀고 있던 아프로디테가 아들의 화살에 찔려 가슴에 상처를 입게 되었다. 급히 아들을 밀쳐냈지만 상처는 생각했던 것보다 깊었다. 상처가 아물기 전에 아도니스를 보게 된 그녀는 사랑에 빠져버렸다. 그 후로 그녀는 더 이상 자주 드나들던 파포스, 크니도스 섬, 또한 광물이 풍부한 아마투스에는 아무런 관심도 갖지 않게 되었고 하늘에도 가지 않았다. 하늘보다 아도니스가 더 소중했기 때문이었다.

그녀는 아도니스를 쫓아다니며 곤란하게 했다. 평상시의 그녀는 그늘 속에 누워 예쁘게 치장하는 것에만 신경을 썼지만, 이제는 사냥의 여신인 아르테미스처럼 옷을 차려입고 숲속을 어슬렁거리고 산을 오르내렸다. 개들을 거느리고 다니며 토끼와 사슴이거나 안전한 사냥감만을 사냥했으며, 가축을 잡아먹고 지독한 악취를 풍기는 늑대나 곰 같은 것은 피했다.

그녀는 아도니스에게도 그런 위험한 동물들은 조심해야 한다고 충고했다.

"겁이 많은 것들에 대해서는 용감해도 되지만 무섭게 덤비는 동물에게 용감하게 달려 들어서는 안 된다. 너 스스로 위험에 빠져 나의 행복을 위태롭게 하지 않도록 조심해야 한다. 자연이 무기를 주어 무장시킨 짐승은 공격하지 말아라. 너에게 주어진 신의 영광이 그런 위험과 맞바꿀 정도로 높다고는 생각하지 않는다.여신을 매혹시킨 너의 아름다움과 젊음이 사자나 털이 뻣뻣한 멧돼지의 마음을 사로잡지는 못할 것이다. 사나운 발톱과 억센

힘을 조심해야 해! 나는 그런 짐승들을 모두 미워한다. 왜 그러는 지 아느냐?"

아프로디테는 이렇게 충고를 하고서 자신을 배신한 죄로 사자 가 된 아탈란테와 히포메네스의 이야기를 들려주었다. 아도니스 에게도 경고를 한 다음 그녀는 백조가 끄는 마차를 타고 하늘로 날아갔다.

그러나 그런 충고를 따르기에는 너무 자존심이 강했던 아도니 스는 개들이 동굴에 있던 산돼지를 성나게 했을 때 창을 던져 야 수의 옆구리를 맞췄다. 산돼지는 입으로 창을 빼내고 순식간에 아도니스를 향해 돌진했다. 재빨리 몸을 돌려 도망쳤지만 곧 따 라붙은 산돼지의 엄니에 옆구리를 물어뜯긴 아도니스는 치명적 인 상처를 입고 들판에 쓰러져 죽어갔다.

백조가 끄는 마차를 타고 하늘을 날고 있던 아프로디테가 키프 로스 섬에 도착하기 직전에 사랑하는 사람의 신음소리가 공중을 통해 들려왔다. 그녀는 급히 마차를 돌려 지상으로 돌아가도록 했다. 대지에 점점 가까워지자 피투성이가 된 채 죽어 있는 아도 니스가 보였다. 깜짝 놀라 마차에서 뛰어내린 여신은 시체 위에 엎드려 가슴을 치고 머리털을 쥐어뜯으며 괴로워했다.

아프로디테는 운명의 여신들을 비난했다.

"당신들의 승리는 완전하지 않을 것이다. 나의 슬픔은 영원히 기억될 것이다. 나의 아도니스여, 당신의 죽음과 내 슬픔이 만들어내는 풍경은 해마다 되풀이될 것이다. 당신의 핏방울은 꽃으로 피어날 것이며, 그렇게라도 위안을 얻는 나를 아무도 시기하지 못할 것이다."

그렇게 말하며 그녀는 아도니스의 피 위에 넥타르를 흩뿌렸다. 피와 넥타르가 뒤섞이자 마치 연못 위에 빗방울이 떨어질 때처럼 거품들이 생겨났고, 한 시간쯤이 지나자 석류 같은 핏빛을 띤 한 송이 꽃이 피어났다.

하지만 꽃은 아주 잠깐 동안만 피어 있었다. 바람이 불면 피어났다가 다시 바람이 불면 지고 말았다. 그래서 그 꽃은 아네모네, 또는 '바람꽃'으로 불렸다고 하는데 바람에 의해 꽃이 피고 졌기 때문이었다.

아폴론과 히아킨토스
미소년을 사랑한 아폴론

히아킨토스라는 소년을 아주 좋아했던 아폴론은 소년과 함께 여러 가지 놀이를 즐겼다. 고기를 잡으러 갈 때는 그물을 들어주었고, 사냥을 갈 때는 개들을 끌어 주었으며, 산에 오를 때는 그의 뒤를 따르면서 자신의 리라와 화살에는 아무런 신경도 쓰지 않았다.

어느 날 그들은 원반던지기 놀이를 하고 있었다. 힘도 세지만 기술도 뛰어난 아폴론은 원반을 들어 하늘 높이 던졌다. 날아가는 원반을 바라보던 히아킨토스는 놀이에 푹 빠져서 원반을 잡아 되던지기 위해 앞으로 달려 나갔다. 하지만 땅에 떨어진 원반이 튀어 올라 히아킨토스의 이마에 맞았고, 소년은 정신을 잃고 쓰러지고 말았다.

얼굴이 하얗게 질린 아폴론은 그를 들어 올려 상처에서 흐르는 피를 막으며 죽지 않도록 온갖 노력을 다 했지만 아무런 소용이 없었다. 상처는 약으로 치료할 수 없을 정도였다. 정원에 있는 백합꽃의 줄기를 꺾으면 꽃봉오리가 땅으로 향하는 것처럼, 죽어가는 소년의 머리는 목에 붙어 있기엔 너무 무거운 듯이 어깨 너머로 축 늘어졌다.

포이보스(아폴론)가 말했다.

"히아킨토스가 이렇게 죽다니. 내가 너의 청춘을 빼앗았구나. 너에게 닥친 고통은 나의 잘못 때문이다. 그렇게 할 수만 있다면 내가 대신 죽을 수도 있는데 그럴 수도 없구나. 너는 이제 나의 기억과 노래 속에서 살게 될 것이다. 나의 음악으로 너를 찬양할 것이며, 너의 운명을 노래할 것이다. 너는 나의 슬픔이 새겨진 꽃으로 피어날 것이다."

아폴론이 그렇게 말하는 동안 땅 위로 흘러내려 풀잎을 물들이 던 피는 더 이상 피가 아니었다. 티로스 산의 염료보다 더 아름다 운 빛깔의 꽃 한 송이가 피어났다. 백합꽃과 비슷했지만 은백색 이 아닌 자줏빛이라는 것이 달랐다. 이것만으로도 만족할 수 없 었던 포이보스는 훨씬 더 큰 명예를 부여하기 위해, 오늘날 우리 가 확인할 수 있듯이, 꽃잎 위에 자신의 슬픔을 표시하는 '아아 (Ah ah)'라는 글자를 새겨 넣었다. 히아킨토스라 불리게 된 이 꽃 은 해마다 봄이 오면 피어나 그의 운명을 잊지 않게 해 준다.

제피로스도 히아킨토스를 좋아했다고 한다. 히아킨토스가 아 폴론을 좋아하는 것에 질투가 났던 그가 바람을 불게 해 원반이 잘못 날아가 히아킨토스에게 상처를 입혔다고 한다.

제9장 케익스와 알키오네

케익스와 알키오네
죽어서도 한몸이 되게 해 주세요

테살리아의 왕인 케익스는 폭력이나 악행을 행사하지 않고 자신의 나라를 평화롭게 다스렸다. 금성, 헤스페로스의 아들인 그의 빛나는 아름다움은 금세 그의 아버지를 떠올리게 해주었다.

그의 아내는 아이올로스(바람의 신)의 딸인 알키오네로 남편을 깊이 사랑했다. 케익스는 형을 잃게 되어 깊은 시름에 잠겨 있었고, 형이 죽고 난 다음에 여러 가지 불길한 일들이 일어나자 신들이 자기를 적대한다고 생각하게 되었다. 고심 끝에 그는 배를 타고 이오니아의 클라로스로 가서 아폴론의 신탁을 받아야겠다고 생각했다. 아내인 알키오네에게 그 사실을 알리자 그녀는 온몸을 벌벌 떨면서 얼굴이 하얗게 질려 버렸다.

"여보, 내가 어떤 잘못을 하여 나에 대한 사랑이 식은 것인가요? 당신에게 가장 중요했던 나에 대한 사랑은 어디로 갔나요?

알키오네가 없어도 잘 지낼 수 있다는 것인가요? 저와 헤어지고 싶은 것인가요?"

또한 그녀는 바람의 난폭함을 설명하면서 남편의 계획을 꺾어 보려고 노력했다. 그녀는 바람의 신인 아버지와 함께 살았으므로 바람에 대해서는 아주 잘 알고 있었다.

"바람이 한꺼번에 몰아지게 되면 서로 충돌하면서 불꽃이 일 듯이 맹렬하게 달려들어요. 하지만 만약 당신이 가야한다면, 제발, 나도 데리고 가 주세요. 그렇게 하지 않는다면 당신이 실제로 겪게 될 흉악한 일들 뿐만 아니라 내 마음 속의 걱정 때문에 견딜 수 없을 겁니다."

아내의 말은 케익스 왕의 마음을 무겁게 짓눌렀으며 그도 역시 아내와 함께 가고 싶었다. 하지만 아내를 위험한 바다에 노출시키는 것은 견딜 수 없었으므로 최대한 아내를 달래려 했다.

"내 아버지인 금성의 빛을 걸고 맹세하겠소. 운명이 허락한다면, 달이 궤도를 두 번 돌기 전에 돌아오겠소."

이렇게 말한 다음 왕은 배를 꺼내와 노와 돛을 준비하라고 명했다. 이런 준비 과정을 지켜보던 알키오네는 재앙을 예감한 듯 몸을 벌벌 떨었다. 눈물을 흘리며 슬픔에 싸여 이별의 말을 건네던 그녀는 정신을 잃고 땅 위로 쓰러져 버렸다.

케익스는 여전히 망설이고 있었지만 젊은 선원들은 힘차게 노를 저어 파도를 헤치며 나아갔다. 알키오네는 눈물을 흘리며 눈을 들어 갑판 위에 서서 자신을 향해 손을 흔드는 남편의 모습을 바라보았다. 그녀도 배가 멀리 나아가 남편의 모습을 알아볼 수 없을 때까지 손을 흔들었다.

배는 더 이상 보이지 않았지만 그녀는 마지막까지 배의 희미한 빛이라도 보기 위해 애를 썼다. 배가 완전히 사라지자 방으로 돌아온 그녀는 쓸쓸한 침상 위로 무너져 내렸다.

배가 미끄러지듯 항구를 빠져나가자 돛대 사이로 미풍이 불어왔다. 선원들은 노를 내려놓고 돛을 올렸다. 목적지의 반 또는 조금 못 미치는 곳을 지나고 있을 때, 밤이 되었고 바다는 굽이치는 파도로 하얗게 일렁이기 시작하고 동풍이 거세게 불어왔다.

선장이 돛을 내리라고 명령했지만 폭풍이 훼방을 놓았다. 거센 바람과 파도가 요동치는 소리에 선장의 명령이 들리지 않았기 때문이었다. 선원들 스스로 배의 균형을 유지하기 위해 노를 붙잡고 돛을 낮추기 위해 분주하게 움직였다. 그들 각자가 최선을 다하고 있는 동안 폭풍은 점점 더 심하게 몰아쳤다. 선원들의 외침, 돛대가 펄럭거리는 소리 그리고 파도와 우레 소리가 마구 뒤섞였다. 엄청나게 요동치던 바다가 하늘 높이 치솟아 구름들 사이로 흩뿌려지는 것처럼 보이더니 배는 캄캄한 어둠으로 가득 찬 바다 밑으로 가라앉았다.

이 모든 변화들을 겪고 있는 배는 마치 사냥꾼의 창끝을 향해 돌진하는 야생동물처럼 보였다. 비가 억수같이 쏟아져 내려 마치 하늘이 내려앉아 바다와 합쳐지려는 것만 같았다. 잠시 번개가 그치면 밤은 더욱 캄캄해졌다가 다시 어두움을 산산조각 내며 번개가 사방을 빛으로 가득 채웠다. 노를 저을 수도 없고, 용기도 사라져 버렸으며 밀려오는 모든 파도는 마치 죽음이 다가오는 것만 같았다. 선원들은 공포에 휩싸여 넋을 잃고 있었다.

부모님과 친척 그리고 집에서 했던 맹세가 머릿속에 떠올랐다. 케익스는 알키오네를 생각했다. 오직 그녀의 이름만이 떠올랐다. 그녀를 그리워하면서도 그녀가 이곳에 없다는 것이 더없이 기뻤다. 곧이어 벼락을 맞은 돛대가 부러져 산산이 흩어지고 키도 고장이 났다. 소용돌이치듯 난파선 위로 솟아올랐던 파도가 떨어지면서 배는 산산조각 나고 말았다.

어떤 선원들은 충격으로 정신을 잃고 가라앉아 다시 떠오르지 않았고, 또 다른 선원들은 부서진 배 조각에 매달렸다. 케익스는 제왕의 홀을 쥐고 있던 손으로 판자를 단단히 붙잡고 아버지와 장인에게 헛된 도움을 청했다. 하지만 그가 수없이 외쳐 부르는 이름은 알카오네였다. 그는 오직 그녀만을 생각했다. 파도가 자신의 시신을 그녀 앞으로 떠밀고 가, 그녀의 손으로 묻히게 되기를 간절히 기도했다.

마침내 파도가 덮쳐 그는 바다 밑으로 가라앉았다. 금성도 그 날 밤에는 흐릿해진 것처럼 보였다. 별은 하늘을 떠날 수 없기 때문에 구름으로 얼굴을 가렸기 때문이었다.

　알키오네는 그런 끔찍한 일이 벌어진 것도 모르는 채 남편이 돌아오겠다고 약속한 날을 손꼽아 기다리고 있었다. 그가 돌아오면 입힐 옷도 준비하고, 그가 왔을 때 자신이 입을 옷도 준비했다. 그녀는 모든 신들에게 자주 향을 올렸지만 그 중에서도 헤라에게는 더욱 열심히 공을 들였다. 더 이상 이 세상에 살지 않는 남편을 위해 끊임없이 기도했다. 남편이 안전하게, 무사히 돌아올 수 있기를 그리고 타향에서 자기 외의 여인과 사랑에 빠지지 않게 해달라고 기도했다.

　하지만 그 모든 기도들 중 오직 마지막 소원만이 허용될 운명이었다. 마침내 이미 죽은 사람을 위한 기도를 더 이상 듣고 있을 수 없었던 헤라는 자신의 제단을 향해 기도를 올리는 그 손으로 장례를 치르게 해야만 했다.

　그래서 그녀는 무지개의 여신, 이리스를 불러 말했다.

　"나의 충실한 전령인 이리스여, 힙노스(잠의 신)의 집으로 가서 알키오네의 꿈속으로 케익스를 보내 이 모든 일들을 그녀에게 알리도록 해라."

　이리스는 형형색색의 옷을 걸치고 하늘을 무지개로 물들이며 잠의 왕이 있는 궁전을 찾아갔다. 키메르족의 나라와 가까운 산의 동굴에는 게으른 신인 힙노스의 거처가 있었다. 태양의 신, 포이보스는 일출에도, 한낮에도, 일몰에도 이곳에 오는 것을 꺼려했다. 땅에는 구름과 어둠이 숨을 쉬고 있었으며 희미한 불빛만이 비칠 뿐이었다. 그곳에서는 머리에 볏이 있는 새벽의 새도 에오스를 향해 소리 내어 노래하는 일이 없었으며, 감시견은 물론 그보다 더 영리한 거위도 고요함을 깨뜨리지는 않았다.

야생동물도 가축은 물론 바람에 흔들리는 나뭇가지도 없고, 사람의 말소리조차 없이 침묵이 지배할 뿐이었다. 하지만 바위 밑으로 레테 강(망각의 강)이 흐르고 있었으며, 그 강물이 속삭이는 소리를 들으면 저절로 잠이 들었다.

동굴의 입구에는 양귀비를 비롯한 약초들이 무성하게 자라고 있었다. 약초로 만든 즙에서 밤의 여신이 잠들을 모아 어두워진 땅 위에 흩뿌렸다. 이곳의 저택에는 경첩 소리가 나는 문도 없고, 문지기도 없었다. 다만 집 한 가운데에는 검은 깃털로 장식되어 있고, 검은 장막이 드리워진 흑단으로 만든 소파가 있었다.

그 위에 잠의 신은 몸을 눕히고 사지를 편안히 늘어뜨린 채 잠들어 있었다. 주변에는 여러 가지 형태의 다양한 꿈들이 마치 수확한 곡식의 줄기이거나 숲속의 나뭇잎 또는 바닷가의 모래알만큼이나 많이 놓여 있었다.

이리스의 여신이 들어와 주변을 떠돌고 있는 꿈들을 쓸어버리자 그녀의 빛이 동굴 전체를 가득 채웠다. 간신히 눈을 뜬 잠의 신은 턱수염을 가슴 위로 늘어뜨리고 여전히 졸고 있었지만, 마침내 정신을 차리고 팔에 몸을 지탱하며 찾아온 용건을 물었다. 그는 그녀가 누구인지를 알고 있었기 때문이었다.

이리스 여신이 대답했다.

"신들 중에서도 가장 예의바르며, 마음을 진정시켜 주고, 지친 가슴을 위로해 주는 힙노스여! 헤라 여신이 트라키아의 알키오네에게 꿈을 보내라고 하십니다. 꿈에서 그녀 남편의 죽음과 부서져버린 배에 대한 이야기를 모두 알려주라고 하십니다."

신의 메시지를 전달한 그녀는 서둘러 그곳을 떠나려 했다. 그곳의 무거운 공기를 더 이상 견딜 수가 없었기 때문이었다. 졸음이 몰려오자 이리스는 도망치듯 빠져나와 무지개를 타고 왔던 길로 다시 돌아왔다.

힙노스는 자신의 수많은 자식들 중에서 한 명, 모르페우스(꿈의 신)를 불렀다. 모르페우스는 어떤 사람이든 그 사람의 모습, 걸음걸이, 말솜씨뿐만 아니라 옷 입는 습관과 태도까지도 완벽하게 흉내 낼 수 있었다. 그러나 인간만을 흉내 낼 수 있었으므로 새와 짐승, 뱀을 흉내 내는 일은 다른 형제에게 맡겼다. 그런 일은 포베토르(이켈로스)가 했으며, 셋째 아들인 판타소스는 바위, 물, 나무, 그 밖의 무생물로 변신하는 일을 했다.

이들은 왕이나 귀족들이 잠을 자는 동안 베개 밑에서 기다리고 있었고, 다른 형제들은 평범한 인간들 사이에서 활동했다. 힙노스는 다른 모든 형제들 중에서 모르페우스를 선택해 이리스의 명령을 실행하라고 지시하고 나서 자신은 베개를 베고 쾌적한 잠에 빠져들었다.

날개 소리도 전혀 내지 않고 날아간 모르페우스는 하이모니아에 도착했다. 그곳에서 날개를 접고 케익스의 모습으로 변신했다. 그러나 그의 얼굴은 죽은 사람처럼 창백했으며, 옷도 입지 않은 모습으로 가련한 아내의 침상 앞에 섰다. 수염과 머리카락은 물에 젖은 듯이 보였으며, 머리에서 물방울이 뚝뚝 떨어졌다.

그는 침대에 몸을 기대면서 눈물을 흘리며 말했다.

"아, 가엾은 나의 아내여, 나를 알아보지 못하겠소? 아니면 내가 죽어 모습이 너무 달라 보이는 것이요? 당신 남편의 형상으로 나타난 나를 보시오. 당신의 기도는 아무런 소용도 없게 되었소. 나는 이미 죽었다오. 내가 돌아올 것이라는 헛된 희망은 이제 버리도록 해요. 에게 해에서 폭풍을 만난 배는 가라앉아 버렸소. 당신의 이름을 애타게 불렀지만 파도가 내 입을 막아 버렸다오. 확실히 모르는 전달자가 이 소식을 전하는 것이 아니며, 전혀 근거 없는 소문도 아니라오. 조난을 당한 내가 직접 나의 운명을 당신에게 전하기 위해 온 것이요. 일어나서 나를 위해 눈물을 흘리며 슬퍼해 주오. 슬퍼하는 사람도 없이 지하세계로 가지 않도록 해 주시오."

모르페우스는 그녀의 남편과 똑같은 목소리로 이렇게 말했다. 실제로 눈물을 흘리는 것 같았으며 손짓도 케익스의 모습 그대로였다. 알키오네는 꿈속에서 눈물을 흘리며 괴로워하면서 팔을 내밀고 남편을 안으려 했지만 아무것도 잡히지 않았다. 그녀는 외쳤다.

"기다려요! 어디로 가려고 하세요. 저와 함께 가요."

자신의 목소리에 놀란 그녀는 잠에서 깨어났다. 깜짝 놀란 그녀는 주변을 간절히 둘러보며 남편이 아직 그곳에 있는지 확인했다. 하인들이 그녀의 흐느낌 소리에 놀라 불을 켜들고 달려왔지만 남편은 보이지 않았다. 그녀는 가슴을 치며 옷을 갈기갈기 찢었다. 머리가 흐트러지는 것에도 상관하지 않고 마구 쥐어뜯었다. 유모가 왜 그토록 슬퍼하는지를 묻자 그녀는 대답했다.

"알키오네는 더 이상 이 세상에 없어요. 남편 케익스와 함께 죽었어요. 위로의 말은 하지 말아요. 그의 배는 난파되었고 그는 죽었답니다. 그를 보았어요. 그를 붙잡으려고 손을 내밀었지만 그의 영혼은 사라졌어요. 남편의 영혼이 틀림없었어요. 평소처럼 멋진 모습은 아니었어요. 얼굴은 창백했고 벌거벗은 몸으로, 머리카락은 바닷물에 젖어 있었어요. 가엾은 내 앞에 그가 나타났어요. 바로 여기에 그의 슬픈 환영이 서 있었어요."

알키오네는 그의 발자국을 찾으려 살펴보며 계속 말했다.

"나를 떠나지 말고, 파도를 믿지 말라고 간청했을 때, 바로 이런 예감이 있었기 때문이었어요. 그래도 떠나려는 당신이 나를 데리고 가주기를 얼마나 바랐는지 몰라요. 그렇게 되었다면 당신 없이 혼자 남아 있는 날들을 보낼 일도 없었을 것이며, 죽음으로 헤어지는 일도 없었을 것입니다. 앞으로 모든 것을 인내하며 살아가야 한다면 그것은 나에겐 너무나 잔인한 일입니다. 바다가 나에게 했던 것보다 더 잔인한 일입니다. 그러나 불행한 남편이여, 나는 발버둥치지 않을 것이며, 당신과 헤어지지도 않겠어요. 적어도 이 시간 이후부터 나는 당신과 함께 할 것입니다. 죽어서 우리 두 사람이 하나의 묘지에 묻히지는 못하지만 묘비명은 하나가 될 것입니다. 저의 유골과 당신의 유골이 함께 있지는 못해도 나의 이름만은 당신의 이름과 떨어지지 않을 것입니다."

그녀는 너무 슬퍼 더 이상 말을 하지 못했고, 지금까지 했던 말도 눈물과 흐느낌 속에 산산이 흩어져버렸다.

아침이 되자 알키오네는 헤어질 때 남편을 마지막으로 보았던 곳을 찾아보기 위해 바닷가로 갔다.

"주저하던 그 사람은 여기에서 손에 든 밧줄을 던지고 나에게 마지막 키스를 했지."

알키오네가 모든 일들을 회상하면서 하나하나 기억해 내려고 애를 쓰며 바다를 바라보고 있을 때 희미한 물체가 물 위에 떠 있는 것을 보았다. 처음에는 무엇인지 알 수 없었으나, 파도에 밀려 가까이 다가오자 사람의 몸이라는 것을 알 수 있었다. 누구인지는 알 수 없었지만 난파된 배에서 떠내려 온 사람이 틀림없었으므로 알키오네는 너무 슬퍼 눈물을 흘리면서 말했다.

"아, 불쌍한 사람이여, 당신에게도 아내가 있다면 그녀도 불행하겠군요."

파도에 떠밀려 시체는 더욱 가까이 다가왔다. 점점 더 가까운 곳에서 그것을 보며 알키오네의 몸은 더 심하게 떨렸다. 마침내 해안으로 밀려오자 그가 누구인지 알아볼 수 있었다. 남편이었다! 그녀는 떨리는 손을 내밀며 외쳤다.

"오, 사랑하는 당신, 이렇게 내게 돌아오는 것인가요?"

해안가에는 바다의 범람과 성난 파도를 막기 위한 방파제가 있었다. 그녀는 제방 위로 뛰어올라(그렇게 할 수 있었다는 것은 놀라운 일이었다) 하늘로 날아갔다. 순식간에 돋아난 날개를 펼치고 허공을 가르고 나아가 바다 위를 스쳐 지나갔다.

그녀는 불행한 새가 되었다. 날아가는 새의 목에서는 슬픔으로 가득한 소리가 터져 나왔다. 마치 애도하는 사람의 목소리와

같았다. 새는 말도 없고 핏기도 없는 몸에 내려앉아 새롭게 돋아
난 날개로 사랑하는 사람의 손과 발을 감싸 안았으며 뿔처럼 단
단한 부리로 키스하려고 애를 썼다.

케익스가 그것을 느꼈던 것인지 아니면 물결의 움직임 때문이
었는지 알 수는 없었지만 믿을 수 없게도 그 시체가 머리를 들어
올리는 것처럼 보였다. 하지만 사실 케익스는 아내의 키스를 느
꼈던 것이었고, 그들을 불쌍하게 여긴 신들이 그 두 사람을 모두
새로 변신시킨 것이었다.

그들은 부부가 되어 새끼들도 낳았다. 겨울에 7일 동안 평온한
날씨가 지속되면 알키오네는 바다 위에 떠 있는 둥지에서 알을
품는다. 그 동안 뱃사람들의 항해는 안전하다. 바람의 신인 아이
올로스가 바람을 붙잡아두고 바다를 성가시게 하지 못하도록 막
는다. 그동안 바다는 그의 손자들의 차지가 된다.

제10장 베르툼누스와 포모나

베르툼누스와 포모나
느릅나무와 포도나무의 공생

숲의 요정인 하마드리아데스 중에서 포모나는 정원을 가꾸고 과일 나무를 키우는 솜씨가 아주 뛰어났다. 숲이나 시냇물에는 관심을 갖지 않았지만 잘 경작된 땅과 맛있는 사과들이 열리는 나무를 좋아했다.

그녀가 오른손에 들고 있는 무기는 창이 아닌 가지 치는 칼이었다. 그것으로 무장한 그녀는 너무 자란 가지를 잘라주거나, 제멋대로 자란 가지는 쳐내고, 잔가지를 쪼개 다른 나무의 어린 가지를 집어넣어 자라게 하는 접붙이기를 하느라 언제나 분주했다. 그렇게 자신이 좋아하는 나무들이 가뭄으로 고통을 겪지 않도록 물을 끌어들여 마른 뿌리들이 마실 수 있도록 해주었다.

이러한 일들을 좋아하는 그녀는 열정적이었지만 아프로디테가 바라는 연애 같은 것은 생각조차 하지 않았다. 그곳 사람들을 두려워했던 그녀는 과수원을 막아놓고 아무도 들어오지 못하도록 했다.

숲의 신, 파우누스와 사티로스들은 그녀의 마음을 차지하기 위해 그들이 가지고 있는 것들을 모두 주고 싶어 했다. 나이에 비해 젊어 보이는 늙은 실바누스와 솔잎으로 만든 관을 머리에 쓰고 있는 판도 마찬가지였다. 그들 중에서도 베르툼누스(로마의 신으로 계절의 신이다.)가 그녀를 가장 사랑했지만 다른 신들과 마찬가지로 뜻을 이루지는 못하고 있었다.

농부의 모습으로 변장하고 수확한 곡식을 그녀의 바구니에 가져다 놓을 때의 그는 진짜 농부처럼 보였으며, 건초로 만든 끈을 몸에 두르고 나타나면 마치 방금 풀밭을 뒤적이다 온 것처럼 보이기도 했다. 가끔 소를 모는 지팡이를 들고 오면 마치 지친 소의 멍에를 벗겨주고 온 사람처럼 보이기도 했다. 전지가위를 들고 다니면서 포도밭의 정원사 흉내를 내기도 했으며, 사닥다리를 어깨에 메고 나타나면 실제로 사과를 따러가는 사람 같았다.

때로는 제대한 군인처럼 터덜터덜 걷기고 하고, 고기 잡으러 가는 사람처럼 낚싯대를 손에 들고 있기도 했다. 이런 식으로 거듭해서 그녀를 만날 기회를 만들었고, 그녀의 모습을 보며 자신의 사랑을 키워나갔다.

어느 날 그는 노파로 변장해 나타났는데, 백발이 성성한 머리에는 모자를 쓰고 손에는 지팡이 짚고 있었다. 노파는 정원으로 들어서며 과일을 칭찬했다.

"아가씨, 솜씨가 좋군요."

그렇게 말하며 포모나에게 키스를 했지만 전혀 노파답지 않은 키스였다. 둑 위에 앉아 머리 위로 과일이 주렁주렁 달린 가지를 쳐다보았다. 맞은편에 있는 느릅나무는 잘 익은 포도송이들이 달려 있는 덩굴로 뒤엉켜 있었다. 노파는 느릅나무와 덩굴로 뒤엉킨 포도나무를 똑같이 칭찬하며 말했다.

"그런데 만약 느릅나무 혼자 서 있고 포도덩굴이 뒤엉켜 있지 않다면, 매력도 없을 것이고 쓸모없는 나뭇잎 외에는 얻을 것도 없을 거요. 그리고 마찬가지로 만약 느릅나무를 감고 있지 않는다면 포도나무는 땅 위를 기어야 할 것이오. 느릅나무와 포도나무를 보면서 왜 교훈을 얻지 못하는 거요? 당신도 누군가와 합쳐야겠다는 생각은 왜 하지 않는 거요? 당신이 그러기를 바란다오. 헬레네(그리스 최고의 미녀, 트로이 전쟁의 원인을 제공했다.)도 물론이고 지혜로운 오디세우스의 아내인 페넬로페에게도 당신만큼 구혼자가 많지는 않았어요. 퇴짜를 놓는다 해도 전원의 신을 비롯해 이 산을 자주 드나드는 그 밖의 신들이 계속 당신에게 구혼을 할 거요. 하지만 당신이 분별 있는 사람이어서 좋은 배필을 구하고 싶다면, 그 어떤 사람보다 훨씬 더 당신을 사랑하는 이 노파의 조언을 따르도록 해요. 다른 신들은 모두 멀리하고 베르툼누스를 받아들이도록 해요.

그가 자신에 대해 알고 있는 것만큼 나도 그를 잘 압니다. 이곳저곳 떠도는 신은 아니고, 이 산에 살고 있어요. 요즘의 연인들이 흔히 그렇듯이 우연히 만나게 된 아무나 사랑하지는 않아요. 그는 오직 당신, 당신만을 사랑합니다. 게다가 젊고 잘 생겼으며 어떤 모습으로든 마음대로 변신하는 재주가 있습니다.

.그러니 당신이 원하는 모습으로 변할 수 있어요. 더욱이 그는 당신이 좋아하는 일을 좋아합니다. 정원을 가꾸는 즐거움을 알고 당신의 과일 나무들을 훌륭하게 다룰 수 있어요. 하지만 지금은 과일이나 꽃은 물론 그 어떤 것에도 관심이 없고 오직 당신만을 생각하고 있답니다. 그러니 가련하게 여겨 주세요. 그리고 그가 내 입을 통해 말을 전하고 있는 것이라 생각해 보세요.

신들은 잔인한 행동에는 벌을 주고 아프로디테는 비정한 마음을 증오하니 그런 모욕에 대해선 곧 벌을 내리게 될 겁니다. 그런 증거로 키프로스 섬에서 실제로 있었던 유명한 이야기를 들려줄게요. 이 이야기가 당신이 좀 더 자비로운 사람이 되도록 할 수 있다면 좋겠어요.

—미천한 집안의 청년인 이피스는 테우크로스라는 오래된 귀

족 가문의 아낙사레테라는 처녀에게 한눈에 반했습니다. 청년은 그 사랑 때문에 오랫동안 고민하다가 결국 포기할 수 없다는 것을 알고 그녀의 집으로 가 사랑을 간청했습니다. 먼저 그녀의 유모에게 자신의 사랑을 알리면서 자신의 구애에 호감을 갖도록 해달라고 부탁했습니다. 그 후에는 그녀의 하녀를 자신의 편으로 삼으려 했죠. 때로는 자신의 맹세를 석판에 적어 넣기도 하고, 자신의 눈물로 적신 화관을 그녀의 집 앞에 걸어놓거나, 문간에 엎드려 가혹한 냉대를 한탄했습니다.

그러나 그녀는 11월의 폭풍에 용솟음치는 파도보다 더 무관심했으며, 독일 대장간의 강철보다 단단했으며, 고집스럽게 절벽에 매달려 있는 바위 덩어리 같았습니다. 그녀는 그를 깔보며 조롱했으며, 가혹한 말과 함께 함부로 대하면서 한줄기 희망조차 주지 않았습니다. 가망 없는 비참한 사랑을 더 이상 견딜 수가 없었던 이피스는 그녀의 방문 앞에서 마지막 말을 남겼습니다.

'아낙사레테여, 당신이 이겼소. 더 이상 나의 끈덕진 요구를 견디지 않아도 될 거요. 월계관을 쓰고 승리의 노래를 부르세요. 당신이 이겼으니 나는 죽을 거요. 무정한 당신, 기뻐하시오. 적어도 당신을 기쁘게 하고 또 억지로라도 나를 칭찬하게 만들 수 있을 것이니 당신에 대한 사랑이 목숨과 함께 떠났다는 걸 증명하겠소. 내가 죽었다는 것을 소문으로 듣지 않도록 당신 눈앞에서 죽을 터이니 그것을 보며 마음껏 즐기도록 하시오. 하지만 인간의 고통에 냉담한 신들이여, 나의 운명을 잘 보세요. 이것만은 부탁 드리고 싶습니다. 앞으로 내가 기억되도록 해주세요. 나의 삶에서 빼앗아간 명예가 오래 기억되도록 해주세요.'

그렇게 말하며 이피스는 창백한 얼굴과 눈물이 가득 고인 눈을 그녀의 집으로 향한 채, 가끔 화환을 걸어 놓기도 했던 문기둥에 밧줄을 단단히 묶고 올가미 속으로 머리를 집어넣으며 나직하게 '냉정한 아가씨, 적어도 이 화환만은 마음에 들기를 바라오.'라고 말하며 아래로 떨어져 목뼈가 부러진 채 매달리게 되었습니다.

그의 몸이 떨어지면서 문에 부딪치자 마치 신음하는 듯한 소리가 났습니다. 문을 열고 죽어 있는 그를 발견한 하인들은 동정어린 탄성을 지르며 그를 안아 올려 어머니가 있는 집으로 데려다 주었습니다. 아버지 없이 홀로 사는 어머니는 아들의 주검을 받고, 차갑게 식어버린 아들을 가슴에 품고 알아들을 수 없는 말을 쏟아내며 통곡했습니다.

슬픈 장례 행렬이 도시를 지나갔고 창백한 유해는 상여 위에 살려 화장터로 운반되었습니다. 우연하게도 장례 행렬이 지나가던 길에 아낙사레테의 집이 있었죠. 어쩌면 이미 복수의 신이 벌을 주려고 준비하고 있던 그녀의 귀에 애도하는 사람들의 통곡하는 소리가 들렸습니다.

그녀는 '슬픈 장례식이 있나본데 한번 가 볼까!'라고 말하며 작은 탑 위로 올라가 창문을 열고 장례식을 내려다 봤습니다. 상여 위에 누워 있는 이피스를 보자마자 그녀의 두 눈은 뻣뻣해지기 시작했고 온몸을 돌던 따뜻한 피는 차갑게 식었습니다. 뒤로 물러서려 했지만 발을 움직일 수도 없었습니다. 외면하려고도 했지만 그럴 수도 없었습니다. 차츰차츰 그녀의 몸은 자신의 마음처럼 차가운 돌이 되어 버렸습니다.

지금도 그녀의 모습 그대로 살라미스에 있는 아프로디테의 신전에 석상이 남아 있으니 이 이야기가 사실이라는 걸 의심할 수는 없을 겁니다. 그러니 이런 일들을 잘 생각하면서 사랑을 비웃거나 주저하지 말고 사랑하는 연인을 받아들이세요. 그렇게 하면 봄의 서리가 풋풋한 과일들을 시들게 하는 일도 없을 것이고 사나운 바람이 당신의 꽃을 떨어뜨리는 일도 없을 것입니다."

이야기를 마친 베르툼누스는 변장했던 노파의 모습을 벗어버리고 잘 생긴 청년으로 포모나 앞에 섰다. 그의 모습은 구름을 헤치고 나온 빛나는 태양처럼 보였다.

그는 다시한번 사랑을 청하려 했지만 그럴 필요는 없었다. 그가 들려준 이야기와 그의 본모습이 그녀를 사로잡게 되어 요정은 더 이상 거절하지 않았고 서로 사랑에 빠지게 되었다.

에로스와 프시케

금지된 욕망 앞에서 흔들리는 순결한 영혼

왕과 왕비에게는 세 명의 딸이 있었다. 두 언니의 미모가 보통 이상이었지만 막내딸은 너무 아름다워 말로는 제대로 표현할 수 없을 정도였다. 그녀의 아름다움에 대한 명성이 자자하여 이웃나라에서도 그녀를 보기 위해 사람들이 몰려왔고 그녀의 아름다움에 빠져버린 사람들은 오직 아프로디테만이 받아 마땅한 찬사를 그녀에게 바쳤다.

실제로 사람들이 이 젊은 처녀를 숭배하는 동안 아프로디테는 자신의 제단이 삭막해졌다는 것을 알게 되었다. 그녀가 지나가면 사람들은 그녀를 찬미하며 길 위에 화관과 꽃을 뿌렸다. 불멸의 신에게만 바치게 되어 있는 숭배가 한 인간에 대한 찬양으로 곡해된 것이 아프로디테에게 커다란 모욕감을 주게 되었다.

신성한 머리채를 흔들며 아프로디테는 큰소리로 외쳤다.

"나의 명성이 인간의 딸에게 뒤진다는 거요? 그렇다면 제우스도 인정했던 왕의 목동(트로이의 왕자, 파리스)이 나의 화려한 경쟁자인 아테나와 헤라보다 내가 더 아름답다고 판정했던 것도 아무런 쓸모도 없다는 것인가? 하지만 그녀가 내 명예를 그렇게 쉽게 빼앗아가지는 못할 것이다. 지나치게 부당한 아름다움을 후회하도록 해줄 것이오."

아프로디테는 그 즉시 날개 달린 아들 에로스를 불렀다. 에로스는 천성적으로 짓궂었으며, 어머니의 불평은 그러한 그의 천성을 한층 더 자극했다. 그녀는 프시케를 가리키며 말했다.

"나의 사랑하는 아들아, 저 오만한 미인을 혼내주어라. 그녀가 큰 상처를 입게 된다면 이 어머니의 복수는 그만큼 더 즐거울 것 같구나. 저 건방진 여자아이의 가슴속에 미천하고 비열하며 쓸모없는 남자에 대한 열정을 심어주어라. 그렇게 하면 현재의 환희와 승리감만큼이나 커다란 치욕을 맛보게 될 것이다."

에로스는 어머니의 명령에 따르기 위해 준비했다. 아프로디테의 정원에는 달콤한 샘물과 쓰디 쓴 샘물이 솟아나는 두 개의 샘이 있었다. 에로스는 각각 두 가지 샘물을 담은 호박으로 만든 두 개의 병을 화살통 끝에 매달고 서둘러 프시케의 방으로 갔다.

프시케는 잠들어 있었다. 그녀의 모습을 보며 가련하다는 생각이 들 뻔했지만, 에로스는 그녀의 입술 위로 쓴 맛이 나는 샘물을 몇 방울 떨어뜨리면서 그녀의 옆구리를 화살 끝으로 건드리게 되었다. 그러자 잠에서 깨어난 그녀가 에로스를 바라보았고 (물론 그녀에게 에로스의 모습은 보이지 않았다.) 너무 놀라 당황한 에로스는 자신의 화살에 찔려 부상을 입게 되었다. 자신의 상처에는 신경 쓰지 않고 자신이 저지른 실수를 무마하는 것에만 집중하던 그는 그녀의 매끄러운 곱슬머리 위로 달콤하고 향기로운 샘물을 부었다.

그 이후로 아프로디테의 미움을 받은 프시케는 아름다운 용모로 아무런 이로움을 얻어낼 수 없었다. 실제로 모든 사람들의 시선을 끌어 모았으며 모두 입을 모아 그녀를 찬미했지만 왕이나 귀족 청년은 물론 평민들 중에서도 그녀에게 청혼하는 사람이 없었다.

적당한 미모를 갖춘 언니들은 이미 오래 전에 왕자들과 결혼했지만 프시케는 외로운 자신의 방에서 외로움을 한탄하며 수많은 아첨을 끌어 모으지만 정작 사랑은 불러일으키지 못하는 아름다움에 넌더리를 냈다.

자신들이 모르는 사이에 신들의 노여움을 불러일으킨 것은 아닌지 두려웠던 그녀의 부모는 아폴론의 신탁을 구했고 다음과 같은 답을 받게 되었다.

'그 처녀는 인간과 결혼할 운명이 아니다. 그녀의 남편이 될 사

람은 산꼭대기에서 그녀를 기다리고 있다. 그는 신도 인간도 격퇴시킬 수 없는 괴물이다.'

이런 무서운 신탁을 받은 사람들은 모두 경악했고 그녀의 부모는 자포자기하며 슬픔에 빠져들었다. 하지만 프시케는 이렇게 말했다.

'사랑하는 부모님! 왜 지금 저를 불쌍해하십니까? 오히려 사람들이 과분한 영예를 내게 쏟아 부으며 입을 모아 나를 아프로디테라고 불렀을 때 슬퍼해야 했을 것입니다. 내가 그렇게 불렸던 것에 대한 벌을 받고 있다는 걸 알게 되었습니다. 운명에 따르겠습니다. 나의 불행한 운명이 정해 놓은 그 바위로 데려다 주세요.'

모든 것이 준비되자 왕녀를 보내는 행렬이 마련되었다. 그녀의 부모와 슬퍼하는 사람들의 무리에 둘러싸여 산으로 올라가는 그 행렬은 결혼식이 아니라 장례식 같았다. 사람들은 산꼭대기에 그녀를 혼자 남겨 놓고 슬퍼하며 집으로 돌아갔다.

산마루에 선 프시케가 두려움에 떨며 눈물을 흘리고 있을 때 상냥한 제피로스가 그녀를 땅에서 들어 올려 부드러운 움직임으로 꽃들이 가득 피어 있는 계곡으로 데려다 주었다. 차츰 마음이 평온해지자 그녀는 풀이 무성한 산기슭에 누워 잠이 들었다.

상쾌한 기분으로 잠에서 깬 그녀가 주위를 둘러보자 크고 당당한 나무들이 무성한 아름다운 숲이 보였다. 숲속으로 들어가자 그 한가운데는 샘이 있었고 수정처럼 맑은 물이 솟아나오고 있었다. 그 가까이에는 웅장한 궁전이 있었으며, 그 당당한 자태는 인간의 작품이 아니라 신들이 와서 즐겁게 쉬는 곳처럼 보였다.

경탄과 놀라움에 이끌려 궁전으로 다가간 프시케는 과감하게 안으로 들어섰다. 모든 것들이 편안하고 감탄스러웠다. 황금 기둥이 둥근 천장을 떠받치고 있었으며, 사방의 벽은 사냥감인 짐승과 전원의 풍경을 그려 놓은 조각과 그림으로 장식되어 있어 보는 사람의 눈을 즐겁게 해주었다. 더 안쪽으로 들어가 보니, 호사스러운 방들 외에도 온갖 보석과 아름답고 고귀한 자연과 예술이 빚어낸 작품들로 가득 차 있는 방들이 있었다.

그녀가 주변을 둘러보고 있는 동안 아무도 보이지는 않았지만 목소리가 들려왔다.

"여왕님이시여, 지금 보고 계시는 것은 모두 당신의 것입니다. 지금 듣고 계시는 이 목소리는 당신을 섬기는 시종들의 목소리로 우리들은 당신의 모든 지시를 최대한 주의를 기울여 성실하게 따를 것입니다. 이제 여왕님의 방으로 가서서 깃털 침대 위에서 편안하게 쉬시고 적당할 때 목욕을 하십시오. 저녁 식사는 옆에 있는 정자에 준비될 것이니 언제든 자리에 앉으시면 됩니다."

시종의 목소리를 귀담아 듣던 프시케는 잠시 쉬고 난 후 목욕을 하고 정자에 들어가 앉았다. 시종이나 음식을 나르는 사람은 전혀 보이지 않았는데도 식탁은 순식간에 차려졌고 맛있는 음식과 향기로운 포도주가 준비되었다. 보이지 않는 연주자의 음악은 그녀의 귀를 즐겁게 해주었다. 한 사람은 노래를 부르고 한 사람은 비파를 타면서 완벽한 합창의 아름다운 화음을 들려주었다.

아직 운명으로 정해진 남편은 보이지 않았다. 그는 오직 캄캄한 때 왔다가 날이 밝기 전에 떠났지만 목소리는 사랑으로 가득 차 있었으며 그녀에게도 비슷한 열정을 불러일으켰다. 그녀는 종종 그곳에 머물러 달라고 간청하며 얼굴을 보여 달라고 했지만 거절했다. 오히려 얼굴을 감추는 데에는 그럴 만한 이유가 있으니 얼굴을 보려고 하지는 말라고 했다.

"왜 나를 보기를 원하는 것이요? 내 사랑을 의심한다는 말이오? 아니면 다른 불만이 있는 것이요? 나를 보게 되면 무서워 할 수도 있고, 좋아하게 될 수도 있겠지만, 내가 당신에게 원하는 것은 오직 나를 사랑하라는 것이오. 나를 신으로서 숭배하기보다 동등하게 사랑해 주기를 바라는 것이오."

그의 말에 프시케는 한동안은 평온하게 지냈고, 새로운 경험이 지속되는 동안에는 무척 행복했다. 하지만 자신의 운명을 전혀 모른 채 지내고 있는 부모님과 자신이 누리고 있는 지위를 함께 기뻐해 줄 언니가 없다는 생각에 괴로웠고, 궁전이 화려한 감옥으로 느껴지기 시작했다. 어느 날 밤 남편이 찾아왔을 때, 프시케는 자신의 괴로움을 이야기했고 마침내 언니들을 불러 와도 좋다는 승낙을 겨우 얻어냈다.

프시케는 제피로스를 불러 남편의 명령을 전달했다. 제피로스는 그 명령에 따라 곧바로 산을 넘어 프시케가 있는 계곡으로 언니들을 데리고 왔다. 언니들은 프시케를 끌어안았으며, 그녀는 언니들을 어루만지며 말했다.

"이제 나의 집으로 들어가서 편히 쉬도록 하세요."

그녀는 언니들의 손을 잡고 자신의 황금 궁전으로 안내했다. 목소리만 들리는 시종들에게 언니들의 시중을 들게 하고, 목욕도 하고 음식도 먹고 보물들도 모두 보여주었다. 동생이 자신들보다 너무 화려하게 살고 있는 것을 본 언니들은 질투심이 생겼다.

그들은 끊임없이 이것저것 물어보면서 특히 그녀의 남편이 어떤 사람인지를 물었다. 프시케는 남편이 너무나 잘 생긴 청년이며 낮에는 산에서 사냥을 한다고 대답했다.

동생의 대답이 만족스럽지 않았던 언니들은 얼마 지나지 않아 한 번도 남편을 본 적이 없다는 사실을 고백하도록 만들었다. 언니들은 줄곧 그녀의 마음속에 비밀스러운 의심이 가득 차도록 만들었다.

"아폴론의 신탁이 네가 무시무시한 괴물과 결혼할 운명이라고 했던 것을 잊지 말아라. 이 계곡에 사는 사람들의 말에 의하면, 너의 남편은 무섭고 괴상망측하게 생긴 뱀인데, 맛있는 것으로 너를 살찌게 한 다음 잡아먹을 것이라고 하더구나. 그러니 우리의 충고대로 해야 한다. 등불과 날카로운 칼을 준비하여 남편이 알아채지 못하도록 숨겨 두었다가 그가 깊게 잠이 들었을 때 몰래 빠져나와 등불을 켜고 사람들의 말이 사실인지 아닌지를 확인해라. 사실이라면 조금도 주저하지 말고 괴물의 머리를 베어버리고 자유를 찾아야 해."

프시케는 언니들의 말을 듣지 않으려고 했지만 꺼림칙한 생각이 떠오르는 것은 어쩔 수가 없었다. 언니들이 떠나고 난 후 언니들의 충고와 더불어 자신의 호기심도 너무 강해져 어떻게 해볼 수가 없었다. 프시케는 등불과 날카로운 칼을 준비하여 남편이 볼 수 없도록 감추어 두었다.

그가 막 잠이 들자 프시케는 조심스럽게 일어나 등불을 밝혔다. 하지만 무시무시한 괴물이 아니라 신들 중에서도 가장 아름답고 멋진 모습이 보였다. 금빛 곱슬머리가 눈처럼 하얀 목과 발그레한 볼 위로 흘러내리고, 어깨에 달려 있는 두 날개는 이슬에 젖어 눈보다 더 하얗고 부드러운 깃털은 봄꽃처럼 빛이 났다.

프시케가 남편의 얼굴을 더 가까이 보려고 등불을 기울였을 때 불이 붙은 기름 한 방울이 신의 어깨에 떨어졌다. 깜짝 놀라 눈을 뜬 그는 프시케를 똑바로 바라보다 아무 말도 하지 않고 흰 날개를 펼치고 창밖으로 날아가 버렸다.

프시케도 그를 따라 가려 애를 쓰다가 창문에서 땅으로 떨어졌다. 먼지 속에 누워 있는 프시케를 잠시 지켜보던 에로스는 이렇게 말했다.

"아아, 어리석은 프시케여! 내 사랑을 이렇게 보답하다니! 어머니의 명령도 어기고 아내로 맞이했는데, 나를 괴물로 생각하고 목을 베려고 하다니! 내 말보다 그들의 말이 더 옳다고 생각했으니, 언니들에게 돌아가라. 다른 벌을 내리지는 않을 것이나, 영원히 떠나 있을 것이다. 사랑과 의심은 함께 머물 수 없는 법."

그렇게 말하며 에로스는 땅에 엎드려 슬피 울고 있는 불쌍한 프시케를 버리고 떠나 버렸다.

어느 정도 마음을 진정시킨 그녀가 주위를 둘러보았을 때 궁전과 정원은 사라졌고, 황량한 들판 한가운데 자신이 있다는 것을 깨달았다. 언니들이 살고 있는 곳에서 그리 멀지 않은 곳이었다. 언니들을 찾아 간 프시케는 자신에게 닥친 불행을 모두 이야기했다. 질투심으로 가득했던 언니들은 속으론 기뻐하면서도 슬퍼하는 체했다.

'어쩌면 우리 둘 중의 한 명을 아내로 선택할 것'이라고 생각한 그들은 다음 날 아침 일찍 일어나 산으로 갔다. 산꼭대기에 이르러 제피로스를 불러 자신들을 그의 주인에게 데려다 달라고 했다. 그리고 뛰어내렸지만 제피로스가 받아주지 않았기 때문에 절벽 아래로 떨어져 산산조각이 나 버렸다.

그동안 프시케는 먹거나 쉬지도 않고 밤낮으로 남편을 찾아 다녔다. 높이 치솟은 산을 올려다보았을 때 꼭대기에 웅장한 신전이 있는 것을 본 그녀는 한탄을 하며 혼잣말을 했다.

"어쩌면 나의 사랑, 나의 주인님이 저곳에 살고 있을지도 몰라."

그리고 그곳을 향해 걸음을 옮겼다.

신전으로 들어가자 곧바로 밀 낟가리가 쌓여 있는 것이 보였다. 묶은 이삭도 있고, 묶지 않은 것도 있었다. 또 보리 이삭이 섞여 있기도 했다. 낫과 갈퀴를 비롯해 수확할 때 쓰는 여러 농기구들이 마치 더위에 지친 농부가 아무렇게나 던져 놓은 듯 이곳저곳에 흩어져 있었다.

이런 보기 흉한 모습을 본 경건한 프시케는 모든 것들을 종류별로 선별하여 적당한 곳에 가지런히 정리해 놓았다. 그것은 어떤 신에게도 소홀히 해서는 안 되고, 모든 신을 경건한 마음으로 대해야 자기편이 될 것이라 믿었기 때문이었다. 그곳은 풍요의 여신, 케레스의 신전이었다. 여신은 정성을 다해 신을 섬기는 그녀를 보고 말했다.

"오, 프시케여! 비록 아프로디테의 노여움에서 구해줄 수는 없지만, 우리의 동정을 받을 만하구나. 하지만 그녀의 마음을 풀어지게 할 수 있는 가장 좋은 방법은 가르쳐 줄 수 있다. 너의 여왕인 아프로디테에게 가서 겸손하고 순종적인 태도로 용서를 빌도록 해라. 어쩌면 은총을 베풀어 잃어버린 남편을 되찾게 해 줄 것이다."

프시케는 케레스의 지시에 따라 마음을 굳건히 하려고 애를 쓰면서, 아프로디테의 신전으로 갔다. 화가 난 여신을 달래려면 어떻게 말을 해야 할지 곰곰이 생각해 보았으나, 아무래도 좋지 않은 일이 생길 것만 같았다.

아프로디테는 화가 잔뜩 난 얼굴로 그녀를 맞이했다.

"너는 가장 불성실하고 신의가 없는 시종이었구나. 이제야 겨우 너의 주인을 알아보는 것이냐? 아니면 사랑하는 아내에게 받은 상처 때문에 아직도 누워 있는 남편을 보기 위해 온 것이냐? 너는 정말 마음에도 들지 않고 싫지만, 네가 사랑하는 그에게 다가갈 수 있는 유일한 방법은 부지런히 일하는 것밖에는 없다. 네가 안주인의 역할을 할 수 있는지 시험해 볼 것이다."

아프로디테는 프시케를 신전의 창고로 데리고 가라고 명령했다. 그곳에는 그녀가 거느리는 비둘기들의 모이가 되는 밀, 보리, 기장, 완두, 콩, 렌틸콩이 엄청나게 쌓여 있었다.

"어두워지기 전까지 이 곡식들을 모두 종류별로 나누어 놓도록 해라."

아프로디테는 그녀에게 할 일을 지시하고 떠났다.

그러나 프시케는 어마어마한 일거리를 보고 너무 당황하여 손가락 하나 움직이지 못하고 아무 말 없이 넋을 놓고 앉아 있었다. 그녀가 자포자기하고 있는 동안 에로스가 들판의 주인인 작은 개미들을 부추겨 불쌍한 프시케를 도와주도록 했다. 개미 언덕의 지도자는 여섯 개의 다리가 달린 개미 신하들을 이끌고 수북하게 쌓여 있는 곡식더미로 다가가 부지런히 종류별로 가려내기 시작했다. 그 일이 끝나자 개미들은 순식간에 그곳에서 사라졌다.

황혼이 대지를 물들이자 향기를 풍기며 머리에 장미 화관을 쓴 아프로디테가 신들의 연회에서 돌아왔다. 프시케가 일을 다 마친 것을 본 그녀는 외쳤다.

"이런 못된 것, 네가 아닌 남편이 했구나. 너의 불행으로 네 남편의 불행을 부추기는구나."

이렇게 말하고 아프로디테는 저녁 식사로 검은 빵 한 조각을 던져주고 가버렸다.

다음날 아침 아프로디테는 프시케를 불러 명령했다.

"저쪽에 있는 물가를 따라 작은 숲이 펼쳐져 있을 것이다. 그곳에 가면 목동 없이 금빛 양털을 휘감은 양들이 풀을 뜯어먹고 있을 것이다. 모든 양들로부터 가장 좋은 양털들을 모아 내게 가져오너라."

프시케는 최선을 다해 해내겠다고 마음먹고 강가로 갔다. 하지만 강의 신이 갈대들을 흔들어 노래를 부르게 했다.

"혹독한 시험에 빠진 프시케여, 시냇물은 위험하니 건너려고 하지도 말고 건너편에 있는 무시무시한 숫양의 무리 속으로 가서도 안 된다. 떠오르는 태양 아래 있는 동안에는 양들이 뾰족한 뿔과 사나운 이빨로 사람을 죽이려는 분노에 휩싸여 있기 때문이다. 하지만 한낮의 태양은 양떼들을 그늘로 몰아가고 잔잔한 시냇물이 편히 쉬도록 달래주니, 그때 안전하게 건너가도록 해라. 그러면 덤불과 나무줄기 여기저기에 붙어 있는 금빛 양털을 찾을 수 있을 것이다."

그렇게 자비로운 강의 신은 그녀의 임무를 끝낼 수 있는 방법들을 가르쳐 주었다. 프시케는 그의 지시에 따라 양팔 가득 금빛 양털을 안고 아프로디테에게로 왔지만, 마음속 깊이 화가 나 있는 여주인의 인정을 받지 못했다.

"이번에도 너의 힘으로 이 일을 해낸 것이 아니라는 것을 잘 알고 있다. 네가 일을 잘 할 것이라고 생각하지는 않지만 다른 일을 또 시켜볼 것이다. 여기 이 상자를 지하세계의 페르세포네에게 전해주고 이렇게 전해라. '나의 여주인이신 아프로디테께서 당신의 아름다움을 조금만 보내 달라고 하십니다. 아픈 아들을 간호하느라 약간의 아름다움을 잃었다고 하십니다.' 늦지 않게 돌아와야 한다. 네가 가져온 아름다움으로 온몸을 치장하고 저녁에 있을 신들의 모임이 갈 것이다."

스스로 지하세계로 내려가게 된 프시케는 자신의 파멸이 곧 닥쳐올 것이라는 것을 받아들이지 않을 수 없었다. 피할 수 없는 일이라면 미룰 이유가 없었으므로 그녀는 지하세계로 가장 빨리 내려가기 위해 높은 탑의 꼭대기에서 거꾸로 떨어지려고 했다. 그러나 탑으로부터 어떤 목소리가 들렸다.

"가엾은 소녀여, 왜 이처럼 무서운 방법으로 너의 삶을 끝내려 하느냐? 지금까지의 모든 위험을 기적적으로 지탱해온 너를 마지막 위험 앞에서 나약하게 만든 것은 무엇이란 말이냐!"

그 목소리는 지하세계에 도착하려면 지나야 하는 동굴과, 그 길에서 마주칠 모든 위험을 피하는 방법, 머리가 세 개 달린 케르베로스를 지나치는 법과 검은 강을 건넌 다음 돌아올 때 뱃사공 카론을 설득하는 방법을 가르쳐 주면서 이렇게 덧붙였다.

"페르세포네가 자신의 아름다움으로 가득 채운 상자를 건네주면 절대로 열어서도 안 되고 들여다봐도 안 되며, 호기심으로 여신들의 아름다움의 비밀을 알려고 해서도 안 된다."

그의 충고에 용기를 얻은 프시케는 그가 가르쳐 준대로 안전하게 하데스의 궁전에 도착했다. 페르세포네의 궁전으로 들어간 그녀는 멋진 식탁과 맛있는 음식을 마다하고 거친 빵으로 식사를 하고 아프로디테의 용건을 전달했다. 즉시 귀중한 내용물로 채워 밀봉된 상자가 그녀에게 주어졌다. 왔던 길을 다시 돌아 나온 그녀는 햇빛을 다시 보게 된 것이 너무 기뻤다.

하지만 위험한 임무를 성공적으로 마친 프시케는 상자 안의 내용물을 살펴보고 싶다는 욕망에 사로잡혔다.

"신성한 아름다움을 배달하는 내가 그것을 조금 꺼내 양 볼에 바른다면 사랑하는 남편의 눈에 조금 더 아름답게 보이지 않을까!"

조심스럽게 상자의 뚜껑을 열었지만 상자 속에는 아름다움 같은 것은 없었고 단지 지옥의 어두컴컴한 수면만이 있었다. 감옥에서 자유롭게 빠져나온 수면이 프시케를 사로잡아 길 한가운데에 눕혔고 그녀는 아무런 감각이나 느낌도 없이 잠에 빠져든 송장이 되었다.

이제 상처에서 회복된 에로스는 더 이상 사랑하는 프시케가 없다는 것을 견딜 수가 없었다. 창문에 난 작은 틈으로 빠져 나온 에로스는 프시케가 누워 있는 곳으로 날아갔다. 그녀의 몸으로부터 잠을 끌어 모아 다시 상자 안에 가두고 화살로 살짝 찔러 프시케를 깨웠다.

"똑같은 호기심 때문에 또 다시 죽을 뻔했구려. 하지만 이제 어머니가 시킨 일을 정확하게 끝내도록 해요. 나머지 일들은 내가 처리하겠소."

높은 하늘을 뚫고 지나가는 번개처럼 재빨리 날아간 에로스는 제우스 앞으로 나아가 애원했다. 제우스는 그의 청을 기꺼이 들어준 다음 두 연인이 겪는 고통의 원인이 된 아프로디테를 열심히 설득하여 승낙을 받았다. 제우스는 그 즉시 헤르메스를 보내 프시케를 하늘의 연회로 데려오게 했다. 그녀가 도착하자 암브로시아를 한 잔 건네주면서 말했다.

"프시케야, 이것을 마시면 불사의 신이 된다. 에로스도 그 자신이 맺은 인연을 절대로 끊지 못할 것이니, 이 결혼은 영원할 것이다."

이렇게 하여 프시케는 마침내 에로스와 결혼을 했으며, 시간이 지나 딸이 태어났으며 그 아이를 '쾌락'이라고 불렀다.

에로스와 프시케의 이야기는 흔히 우화로 여겨진다. 그리스어 '프시케'는 '나비'와 '영혼'이라는 의미를 가지고 있다. 영혼불멸의 상징으로 나비만큼 인상적이고 아름다운 것은 없다. 나비는 아주 느리게 배로 기어 다니는 애벌레에서 어느 정도 시기가 지나면, 지금까지 누워 있던 곳에서 아름다운 날개를 펄럭이며 허물을 뚫고 나온다. 그리고 밝은 햇빛 아래 훨훨 날아다니며 더없이 향기

롭고 감미로운 봄의 산물을 먹으며 자란다. 그러므로 프시케는
온갖 고난 속에서 정화된 후, 진정한 즐거움과 순결한 행복을 누
릴 수 있는 인간의 영혼인 것이다.

제12장 카드모스, 미르미돈

카드모스
용의 이빨에서 태어난 테베의 전사들

황소로 변신한 제우스가 페니키아의 왕 아게노르의 딸인 에우로페를 납치했다. 아게노르는 아들인 카드모스에게 누이를 찾으러 가라고 명령하고 그녀 없이는 돌아오지도 말라고 했다. 오랫동안 먼 곳을 떠돌며 누이를 찾아다녔지만 찾을 수 없었고 감히 돌아갈 수도 없었던 카드모스는 어느 나라로 가야 할지 알기 위해 아폴론의 신탁을 요청했다. 신탁은 "들판에서 암소 한 마리를 찾아 어디든 따라 가야 하며, 소가 멈춘 그곳에 도시를 세우고 '테베'라고 불러야 한다."는 것이었다.

신탁을 받은 카스탈리아의 동굴에서 나오자마자 카드모스는 자기 앞을 천천히 걸어가고 있는 어린 암소를 보게 되었다. 카드모스는 암소의 뒤를 가까이 쫓아가면서 포이보스(아폴론)에게 감사의 기도를 올렸다.

암소는 케피소스의 얕은 수로를 지날 때까지 계속 걸어가 파노페 평야로 들어섰다. 그곳에 멈춰선 암소는 하늘을 향해 널찍한 이마를 치켜들고 울음소리로 온 하늘을 가득 채웠다. 카드모스는 감사의 예를 올리고, 몸을 구부려 낯선 땅에 키스를 한 다음, 눈을 들어 주변의 산들에게도 반갑게 인사를 했다.

제우스에게 제물을 바치고 싶었던 그는 시종들에게 헌주(獻酒)로 사용할 맑은 물을 구해 오도록 했다. 그 근처에는 도끼질로 신성이 더럽혀진 적이 한 번도 없는 오래된 숲이 있었다. 숲의 한가운데에는 무성하게 자란 관목으로 빽빽하게 뒤덮여 있는 동굴이 있었다. 천장은 나지막한 아치형으로 그 아래에서 맑디맑은 샘물이 솟아나왔다.

동굴 속에는 볏이 달린 머리에 금빛으로 빛나는 비늘로 덮인 무서운 독사 한 마리가 도사리고 있었다. 눈은 불처럼 빨갛게 빛나고 몸통은 독액으로 잔뜩 부풀어 있는 뱀은 세 갈래의 혀를 끊임없이 날름거리면서 세 줄로 늘어선 이빨을 드러냈다.

티레의 사람들이 샘물을 퍼 올리며 물병 속으로 물이 쏟아져 들어가는 소리가 나자마자 온몸이 번쩍이는 독사는 머리를 들어 동굴 밖으로 내밀며 무시무시한 소리를 냈다. 물병을 떨어뜨린 사람들의 얼굴에선 핏기가 사라지고 사지를 벌벌 떨었다. 뱀은 거대한 또아리를 틀고 있던 비늘로 뒤덮인 몸통을 뒤틀며 가장 키가 큰 나무들 위로 머리를 들어 올렸다. 공포에 질린 사람들이 싸우지도 달아나지도 못하자, 뱀은 독이빨로 물거나 몸통으로 칭칭 감거나 독이 있는 숨을 내쉬어 죽였다.

한낮이 될 때까지 시종들이 돌아오기를 기다리던 카드모스는 그들을 찾아 나섰다. 사자의 가죽을 걸치고, 던지는 창 외에도 긴 창을 손에 들었으며, 가슴 속에는 무기들보다 더 믿음직한 담력을 갖추고 있었다. 숲속으로 들어간 그는 목숨이 끊어진 부하들과 턱이 피로 물들어 있는 뱀을 보았다.

"아아, 충실한 나의 시종들이여, 원수를 갚아 주겠다. 그렇게 못한다면 나도 따라 죽으리라."

카드모스는 커다란 바위를 들어 올려 온힘을 다해 뱀을 향해 던졌다. 요새의 벽도 흔들리게 할 정도로 큰 바위를 던졌지만 뱀은 꿈쩍도 하지 않았다. 다음에 던진 창은 더 나은 성과가 있었다. 뱀의 비늘을 뚫고 들어간 창이 내장을 관통했기 때문이었다. 고통으로 날뛰던 뱀은 상처를 살펴보기 위해 머리를 뒤로 돌려 입으로 창을 빼내려고 했지만 창은 부러지고 창날은 살 속에 박혀 있었다.

성이 난 뱀의 목은 부풀어 올랐고 피거품이 턱을 뒤덮었으며 콧구멍으로 뿜어낸 독기가 사방을 가득 채웠다. 몸통을 둥글게 감았다가 쓰러진 나무처럼 땅위로 길게 뻗기도 했다. 뱀이 다가

오자 카드모스는 뒤로 물러서며 괴물의 벌어진 턱을 향해 긴 창을 겨누었다. 뱀은 창을 향해 덤벼들면서 뾰족한 창끝을 물어뜯으려 했다. 마침내 기회를 엿보고 있던 카드모스는 뱀의 머리가 나무줄기 쪽으로 젖혀지는 순간 긴 창을 찔러 넣었고 뱀의 몸통을 나무에 꽂는데 성공했다. 죽음의 고통으로 버둥거리는 뱀의 무게로 나무가 구부러졌다.

카드모스가 굴복시킨 적을 내려다보며 거대한 몸뚱이를 살펴보고 있을 때, 그 용의 이빨을 뽑아내 땅에 뿌리라는 목소리가 들려왔다. 그 말을 따라 땅에 고랑을 파고 인간의 곡식을 생산할 것으로 예정되어 있는 이빨을 심었다. 일을 다 마치자마자 흙덩이가 움직이기 시작하고 여러 개의 창끝이 땅 위로 솟아났다. 그 다음으로 흔들리는 깃털이 달린 투구가 나타났고, 이어서 인간의 어깨와 가슴 그리고 무기를 든 팔이 나타났고, 곧이어 무장을 한 전사들이 나타났다. 깜짝 놀란 카드모스가 새로운 적에게 맞설 준비를 했지만 그들 중의 한 명이 그에게 말했다.

"우리들의 내전에는 간섭하지 마십시오."

그렇게 말한 그는 땅에서 태어난 자신의 형제들 중의 한 명을 칼로 찔렀고, 그 자신도 다른 형제의 화살에 맞아 쓰러졌다. 화살을 쏜 형제도 네 번째 형제의 희생양이 되었고 그렇게 모두가 서로에게 부상을 입히고 쓰러져 다섯 명만이 남게 되었다. 그들 중

한 명이 무기를 내던지며 말했다.

"형제들아, 우리 모두 평화롭게 살도록 하자."

이들 다섯 명은 카드모스와 힘을 합쳐 마을을 건설하고 그곳을 테베라고 불렀다.

카드모스는 아프로디테의 딸, 하르모니아('조화'라는 의미)와 결혼했다. 신들은 이 결혼식에 직접 참가해 축하하기 위해 올림포스를 떠났으며 헤파이토스는 자신이 만든 아름답게 빛나는 목걸이를 신부에게 선물했다.

그러나 아레스에게 바쳐진 뱀을 죽였다는 것 때문에 불행한 운명이 카드모스 일가에게 다가오고 있었다. 그의 딸인 세멜레와 이노, 손자인 악타이온과 펜테우스는 모두 불행하게 죽었으며, 갈수록 테베를 싫어하게 된 카드모스와 하르모니아는 그곳을 떠나 엔케리아인의 나라로 이주했다. 이 나라 사람들은 그들을 예를 갖추어 받아들이고 카드모스를 그들의 왕으로 삼았다.

그러나 자손들의 불행은 여전히 그들의 마음을 무겁게 했으며, 어느 날 카드모스는 이렇게 외쳤다.

"신들에게 뱀의 생명이 그렇게도 소중한 것이라면 나도 뱀이 될 걸 그랬다."

그 말을 하자마자 그의 모습이 변하기 시작했다. 그것을 지켜보던 하르모니아는 신들에게 남편과 운명을 함께하도록 해줄 것을 기도했다. 그렇게 두 사람은 모두 뱀이 되었다. 그들은 숲속에 살고 있지만 자신들의 태생을 잊지 않고 사람을 피하지도 않았으며 아무도 해치려 하지도 않았다.

미르미돈
개미처럼 근면하고 충성심이 강한 종족

미르미돈은 트로이 전쟁이 벌어졌을 때 아킬레우스의 군대였다. 오늘날까지도 정치 지도자를 열성적으로 부도덕하게 추종하는 자들은 모두 이 종족의 이름으로 부르고 있다. 그러나 미르미돈의 기원은 사납고 잔인한 종족이라기보다 근면하고 평화로운 종족이라는 생각을 갖게 해줄 것이다.

크레타의 왕 미노스와 전쟁 중이던 아테네의 왕 케팔로스는 오랜 친구이며 동맹자인 아이아코스 왕에게 도움을 부탁하기 위해 아이기나 섬을 찾아왔다. 케팔로스는 최상의 환대를 받았으며 기대했던 약속도 쉽게 얻어낼 수 있었다.

아이아코스 왕은 말했다.

"나 자신을 지키기에 충분한 백성들이 있으니 당신이 원하는 병력을 나누어 드릴 수 있소."

케팔로스는 대답했다.

"그렇다니 정말 기쁘군요. 솔직히 말씀드리자면, 제 주변을 둘러보았을 때 비슷한 나이의 청년들이 이렇게나 많다는 것이 조금 의아하군요. 전에 알고 있던 사람들이 많았는데 이제는 찾아 볼 수가 없으니 무슨 일이 있었던 것입니까?"

아이아코스는 괴로워하며 슬픈 목소리로 대답했다.

"가장 슬프게 시작된 일이 어떻게 가끔은 행복한 결과로 이어지게 되는지를 말씀드리려던 참이었습니다. 이제 더 이상 망설이지 않고 말씀드리지요. 당신이 예전에 알고 있던 사람들이 지금은 먼지와 재가 되었습니다.

화가 난 헤라가 내린 역병이 이 나라를 폐허로 만들었습니다. 그녀는 자기 남편의 여러 애인들 중 한 명의 이름과 같다는 이유로 이 나라를 미워했습니다. 그 질병이 자연적인 원인으로부터 발생한 것으로 보였으므로 우리는 자연적인 치유책으로 최선을 다해 대처했습니다. 하지만 곧 그 유행병은 너무 강력해서 우리의 노력으로는 감당할 수 없다는 것을 알게 되어 포기하게 되었죠. 처음에는 하늘이 땅 위로 내려앉는 것만 같았고, 짙은 구름이 뜨거운 대기를 에워싸고 있었습니다.

넉 달 내내 남풍이 맹렬하게 불어왔습니다. 그런 혼란이 우물과 샘물을 오염시켰습니다. 수천 마리의 뱀들이 땅위를 기어 다니면서 샘물에 독을 퍼뜨렸던 것이죠. 질병은 먼저 개와 소, 양 그리고 새와 같은 하등동물들에게 영향을 끼쳤습니다. 불운한 농부는 자신의 소가 일하던 도중에 쓰러져 다 갈지도 못한 밭고랑에서 맥없이 눕는 것을 보고 깜짝 놀랐습니다.

울어대던 양들은 털이 빠지고 몸은 여위어 갔습니다. 한때 경주에서 가장 빨리 달리던 말은 더 이상 승리를 겨루지 않고 외양간에서 신음하면서 불명예스럽게 죽었습니다. 산돼지는 사나움을 잊었고, 사슴은 재빠르지 않았으며 곰은 더 이상 가축들을 공격하지 않았습니다.

모든 것이 생기를 잃게 되어, 길에도 들에도 숲에도 시체들이 널려 있었고 그로 인해 대기는 오염되었습니다. 믿을 수 없겠지만 개나 새들은 물론이고 굶주린 늑대들도 시체는 건드리지 않았습니다. 부패한 시체들이 전염병을 퍼뜨렸습니다.

그후 질병은 시골 사람들에 이어서 도시의 주민들에게도 퍼졌습니다. 처음에는 양볼이 붉어지고 호흡이 어려워졌습니다. 혀는 점점 뻣뻣해지면서 붓고, 건조한 입은 혈관이 확장되어 벌린 채로 숨을 헐떡이게 됩니다. 옷이나 침구의 열을 견딜 수가 없어 사람들은 땅바닥에 누우려고만 했지만 땅은 열기를 식혀주지 못했고 그와는 반대로 그들이 누워 있는 땅이 뜨거워졌습니다. 의사들도 질병에 걸리게 되어 아무런 도움을 줄 수 없었습니다. 환자를 접촉하면 감염되었으므로 가장 성실한 의사가 가장 먼저 희생

되었습니다.

마침내 치료할 수 있다는 모든 희망은 사라졌고 죽는 것이 질병으로부터 벗어나는 유일한 방법이라고 생각하게 되었습니다. 그때 그들은 모든 의욕을 잃게 되었고 유용한 방법을 찾지도 않게 되었습니다. 아무것도 유용한 것이 없었기 때문이었죠.

모든 금기는 지켜지지 않게 되어 그들은 우물과 샘물 주변으로 몰려들어 갈증을 풀지도 못하면서 죽을 때까지 그 물을 마셨습니다. 많은 사람들이 물가를 떠날 힘도 없어서 개울 한가운데서 죽었지만 그럼에도 불구하고 다른 사람들은 그 물을 마셨습니다. 그들은 병석에서 기어 나올 수도 없을 정도로 허약했고, 일어설 힘도 없는 사람들은 땅 위에서 죽어갔습니다.

그들은 친구들을 미워하는 것처럼 보였고 자신들의 집을 떠나 마치 병의 원인을 모른다는 듯이 자신들이 살던 곳을 원망했습니다. 서 있을 수 있는 동안 길을 따라 비틀거리며 걷는 사람들도 있었고, 땅 위로 쓰러져 죽어가면서 마지막으로 주변을 둘러보면서 눈을 감고 죽음을 맞이하는 사람들도 있었습니다.

이런 모든 일들이 벌어지는 동안 내가 어떤 심정이었을까요? 인생을 미워하고 죽은 백성들과 함께 하겠다는 것 외에 내가 할 수 있는 일이 무엇이 있었을까요? 마치 나무 밑에 떨어진 썩은 사과나 폭풍을 맞아 떨어진 도토리처럼 내 주변에는 온통 나의 백성들이 흩뿌려져 있었습니다.

저기 언덕 위에 신전이 보일 겁니다. 제우스 신께 바쳐진 신전이죠. 아아, 수많은 남편과 아내, 아버지와 아들들이 기도를 올리며 죽었습니다. 사제들이 희생양을 준비하는 동안 양들은 칼로 내리치기도 전에 병에 걸려 죽고 말았습니다. 시체들은 묻지 않고 내버려졌고, 화장할 나무도 부족해서 사람들은 나무를 서로 차지하려고 싸웠습니다. 마침내는 슬퍼해줄 사람도 전혀 남아있지 않아서 아들과 남편, 노인과 청년들이 애도하는 사람도 없이 모두 죽어갔습니다.

제단 앞에서 서서 나는 하늘을 우러러보며 말했습니다.

"제우스 신이시여, 당신이 정말 저의 아버지라면 그리고 당신의 자식을 부끄러워하시지 않는다면 저의 백성들을 돌려주십시오. 아니면 제 목숨도 가져가십시오!"

그러자 천둥소리가 들려왔습니다.

"좋은 징조로구나. 부디 신께서 배려를 해 주시면 좋을 텐데!"

우연하게도 내가 서 있던 곳에는 제우스에게 바쳐진 가지가 넓게 퍼진 참나무가 자라고 있었습니다. 그곳에서 아주 작은 곡식을 입에 물고 줄지어 나무줄기를 타고 오르는 한 무리의 개미들을 보게 되었습니다. 개미들이 무척 많은 것에 놀라며 나는 말했습니다.

'오, 아버지, 저에게 개미처럼 많은 시민들을 주셔서 저의 비어 있는 도시를 다시 채우도록 해주십시오.'

바람도 전혀 불지 않았지만 나무는 흔들리면서 바스락거리는 소리를 냈습니다. 온몸이 떨렸지만 나는 엎드려 땅과 나무에 키스를 했습니다. 사실 내 희망을 확신하지는 못했지만, 나는 간절히 희망했습니다. 밤이 되어 나는 걱정에 휩싸인 채로 잠에 빠져 들었습니다. 꿈속에서도 참나무는 내 앞에 서 있었고, 수많은 가지는 온통 살아 움직이는 생물들로 뒤덮여 있었습니다.

나무는 가지를 흔들어대며 부지런히 곡식을 모으고 있는 수많은 개미들을 땅 위로 내던지는 것처럼 보였습니다. 개미들은 점점 더 커지더니 잠시 후에 똑바로 서면서 불필요한 다리들과 검은색을 버리고 마침내는 인간의 모습을 나타냈습니다.

그때 잠에서 깬 나는 즐거운 환상을 빼앗아가 버리고 아무것도 제공해 주지 않는 신들을 비난하려고 했습니다. 조용한 신전 안에 있던 나의 관심은 온통 밖에서 들려오는 수많은 목소리에 집중되었는데, 내 귀에는 생소한 것이었습니다. 아직도 꿈을 꾸고 있는 것이라고 생각하고 있을 때 나의 아들, 텔라몬이 신전의 문을 활짝 열며 소리쳤습니다.

'아버지, 나오셔서 아버지께서 희망하셨던 것을 뛰어넘는 일들을 보십시오.'

밖으로 나간 나는 꿈속에서 보았던 것처럼 수많은 사람들이 똑같은 방식으로 줄지어 지나가고 있는 것을 보았습니다. 경탄하며 기쁘게 바라보고 있을 때 그들은 내게 다가와 무릎을 꿇고 나를 그들의 왕이라 부르며 환대했습니다. 나는 제우스 신께 서약하고, 비어 있던 도시를 새로 태어난 종족으로 충당하고 그들에게 선답을 분배하는 일을 진행했습니다.

나는 개미(mymex 미르메크스)에서 나온 그들을 미르미돈이라고 불렀습니다. 당신이 본 사람들은 바로 그들이랍니다. 그들의 품성은 개미와 닮았습니다. 근면하게 열심히 일하는 종족으로 열심히 모은 것을 좀처럼 잃지 않습니다. 그들 중에서 당신의 군사를 보충하십시오. 젊고 씩씩한 그들이 당신을 따라 전쟁터에 나갈 것입니다."

이 질병에 대한 이야기는 그리스의 역사가인 투키디데스(BC 460년경~400년경. 《펠로폰네소스 전쟁사》를 저술했다.)가 아테네에서 발생했던 역병에 대해 쓴 것을 오비디우스(《변신 이야기》를 쓴 고대 로마 시인)가 필사한 것이다. 투키디데스는 이 사건을 경험에 근거하여 서술했다. 그 이후로 시인이나 소설가들은 모두 이와 비슷한 장면을 설명할 때 그의 역사서에서 인용했다.

제13장 니소스와 스킬라, 에코와 나르키소스, 클리티아, 헤로와 레안드로스

니소스와 스킬라
바다에서 적이 된 독수리와 새

크레타의 왕 미노스는 메가라에게 전쟁을 일으켰다. 메가라의 왕은 니소스였으며 스킬라는 그의 딸이었다. 공성전(攻城戰)이 벌써 여섯 달이나 지속되고 있었지만 메가라는 여전히 굳건히 버티고 있었다. 하늘이 정해놓은 운명에 의해 니소스 왕의 머리카락 중 반짝이는 진홍색 털이 남아 있는 한 함락되지 않도록 되어 있기 때문이었다.

미노스와 그의 군대가 진을 치고 있는 평야가 내려다보이는 탑이 하나 있었다. 스킬라는 그 탑에 올라 적군의 진영을 두루 살펴보곤 했다. 공성전이 오래 지속되었으므로 그녀는 지휘자들의 외모를 구별할 수 있게 되었다. 특히 미노스는 그녀의 감탄을 불러일으켰으며, 투구를 쓰고 방패를 든 그의 우아한 태도를 흠모하게 되었다. 그가 창을 던지면 힘과 어우러진 솜씨가 멋지게 발휘되었고, 활을 쏘면 아폴론일지라도 그보다 더 우아하게 쏠 수는 없을 것만 같았다.

게다가 진홍색 예복을 갖춰 입은 그가 투구를 벗고 화려하게 장식한 백마에 올라타 고삐를 쥐고 다룰 때면, 니소스의 딸은 자신의 신분을 잊어버리고, 탄복을 하며 거의 정신을 놓아버렸다. 그녀는 그가 손에 쥐고 있는 무기와 말의 고삐를 부러워할 정도였다. 가능하다면 적군의 행렬을 뚫고 지나가 그에게 달려가고 싶었다. 탑 위에서 그의 진영 한가운데로 몸을 내던지거나, 성문을 열어 주거나, 미노스를 기쁘게 할 수만 있다면 그 밖의 어떤 일이든 하고 싶다는 충동을 느꼈다.

탑 속에 앉아 그녀는 혼잣말로 중얼거렸다.

"이 고약한 전쟁을 기뻐해야 할지 슬퍼해야 할지 모르겠네. 미노스가 우리들의 적군인 것은 슬프지만, 어떤 식으로든 그를 보게 된 것은 너무 기쁘구나. 어쩌면 평화롭게 우리를 받아들이고 나를 인질로 받아들일 수도 있을 거야. 가능하다면 그의 진영으로 날아가 항복할 테니 뜻대로 하라고 말하고 싶구나. 하지만 그러면 아버지를 배반해야 하잖아! 그럴 순 없어! 차라리 다시는 미노스를 보지 않을 테야. 하지만 정복자가 인자하고 관대하다면 때로는 도시가 정복당하는 것도 좋은 일일 수도 있잖아. 미노스가 정당하다는 것은 분명하거든. 난 우리가 정복당할 거라고 생각해. 만약 결과가 그럴 수밖에 없는 것이라면, 전투로 성문이 열리도록 하는 대신 사랑으로 열어주는 것은 왜 안 되는 거지? 할 수만 있다면 우물쭈물하지 말고 살육도 막는 것이 좋잖아. 아, 만약 누군가가 미노스에게 상처를 입히거나 죽인다면 어쩌나! 아무도 그렇게 할 용기는 없겠지만 그가 알아차리지 못하는 사이에 그럴 수도 있지 않을까. 내 나라를 지참금으로 삼아 내가 직접 항복하고 이 전쟁을 끝내고 싶구나.

하지만 어떻게 해야 하지? 성문에는 보초들이 있고 열쇠는 아버지가 간직하고 있잖아. 유일하게 아버지가 방해가 되는구나. 신들이 아버지를 제거해준다면 얼마나 좋을까! 하지만 왜 신들에게 부탁을 해야 하지? 나처럼 사랑에 빠진 다른 여자라면 스스로 사랑에 방해가 되는 것은 무엇이든 제거해야 하지 않을까? 나보다 더 용감한 여자도 없잖아? 사랑을 얻기 위해선 불과 칼로 맞설 수도 있지만 여기에선 불과 칼도 필요 없잖아. 그저 아버지의 진홍색 머리카락만 필요하잖아. 내가 원하는 모든 것을 이룰 수 있게 될 것이니 내게는 금보다 더 소중한 것이지."

그녀가 이렇게 생각하고 있는 동안 밤이 되었고 왕궁은 깊은 잠 속으로 빠져들었다. 아버지의 침실로 들어선 그녀는 그 치명적인 머리털을 잘라내 도시를 빠져나가 적군의 진영으로 들어섰다. 왕에게 안내된 그녀는 이렇게 전했다.

"나는 니소스 왕의 딸, 스킬라입니다. 당신에게 나의 나라와 아버지의 집을 넘겨주겠습니다. 당신 외에는 아무런 보답도 요구하지 않겠습니다. 당신을 사랑해서 이렇게 하는 것이니까요. 여기 진홍색 머리털이 있습니다! 이것으로 나의 아버지와 그의 왕국을 당신에게 주겠습니다."

그녀는 치명적인 그 약탈품을 든 손을 앞으로 내밀었다. 미노스는 뒤로 물러서며 그것을 만지지 않으려고 했다. 그는 단호하게 소리쳤다.

"파렴치한 여인이여, 신께서 당신을 파멸시키실 것이다. 우리 시대의 수치인 당신은, 땅이든 바다에서든 쉴 수 있는 곳은 없을 것이다! 제우스 신의 요람, 우리의 크레타가 절대로 이런 괴물로 더럽혀져서는 안 될 것이다!"

그는 정복된 도시에 공정한 조건들이 주어져야 한다고 지시하면서, 함대에게 즉시 섬에서 출항하도록 명령했다.

스킬라는 미친 듯이 날뛰며 외쳤다.

"은혜를 모르는 남자여, 이렇게 나를 버리겠다는 것이오? 당신에게 승리를 안겨주고, 당신을 위해 부모님과 나라를 희생한 나를 버리겠다니! 내가 죄를 지었다는 건 인정하고 죽어 마땅하지만, 당신의 손에 죽지는 않겠어요."

배가 해안을 떠날 때 그녀는 물속으로 뛰어들어 미노스가 타고 있는 배의 키를 부여잡고 달갑지 않은 동반자가 되어 그들과 함께 나아갔다. 하늘 높이 솟아 오른 바다 독수리 한 마리가 — 독수리로 변한 그의 아버지였다 — 그녀를 발견하고 달려들어 부리와 발톱으로 그녀를 공격했다.

겁에 질린 그녀는 배를 보내고 물속으로 떨어지려 했지만 동정심 많은 어떤 신이 그녀를 새로 변신시켰다. 바다 독수리는 여전히 과거의 원한을 품고 있어서, 높이 날다가 그녀를 발견하게 되면 언제나 부리와 발톱으로 오래된 죄악에 대한 복수를 하기 위해 달려드는 것을 볼 수 있다.

에코와 나르키소스
메아리가 된 안타까운 사랑

숲과 언덕을 좋아하는 아름다운 님프, 에코는 숲속에서 놀이에 푹 빠져 있었다. 아르테미스의 총애를 받는 그녀는 사냥을 따라다녔다. 하지만 에코에게는 말하기를 좋아해서 잡담이건 말다툼이건 끝내 결론을 내리고야 만다는 결점이 있었다.

어느 날 헤라는 언제나 그렇듯이 님프들 사이에 섞여 희희낙락하고 있을까 걱정되는 남편을 찾고 있었다. 에코는 님프들이 모

179

두 도망칠 때까지 여신을 붙들어 놓기 위해 끊임없이 지껄였다. 그것을 알아차린 헤라는 이렇게 벌을 내렸다.

"나를 속이려 한 그 혀의 사용을 금지하겠다. 다만 네가 그렇게도 좋아하는 말대답만 허락하겠다. 앞으로 결론을 내리는 마지막 말은 할 수 있지만 먼저 말할 권리는 없다."

에코는 산 속에서 사냥을 하고 있던 나르키소스라는 아름다운 청년을 보게 되었다. 그를 사랑하게 된 에코는 그의 뒤를 따라갔다. 가장 부드러운 목소리로 말을 걸어 이야기를 나누고 싶은 마음은 간절했지만 그럴 권리가 없었다. 그녀는 초조하게 그가 먼저 말을 걸어 주기를 기다리면서 대답할 말을 준비하고 있었다.

어느 날 동료들과 떨어져 있던 그 청년은 "여기, 아무도 없나?"라고 외쳤다. 에코도 "없나?"라고 대답했다. 사방을 둘러보았으나 아무도 없자 나르키소스는 "이리 와."라고 외쳤다. 에코도 '이리 와'라고 대답했다.

아무도 오지 않자 나르키소스는 다시 '왜 나를 피하는 거야?'라고 물었다. 에코도 똑같이 물었다. 청년이 '이제 함께 가자.'고 말했다. 그녀도 온 마음을 담아 똑같은 말을 하고, 황급히 그곳으로 달려가 그의 목을 팔로 껴안으려고 했다.

그러나 깜짝 놀란 나르키소스는 뒤로 물러서며 '놓아라. 나를 붙잡으면 차라리 죽어 버릴 거야!'라고 소리쳤고 그녀도 '죽어 버릴 거야.'라고 말했다. 하지만 이 모든 것은 아무런 쓸모도 없는 일이었다. 그는 그녀를 떠났고, 그녀는 깊은 숲속으로 도망쳐 부끄러워 빨갛게 달아오른 얼굴을 숨겼다.

그때부터 그녀는 동굴 속이나 산 속의 절벽에 살게 되었다. 슬픔에 빠진 그녀의 모습은 점점 희미해져갔고 마침내 몸은 서서히 오그라들었다. 그녀의 뼈는 바위로 변했고, 목소리만 남게 되었다. 그녀는 여전히 누군가 자신을 부르면 대답할 준비를 하고 있으며 마지막 말을 하는 오래된 습관을 간직하고 있다.

나르키소스의 잔인함은 이 경우만이 유일한 것은 아니었다. 그는 불쌍한 에코에게 했던 것처럼 다른 모든 님프들도 똑같이 멀리했다.

어느 날 헛되이 그의 마음을 얻으려 했던 어떤 처녀가 그도 언젠가는 사랑했지만 아무런 반응도 얻지 못하는 심정을 느낄 수 있게 해달라고 기도했다. 복수의 여신(네메시스)은 그 기도를 듣고 이루어주겠다고 약속했다.

은빛처럼 맑은 물이 솟아나는 샘이 있었는데, 목동들은 그곳으로 양떼를 몰지 않았고, 산양은 물론 숲속에 사는 그 어떤 짐승들도 가지 않았다. 낙엽이나 떨어진 가지로 더럽혀지지도 않았으며 주변에는 풀들이 파릇파릇하게 자라나고 바위들이 햇빛을 가려 주고 있는 곳이었다.

어느 날 사냥에 지쳐 덥고 목이 마른 나르키소스가 이곳을 찾아왔다. 몸을 굽혀 물을 마시려 하면서 그는 물속에 비친 자신의 모습을 보았다. 그는 그것이 이 샘에 살고 있는 아름다운 물의 요정이라고 생각했다. 그는 그 자리에 서서 밝게 빛나는 두 눈과 디오니소스나 아폴론처럼 곱슬곱슬한 머리카락, 둥그스름한 양 볼, 상아빛을 띤 목덜미, 살짝 벌어진 입술 그리고 건강하게 단련된 몸을 감탄하며 바라보았다.

그는 자신과 사랑에 빠져버렸다. 그는 키스를 하려고 입술을 가까이 대면서 사랑하는 상대를 끌어안기 위해 두 팔을 물속으로 집어넣었다. 그가 만졌을 때 도망쳤던 그것은 잠시 후에 다시 돌아와 매력적인 모습을 회복했다. 그는 그곳에서 떠날 수가 없었다. 그는 샘물가를 맴돌며 자신의 모습을 뚫어지게 쳐다보면서 먹거나 쉴 생각도 전혀 하지 않게 되었다. 그는 그 가상의 요정에게 말을 걸었다.

"아름다운 그대여, 왜 나를 피하는 거요? 설마 내 얼굴이 불쾌하지는 않을 텐데. 님프들은 나를 사랑하고 당신도 내게 무관심한 것으로 보이지는 않는구려. 내가 팔을 내밀면 나와 똑같이 팔을 내밀고, 내게 미소를 짓고 내 손짓에도 똑같이 반응하는구려."

물속에 떨어진 그의 눈물이 그 모습을 휘저어놓았다. 그 모습

182

이 사라지는 것을 보며 그가 외쳤다.

"제발 머물러 주시오. 당신을 만지지 않아야 한다면, 적어도 바라볼 수는 있게 해주시오."

이처럼 가슴 속에 품게 된 불꽃이 그를 몽땅 태워버려 에코를 매혹시켰던 그의 안색도, 활력도, 아름다움도 점점 사라져갔다. 하지만 아직도 그의 곁을 지키고 있던 에코는 그가 '아아, 슬프구다!'라고 외치면 그녀도 똑같은 말로 대답했다. 그는 사랑으로 점점 수척해져 마침내 죽게 되었고, 그의 영혼이 지옥의 강을 건너갈 때에도 배의 난간에 기대어 물속에 비친 자신의 모습을 잡으려 했다.

님프들 중에서도 특히 물의 님프들이 몹시 슬퍼했으며, 그들이 가슴을 치며 슬퍼하면 에코도 가슴을 두들기며 슬퍼했다. 그들이 장작을 준비해 화장을 하려 했지만 그의 몸은 어느 곳에서도 발견할 수 없었고, 그의 몸이 있던 자리에는 하얀 꽃잎들이 둘러싸고 속은 자줏빛인 꽃 한 송이가 남아 있었다. 그 꽃은 나르키소스(수선화)라는 이름을 갖게 되었고 그에 대한 기억을 간직하고 있다.

클리티아
태양만 바라보다 꽃으로 변하다

물의 님프, 클리티아는 아폴론을 사랑했지만 그는 어떤 관심
도 보이지 않았다. 그녀는 점점 야위어갔고, 흐트러진 머리카락
을 어깨 위로 늘어뜨린 채 하루종일 차가운 땅 위에 앉아 있었다.

그녀는 9일 동안 음식을 먹거나 물도 마시지 않았으며, 자신의
눈물과 차가운 이슬만이 유일한 양식이었다. 그녀는 해가 떠오를
때부터 하루의 행로를 모두 거치면서 질 때까지 지켜보았다. 다
른 것은 전혀 보지 않았고 그녀의 얼굴은 언제나 해를 향하고 있
었다.

마침내 그녀의 두 다리는 땅 속에 뿌리를 내리고 얼굴은 꽃(해
바라기)이 되어 태양이 매일 움직이는 행로를 따라 언제나 마주볼
수 있도록 줄기를 돌렸다. 그 꽃은 여전히 님프였을 때의 사랑을
간직하고 있기 때문이다.

헤로와 레안드로스
해협을 가로지는 사랑

레안드로스는 아시아와 유럽을 가르는 해협(터키의 다다넬즈 해협

에는 레안드로스 탑이 있다.)의 아시아 쪽에 있는 도시인 아비도스의 청년이었다. 반대편 해안에 있는 세스토스라는 도시에는 아프로디테의 여사제인 헤로가 살고 있었다.

그녀를 사랑한 레안드로스는 밤마다 해협을 헤엄쳐 건너가 애인을 만나곤 했으며, 그녀는 탑 위에 횃불을 밝혀 그를 안내했다. 하지만 어느 날 밤 폭풍우가 몰아쳐 파도가 거칠게 일어났고 레안드로스는 힘이 빠져 익사하고 말았다. 파도가 그의 시체를 유럽 쪽 해안으로 밀치고 나아가 헤로는 그의 죽음을 알게 되었다. 절망한 그녀는 스스로 탑에서 뛰어내려 바다에 몸을 던져 죽어버렸다.

아테나
제우스의 머리에 튀어나온 지혜의 여신

지혜의 여신 아테나는 제우스의 딸이었다. 그녀는 완벽하게 갑옷과 투구를 갖춘 어른의 모습으로 제우스의 머리에서 튀어나왔다고 한다. 그녀는 실용적이며 장식적인 기술 — 농경과 항해술과 같은 남자의 기술과 길쌈과 베짜기, 바느질과 같은 여자의 기술 — 을 관장했다. 또한 전쟁의 신이기도 했지만 방어적인 전쟁만을 후원했으며 폭력과 학살을 일삼았던 아레스(전쟁의 신)의 야만적인 방식에는 전혀 찬성하지 않았다.

'아테네'는 그녀가 선택한 그녀 자신의 도시로 그녀와 마찬가지로 이 도시를 차지하려고 했던 포세이돈과의 경쟁에서 전리품으로 받게 된 것이었다.

그 이야기는 아테네의 첫 번째 왕인 케크롭스가 다스릴 때 그들이 이 도시를 차지하기 위해 싸웠던 것에서 시작된다. 신들은 인간에게 가장 유익한 선물을 만들어낸 신에게 그 도시를 주겠다고 결정했고, 포세이돈은 인간에게 말(다른 이야기에서는 '말 발자국 샘 Hippocrene'을 주었다고도 한다.)을 주었고, 아테나는 올리브 나무를 선물했다. 신들은 올리브 나무가 더 유익하다고 판정하여 이 도시를 아테나에게 주었으며, 그녀의 이름을 따라 아테네라고 부르게 되었다.

어떤 인간이 대담하게 아테나와 겨루었던 또 다른 경쟁도 있었다. 그 인간은 길쌈과 자수의 기술이 뛰어난 아라크네라는 처녀였다. 님프들도 그녀의 솜씨를 보기 위해 그들이 살고 있던 숲이나 샘을 떠나곤 했다.

그녀의 작품은 완성되었을 때 아름다웠을 뿐만 아니라, 작업을 하고 있는 동안 그녀의 모습은 더 아름다웠다. 헝클어진 털실을 둥글게 말거나, 손가락으로 분리시켜 구름처럼 가볍고 부드럽게 보일 때까지 빗질을 하거나, 물레를 능숙하게 돌리거나, 천을 짜거나, 바느질로 장식하는 모습을 보게 되면 아테나가 직접 가르쳤을 것이라고 말하곤 했다. 하지만 그녀는 그렇지 않다고 말하며, 비록 여신일지라도 자신이 제자라고 여겨지는 것은 참지 못했다.

"아테나에게 나와 솜씨를 겨뤄보자고 하세요. 내가 진다면 벌을 받겠습니다."

그 말을 듣게 된 아테나는 불쾌했다. 노파로 변장한 아테나는 아라크네를 찾아가 상냥하게 조언했다.

"나는 경험이 많아요. 그러니 나의 조언을 싫어하지 않으면 좋겠어요. 당신과 같은 인간에겐 얼마든지 도전을 해도 좋지만 여신과 경쟁하지는 마세요. 도리어 당신이 했던 말에 대해 여신에게 용서를 빌면 인자하신 그분은 용서해주실 거예요."

물레를 멈춘 아라크네는 성난 얼굴로 노파에게 말했다.

"그런 충고라면 당신의 딸이나 하녀에게 하세요. 내가 했던 말을 취소할 생각은 없어요. 여신도 두렵지 않으니, 감히 그렇게 할 수 있다면 솜씨를 겨루자고 하세요."

아테나는 "내가 왔다."라고 말하며 본래의 모습을 드러냈다. 님프들은 몸을 낮게 구부리며 경의를 표했고 구경꾼들도 모두 공손한 태도를 갖췄다. 아라크네만 두려워하지 않았다. 사실 그녀의 얼굴은 갑자기 붉어졌다가 점점 창백해졌다. 그러나 자신의 결심을 고집하면서 자신의 기술에 대한 어리석은 자만으로 운명을 향해 무모하게 돌진했다.

아테나는 더 이상 참지 못했고 그 이상의 충고도 하지 않았다.

두 사람은 시합을 진행했다. 각자 자리에 앉아 베틀에 실을 걸고 나서 날씬한 북이 가느다란 실 사이로 지나갔다. 정교한 빗살의 리드는 씨줄을 치며 실을 촘촘하게 제자리에 짜 넣었다. 두 사람 모두 빠르게 작업했다. 솜씨 좋은 두 손은 재빠르게 움직이며 경쟁에 자극되어 노동은 경쾌했다.

티로스산 염료로 물들인 실은 다른 색깔의 실들과 대조를 이루며 서로 빈틈없이 뒤섞이며 눈을 현혹시켰다. 소나기에 반사된 광선에 의해 형성된 긴 아치형으로 하늘을 물들이는 무지개와 같았다. 색깔들이 만나는 곳에서는 한 가지 색깔로 보였지만 조금 떨어져서 보면 전혀 다른 색깔로 보였다.

아테나는 포세이돈과 경쟁했던 장면을 직물에 수놓았다. 하늘의 신 열두 명이 등장하고, 당당한 풍채의 제우스가 중앙에 앉아 있었다. 삼지창을 든 바다의 지배자, 포세이돈은 방금 대지를 덮치고 온 듯이 보였고 말 한 마리가 펄쩍 뛰고 있었다. 자신의 모습은 머리에 투구를 쓰고 방패로 가슴을 가리고 있는 것으로 묘사했다. 중앙에는 원형으로 이런 모습들이 있었고, 네 귀퉁이에는 감히 신들과 경쟁하려는 주제넘은 인간들에게 불쾌함을 드러내는 신들의 여러 가지 사건들을 그려놓았다. 이것은 너무 늦기 전에 경쟁을 포기하라는 경고를 의미하는 것이었다.

아라크네는 신들의 실패와 오류를 보여주기 위해 교묘하게 선택한 주제들로 가득 채워 놓았다. 제우스가 변신한 백조를 안고 있는 레다가 그려진 장면과 아버지에 의해 청동 탑 속에 갇혀 있던 다나에를 찾아 금빛 소나기로 변신하여 들어가고 있는 제우스가 그려진 장면이었다.

게다가 황소로 변장한 제우스에게 속은 에우로페가 그려진 장면도 있었다. 에우로페가 유순한 황소의 등에 올라타자 바다 속으로 들어간 제우스는 그녀를 데리고 크레타 섬으로 헤엄쳐 갔다. 너무나도 자연스럽게 수놓아 있어 누구든 진짜 황소라고 생각했으며 황소가 헤엄치고 있던 바다도 마찬가지였다. 에우로페는 자신이 떠나온 해안을 간절한 눈빛으로 돌아보며 친구들의 도움을 호소하는 것 같았다. 요동치는 파도를 보며 공포에 떨며 바닷물에서 두 발을 빼는 것처럼 보였다.

이와 비슷한 주제들로 화폭을 가득 채운 아라크네의 솜씨는 놀랄 만큼 뛰어난 것이었지만 주제넘고 불경스러운 태도가 강하게 드러나 있었다. 아라크네의 솜씨에 감탄하지 않을 수 없었지만 아테나는 모욕감에 분노가 치밀어 올랐다. 그녀는 북으로 그 직물을 갈기갈기 찢어버리고 아라크네의 이마를 만지며 그녀가 죄와 부끄러움을 느끼도록 했다. 그것을 견딜 수 없었던 아라크네는 밖으로 나가 스스로 목을 맸다. 밧줄에 매달려 있는 그녀를 본 아테나는 안타까웠다.

"죄 많은 처녀여, 살아나거라! 오늘의 교훈을 기억하고 간직해라. 앞으로 영원히 너와 너의 자손들은 실에 매달려 살 것이다."

아테나가 아라크네의 몸에 아코나이트의 즙을 뿌리자 그 즉시 아라크네의 머리카락이 빠졌고 코와 귀도 마찬가지였다. 그녀의 몸은 오그라들고 머리는 점점 작아졌지만, 손가락들은 그녀의 옆구리에 붙어 다리의 역할을 했다. 나머지는 모두 다 몸이었고, 그곳에서 실을 뽑았으며 종종 그 실에 매달려 있었다.

지금도 아테나가 그녀의 이마를 만져 거미로 변신시켜 놓은 그 모습 그대로 있다.

니오베
신 앞에서 교만한 자에게 내려진 형벌

아라크네의 운명이 모든 나라에 널리 퍼지게 되자 교만한 모든 인간들에게 신들과 겨루면 안 된다는 교훈이 되었다. 그러나 한 사람만은 겸손이라는 교훈을 배우지 못했다. 테베의 여왕인 니오베였다.

그녀에겐 실제로 자랑할 것들이 많았지만 그녀를 우쭐대게 만들었던 것은 남편의 명성이나 자신의 아름다움도 아니었고 위대한 가문이나 왕국의 막강한 힘도 아니었다. 그녀의 아이들이 자랑거리였다. 실제로 그런 주장만 펼치지 않았어도 니오베는 이 세상의 어머니들 중에서도 가장 행복한 어머니였을 것이다.

레토와 그녀의 자녀인 아폴론과 아르테미스를 기념하기 위해 매년 개최되는 축제가 벌어졌을 때였다. 월계관을 쓰고 모여든 테베 사람들은 제단에 유향을 바치고 신들에게 서약을 했다.

군중 속에 나타난 니오베의 옷은 금과 보석으로 치장되어 있었으며 그녀의 표정은 화가 나 있는 여인의 얼굴이 그렇듯이 아름다웠다.

그녀는 멈춰 서서 거만한 태도로 사람들을 둘러보았다.

"이런 멍청한 짓을 하다니! 너희들의 눈앞에 서 있는 사람보다 한 번도 보지 못한 그들을 더 좋아하다니! 어째서 레토는 숭배하면서, 나는 숭배하지 않는단 말이냐?

나의 아버지는 신들의 식탁에 초청받았던 탄탈로스이고 나의 어머니는 여신이었다. 나의 남편은 테베를 건설해 통치하고 있으며 프리기아는 내가 아버지로부터 물려받은 곳이다. 어디로든 눈을 돌리면 나의 권한이 미치지 않는 곳은 없다. 게다가 나의 모습이나 풍채도 여신에 못지않다. 게다가 일곱 명의 아들과 일곱 명의 딸이 있고 훌륭한 동맹국에서 사위와 며느리도 얻게 될 것이다. 내가 자부심을 가질 만하지 않은가? 겨우 자식이 둘밖에 없는 레토를 어떻게 나보다 더 좋아할 수 있는 것이냐? 나에게는 일곱 배나 더 많은 자녀들이 있다. 진정으로 내가 행복한 여인이며, 앞으로도 행복할 것이다. 누가 아니라고 할 것인가?

자식이 많으니 걱정이 없다. 운명의 여신도 나를 어찌할 수는 없다. 그녀가 나의 복을 빼앗아 간다 해도 나에겐 여전히 많은 자식들이 남아 있다. 자식들 중 일부를 잃는다 해도 두 명뿐이 없는 레토만큼 초라해지지는 않을 것이다. 그러니 이런 제전은 집어치우고 월계관은 벗어 던지고, 숭배도 그만두어라."

사람들은 그 말에 따라 신성한 제전을 제대로 치루지 않고 끝내 버렸다. 여신은 분노했다. 그녀가 살고 있던 킨토스 산 꼭대기에서 아들과 딸에게 이렇게 말했다.

"애들아, 나는 너희들을 자랑으로 삼으며 헤라 외에는 어느 여신에게도 뒤지지 않는다고 생각했지만, 이제는 내가 진짜 여신인지도 의심받기 시작했다. 너희들이 나를 보호하지 않는다면 숭배도 받지 못하게 되었구나."

그렇게 계속 말하려 했지만 아폴론이 가로막았다.

"더 이상 말하지 마시지요. 말은 형벌만 지연시킬 뿐입니다."

아르테미스 역시 그렇게 말했다. 화살처럼 날아가 구름으로 변장한 그들은 도시의 탑 위로 내려앉았다.

성문 앞에 펼쳐진 넓은 들에는 도시의 청년들이 전쟁놀이를 하고 있었다. 니오베의 아들들도 함께 있었다. 몇 명은 화려하게 장식된 준마를 타고 있고, 몇 명은 호사스러운 전차를 몰고 있었다. 장남 이스메노스는 거품을 품고 달리는 군마를 몰다가 하늘에서 날아온 화살에 맞아 '악!'하고 비명을 지르며 고삐를 놓치고 땅 위에 떨어져 죽었다. 활 소리를 듣게 된 다른 아들은 마치 닥쳐오는 폭풍우를 보고 항구를 향해 돌진하듯이 말의 고삐를 잡고 도망치려 했다.

그러나 화살은 그들보다 빨라 피할 도리가 없었다. 그들보다 어린 아들 둘은 이제 막 공부를 마치고 씨름 놀이를 하기 위해 운동장에 가 있었다. 그들이 서로 가슴을 맞대고 있을 때 화살 한 개가 그 둘을 관통했다. 동시에 비명을 지르고, 주변을 둘러보며 동시에 숨을 거두었다.

그들의 형 알페노르는 동생들이 쓰러지는 것을 보고 구하기 위해 급히 그곳으로 달려갔지만, 형제의 의무를 다하려던 그 역시 화살에 맞아 쓰러졌다. 오직 한 명, 일리오네스만이 남게 되었다. 그는 효과가 있을지도 모를 기도를 시험해 보려는 듯, 하늘을 향해 두 팔을 들어 올렸다.

"신들이시여, 자비를 베풀어주십시오."

모든 신들을 향해 외쳤지만, 그를 구해주기 위해 모든 신이 필요한 것은 아니라는 사실은 모르고 있었다. 아폴론은 그를 살려주고 싶었지만 화살은 이미 활시위를 떠나버렸으므로 너무 늦어버리고 말았다.

백성들의 공포와 시종들의 슬픔이 전해지자 니오베는 곧 어떤 일이 벌어졌는지 알게 되었다. 그녀는 그런 일이 벌어질 수도 있다는 생각조차 할 수 없었다. 그녀는 신들이 그런 일을 저지른 것에 분노했으며, 그런 일을 할 수도 있다는 것에 경악했다. 그녀의 남편 암피온은 충격에 압도되어 스스로 목숨을 끊고 말았다.

아아, 불쌍하게도 얼마 전까지만 해도 백성들을 신성한 제단에서 내쫓고 당당하게 도시를 돌아다니며 친구들의 부러움을 샀던 니오베! 이제 적들마저 불쌍히 여기는 니오베의 모습은 사뭇 달랐다. 그녀는 시체들 앞에 무릎을 꿇고 죽은 아들들에게 일일이 키스를 했다.

핏기 없는 두 팔을 하늘을 향해 들어 올리며 말했다.

"잔인한 레토여, 나의 고통으로 당신의 노여움을 맘껏 달래십시오. 나의 일곱 아들을 따라 묘지로 갈 테니 당신의 잔혹한 가슴을 마음껏 충족시키십시오. 하지만 당신의 승리는 어디에 있습니까? 비록 이렇게 사별했지만, 여전히 나는 승리자인 당신보다 풍족합니다."

니오베가 말을 하자마자 활소리가 나면서 니오베 외의 모든 사람들을 공포에 떨게 했다. 지독한 슬픔에 빠진 니오베는 대담했다. 상복을 입은 딸들은 죽은 오빠들의 관 앞에 서 있었다.

화살에 맞은 첫째 딸은 그녀가 몹시 슬퍼하고 있던 그 시체 위에 쓰러졌다. 어머니를 위로하려던 또 다른 딸은 말을 하지 못하고 땅 위에 쓰러져 죽었다. 셋째 딸은 도망치려 했고, 넷째 딸은 숨으려 했으며, 다른 딸들은 어찌할 줄 모르고 벌벌 떨며 서 있었다. 이제 여섯 명이 죽고 오직 한 명만이 남게 되자 어머니는 그 딸을 두 팔로 끌어안으며 온몸으로 감추려 했다.

"제일 어린 딸 한 명만 살려주세요. 그토록 많은 자식들을 데려 갔으니, 이 한 명만 살려주세요."

니오베가 그렇게 부르짖으며 애원하는 동안 마지막 딸마저 쓰러져 죽었다.

니오베는 죽어버린 모든 아들과 딸, 남편 사이에 쓸쓸히 앉아 슬픔에 겨워 굳어버린 것만 같았다. 미풍도 그녀의 머리카락을 흔들지 못했고, 양 볼에는 아무 색깔도 없었고, 고정된 두 눈은 움직이지 않았고 살아 있는 기색은 전혀 없었다. 혀는 입천장에 붙어 버렸고 혈관은 생명의 흐름을 전달하지 않았다. 목은 굽혀지지 않았고, 팔은 더 이상 움직이지 않았으며, 발은 한 발짝도 움직이지 못했다.

니오베의 마음과 몸은 모두 바위로 변해버렸지만 눈물은 계속 흐르고 있었다. 그녀는 회오리바람에 실려 고향의 산으로 운반되었다.

그녀는 지금도 바위 덩어리로 남아 있으며 그 바위에서는 시냇물이 졸졸 흐르며 그녀의 끝나지 않는 슬픔을 말해 주고 있다.

제15장 그라이아이와 고르곤, 페르세우스와 메두사

그라이아이와 고르곤
백발의 괴물들

그라이아이는 태어날 때부터 백발이었던 세 자매로 그들의 이름은 백발에서 유래된 것이다. 고르곤은 산돼지처럼 큰 이빨과 놋쇠 같은 발톱 그리고 뱀 같은 머리털을 가진 기괴한 여인들이었다. 그들 중에서 메두사만큼 자주 신화에 등장했던 고르곤은 없었다. 이제부터 그 이야기를 하려고 한다.

고르곤과 그라이아이는 단지 바다의 공포를 의인화한 것이라는 몇몇 현대 작가들의 독창적인 이론이 있다. 즉, 고르곤은 넓은 바다에서 굽이치는 '세찬' 파도를 의미하며, 그라이아이는 해안가의 바위에 세차게 부딪치는 '하얀 물거품'을 의미한다는 것이다. 그들의 그리스어 이름은 위와 같은 그들의 성질을 나타낸다.

페르세우스와 메두사

보석같이 빛나는 눈으로 모든 것을 돌로 만들다

페르세우스는 제우스와 다나에 사이에서 태어난 아들이다. 그
의 할아버지인 아크리시오스는 외손자에게 죽음을 당하게 될 것
이라는 신탁을 받고 깜짝 놀라 다나에와 페르세우스를 궤짝에 넣
어 바다에 버렸다. 세리포스 섬까지 떠내려간 궤짝을 발견한 어
부는 그들을 폴리데텍스 왕에게 바쳤고 왕은 그들을 잘 보살펴
주었다.

페르세우스가 성인이 되자 폴리덱텍스 왕은 그를 메두사에게
보내 죽이라고 했다. 메두사는 나라 전체를 두려움에 빠뜨리는
무서운 괴물이었다. 메두사는 한때 머리카락이 가장 큰 자랑거리
였던 아름다운 처녀였지만 대담하게도 아테나와 아름다움을 겨
루려 하자, 여신은 그녀의 아름다움을 빼앗아 버렸고 아름다운
머리카락은 모두 기분 나쁜 소리를 내는 뱀으로 변하게 했다.

메두사는 그렇게 잔인한 괴물이 되었고, 그녀를 한번 쳐다본
사람은 누구나 돌로 변해버렸다. 그녀가 살고 있던 동굴 주변에
서는 그녀를 잠깐 쳐다본 것만으로 돌로 변해버린 사람들과 동물
들을 볼 수 있었다.

아테나와 헤르메스의 총애를 받던 페르세우스는 아테나가 빌

려준 방패를 들고 헤르메스가 빌려준 날개 달린 구두를 신고 잠들어 있는 메두사에게 다가갔다. 그녀를 직접 바라보지 않도록 조심하면서, 빛나는 방패에 반사된 그녀의 모습을 쫓아가 머리를 베었다. 그는 그녀의 머리를 아테나에게 주었고, 아테나는 그 머리를 자신의 아이기스(아테나의 방패) 한가운데에 붙여놓았다.

페르세우스와 아틀라스
산맥이 되어 버린 아틀라스의 신화

메두사를 처치한 후 페르세우스는 그 고르곤의 머리를 들고 육지와 바다를 건너 멀리 날아갔다. 밤이 되어 해가 지는 대지의 서쪽 끝에 도착한 그는 아침까지 충분히 쉬어야겠다고 생각했다. 그곳은 아틀라스 왕의 영토였으며, 왕은 다른 모든 사람들보다 훨씬 큰 거인이었다. 그에게는 양과 소가 무척이나 많았으며 영토 분쟁을 할 이웃이거나 경쟁자도 없었다. 하지만 그가 가장 자랑거리로 삼았던 것은 황금 가지에 열린 금 사과가 금으로 된 나뭇잎에 살짝 가려져 있는 정원이었다.

페르세우스가 왕에게 말했다.

"나는 손님으로 여기에 왔습니다. 만약 당신이 훌륭한 혈통을 존중하신다면 제우스가 나의 아버지라는 것을 밝힐 것이며, 뛰어난 공훈을 존중하신다면 메두사를 처치했다는 것을 내세울 수 있습니다. 지금 저에겐 쉬어갈 곳과 음식이 필요합니다."

그러자 그는 이렇게 대답했다.

"여길 떠나시오. 당신의 명예와 혈통에 대한 거짓된 주장으로도 당신을 보호하진 못할 거요."

그리고 페르세우스를 밀어내려고 했다. 거인의 힘이 너무 세다는 것을 알아차린 페르세우스는 말했다.

"당신이 나의 호의를 이처럼 가볍게 생각하니 선물을 하나 주겠소."

그는 얼굴을 돌리면서 메두사의 머리를 앞으로 내밀었다. 그러자 아틀라스의 커다란 몸은 돌로 변해 버렸다. 수염과 머리카락은 숲이 되었으며, 팔과 어깨는 절벽이 되었고, 머리는 산꼭대기가 되고, 뼈는 바위가 되었다. 신체의 모든 부분들이 점점 커지더니 마침내 산이 되었고, 하늘은 모든 별들과 함께 그의 어깨 위에서 쉬게 되어 신들도 좋아했다.

바다의 괴물
안드로메다를 구출하는 페르세우스

계속 날아가고 있던 페르세우스는 에티오피아 사람들이 사는 나라에 도착했다. 그곳의 왕은 케페우스였다. 왕비인 카시오페이아는 자신의 미모를 무척 자랑하면서 감히 바다의 님프들과 비교했다. 분노한 님프들은 엄청나게 큰 바다 괴물을 보내 해안을 파괴하도록 했다. 신들의 노여움을 풀기 위해 애쓰던 케페우스는 자신의 딸, 안드로메다를 바다 괴물에게 제물로 바쳐야 한다는 신탁을 받게 되었다.

하늘 높이 날던 페르세우스는 바위에 쇠사슬로 묶인 안드로메다가 뱀이 다가오는 것을 기다리고 있는 것을 보게 되었다. 그녀의 얼굴은 창백해졌으며 몸은 꼼짝도 하지 못했다. 흐르는 눈물과 미풍에 휘날리는 머리카락이 아니었다면 페르세우스는 그녀를 대리석상이라고 생각했을 것이다. 그는 이 처참한 모습에 놀라 날개를 흔드는 것도 잊어버릴 정도였다. 그녀의 머리 위를 맴돌며 그가 말했다.

"아아, 아가씨! 당신이 사랑하는 연인들을 묶어야 할 사슬이 아니라, 그런 부당한 쇠사슬에 묶여 있다니! 내게 말해보시오. 당신의 이름과 나라 그리고 왜 이렇게 되었는지 말해주시오."

그녀는 처음에는 조심스러워 아무 말도 하지 않았고, 할 수만 있다면 손으로 얼굴을 가리고 싶었다. 그러나 그가 거듭해서 묻자 자신이 어떤 죄를 지은 것으로 오해되는 것이 두려워 말을 하지 않을 수 없었다. 그녀는 자신의 이름과 나라 그리고 자신의 어머니가 아름다움을 뽐냈던 일을 밝혔다.

그녀가 말을 마치기도 전에, 물 위로 소리가 들리더니 바다 괴물이 머리를 들어 올리고 넓은 가슴으로 파도를 헤치며 다가왔다. 그녀는 날카로운 비명을 질렀고 이제 막 그곳에 도착한 그녀의 어머니와 아버지는 모두 비참한 심정이 되었다. 특히 어머니는 비통함에 몸부림쳤지만 그 자리에 멈춰 시서 아무런 보호도 해주지 못하고 그저 안타까워하면서 제물이 될 딸을 끌어안으려할 뿐이었다.

그러자 페르세우스가 말했다.

"앞으로도 눈물을 흘릴 시간은 많을 것입니다. 지금은 무엇보다 구출하는 것이 중요합니다. 나는 제우스의 아들이며, 고르곤을 처단한 사람이니 신분으로나 명성으로나 구혼자가 되기에 충분할 것입니다. 하지만 신들이 자비를 베푸신다면 또다시 공을 세워 그녀를 구해내도록 할 것입니다. 만약 나의 용맹함으로 구하게 된다면 그 보답으로 따님을 저에게 주십시오."

부모는 승낙하면서 (어떻게 주저할 수 있겠는가!) 딸과 더불어 왕족의 지참금을 약속했다.

마침내 바다 괴물이 솜씨 좋은 투석 전사의 돌이 닿을 수 있는 범위 안으로 들어왔을 때, 갑자기 뛰어 오른 청년은 하늘로 치솟았다. 마치 높이 날던 독수리가 햇볕을 쬐고 있는 뱀을 보고 갑자기 덤벼들어 머리를 돌려 독을 쏘지 못하도록 목을 움켜잡듯이, 청년은 쏜살같이 내려가 바다 괴물의 등 위에 올라타 칼로 어깨를 찔렀다.

부상을 입고 날뛰던 괴물은 공중으로 몸을 들어 올렸다가 바다 속으로 들어가더니 짖어대는 사냥개들에게 포위된 산돼지처럼 이쪽저쪽으로 재빠르게 몸을 흔들었다. 그 사이에 청년은 날개를 이용해 괴물의 공격을 피하면서 괴물의 비늘 사이로 칼로 찌를 수 있는 곳을 찾아 옆구리를 찌른 다음 꼬리에 닿을 때까지 비스듬히 칼을 그어 내렸다.

괴물의 코에서 핏물이 섞인 바닷물이 쏟아져 나왔다. 그 핏물에 페르세우스의 날개가 젖어 더 이상 의지할 수 없었다. 그는 파도 위로 우뚝 솟아 있는 바위 위로 내려앉아 튀어나온 바위조각을 붙잡고 섰다. 그리고 괴물이 가까이 떠내려 왔을 때 최후의 일격을 가했다.

해안에 모여 있던 백성들이 큰소리로 환호하자 언덕 사이로 메아리가 되어 울려 퍼졌다. 부모들은 기쁨에 도취되어 미래의 사위를 끌어안으며 그를 자신들의 구원자이며, 가문의 구세주라고 소리쳤다. 그리고 이 경쟁의 원인이자 보답이기도 한 처녀는 바위에서 풀려났다.

결혼식 피로연

무적의 전사가 된, 페르세우스

부모들은 기뻐하며 페르세우스와 안드로메다와 함께 궁전으로 돌아와 잔치를 열고 모두들 기쁨 속에 잔치를 즐겼다. 그때 갑자기 떠들썩한 소리와 함께 안드로메다의 약혼자인 피네우스가 부하들을 거느리고 들이닥쳐 약혼녀를 내놓으라고 요구했다.

케페우스가 말했다.

"내 딸이 괴물의 제물이 되어 바위에 묶여 있었을 때 그렇게 요구해야 했다. 신들이 내 딸의 운명을 그렇게 선고했을 때, 약속들은 모두 무효가 됐다. 죽음으로 모든 약속이 사라지는 것과 같다."

아무런 대답도 하지 못하던 피네우스는 갑자기 페르세우스를 향해 창을 던졌다. 창은 빗나가 땅으로 떨어졌다. 이번에는 페르세우스가 자신의 창을 던지려 했지만 비겁한 공격자는 급히 도망쳐 제단 뒤로 숨었다.

그의 행동을 신호로 피네우스 무리들이 케페우스의 손님들을 공격하기 시작했다. 그들도 자신들을 방어하고 나서면서 전면전이 시작되었다. 늙은 왕은 자신의 충고가 아무런 소용도 없자 그곳에서 물러나면서, 신들을 불러 이러한 폭력에 자신은 아무런 죄가 없다는 것을 입증하려 했다.

페르세우스와 그의 친구들은 한동안 이 불공평한 싸움을 지속했지만 적의 수가 너무 많아 패배할 것이 분명했다. 그때 한 가지 생각이 페르세우스의 뇌리를 스쳤다. '나의 적들로 나를 지키게 하리라.'

그는 큰 소리로 외쳤다.

"거기에 있는 친구들, 두 눈을 이쪽으로 돌려 봐!"

그리고 고르곤의 머리를 높이 쳐들었다.

"어떤 요술로도 우리를 놀라게 할 수는 없을 것이다."

테스켈로스는 그렇게 외치며 창을 던지려고 치켜들었지만, 그 자세 그대로 돌로 변해버렸다.

암피코스는 바닥에 엎드린 적의 몸을 칼로 찌르려고 했지만, 그의 팔은 그대로 굳어버려 앞으로 내밀 수도 거두어들일 수도 없었다. 큰소리로 외치며 달려들던 또 다른 사람은 멈춰 서서 입을 벌린 채 한 마디도 내지를 수 없었다. 페르세우스의 친구, 아콘테우스도 고르곤을 쳐다본 순간 다른 사람들처럼 굳어 버렸다. 아스티아게스가 그를 칼로 내리쳤지만 상처를 입히는 대신 칼이 튕겨 나오는 소리만 울려 퍼졌다.

자신의 부당한 공격으로 빚어진 참담한 결과를 본 피네우스는 당황했다. 그는 친구들을 소리쳐 불러보았지만 아무런 대답도 들을 수 없었다. 친구들을 만져보았으나 모두 돌이 되어 있었다. 그는 무릎을 꿇고 페르세우스에게 두 손을 내밀었다. 그러나 고개는 돌린 채 자비를 구했다.

"모두 다 가져가시고 목숨만은 살려 주십시오."

페르세우스가 말했다.

"비열한 겁쟁이여, 물론 너의 청을 들어줄 것이다. 너에게 무기를 사용하지도 않을 것이다. 게다가 이 사건을 기념하기 위해 너를 우리 집에 보관할 것이다."

이렇게 말하면서 그는 고르곤의 머리를 피네우스가 바라보고 있는 쪽으로 돌렸다. 그러자 피네우스는 무릎을 꿇고 두 손을 쳐든 채, 얼굴을 돌리고 있는 모양 그대로 움직이지 않는 커다란 돌덩어리가 되었다.

제16장 괴물들(기간테스, 스핑크스, 페가소스와 키마이라, 켄타우로스, 피그마이오스, 그리핀)

기간테스
인간과 동물의 형상을 한 거인족

신화의 언어로 보자면 괴물은 부자연스러운 크기나 신체 부위를 지녀 일반적으로 공포스럽게 여겨지는 존재들로 인간들을 해치거나 괴롭히는데 사용하는 엄청난 힘과 잔인성을 갖추고 있다. 그들 중 일부는 서로 다른 동물들이 결합되어 있는 것으로 여겨진다. 스핑크스와 키마이라 같은 괴물은 야수의 끔찍한 특성에 인간의 지혜와 재능을 겸비하고 있다고 여겨졌다.

다른 괴물들은 기간테스가 그렇듯이 주로 신체가 인간보다 컸다. 키클롭스, 안타이오스, 오리온을 비롯한 인간적인 기간테스들은 — 만약 그렇게 말할 수 있다면 — 인간들과 사랑을 하고 다투면서 어울리기 때문에 인간과 전혀 다른 괴물이라고 생각할 수는 없다. 하지만 신들과 전쟁을 벌였던 초인간적인 기간테스는 몸집이 어마어마하게 컸다.

티티오스가 평원에 몸을 뻗고 누우면 9에이커(약 36,000제곱미터)를 차지했고, 엔켈라도스를 땅 속에 가두어 두려면 아이트나의 산을 모두 올려놓아야 한다고 전해진다.

기간테스가 신들을 상대로 일으켰던 전쟁과 그 결과에 대해서는 앞에서 이야기했다. 이 전쟁이 지속되면서 기간테스가 가공할 만한 적이라는 것이 증명되었다. 그들 중에서 브리아레오스 같은 거인은 100개의 팔이 있으며, 티폰은 불을 내뿜었다. 한때 기간테스가 무서워 이집트로 도망한 신들이 다양한 모습으로 변신하여 몸을 숨기기도 했다.

제우스는 숫양으로 변신했으며, 그로 인해 이집트에서는 구부러진 뿔을 가진 아몬 신으로 숭배되기도 했다. 아폴론은 까마귀, 디오니소스는 산양, 아르테미스는 고양이, 헤라는 암소, 아프로디테는 물고기, 헤르메스는 새로 변신했다.

또한 하늘로 올라가려던 기간테스들이 오사 산을 들어 올려 펠리온 산 위에 포개어 놓았던 때도 있었다. 결국에는 아테나가 만들어내고 헤파이스토스와 키클롭스들에게 가르쳐 제우스가 사용하게 된 번개로 진압되었다.

스핑크스

오이디푸스와 수수께끼로 겨루다

테베의 왕 라이오스는 신탁에 의해 경고를 받게 되었다. 신탁의 내용은 갓 태어난 그의 아들이 아무 일 없이 잘 자라면 그의 왕위와 목숨이 위험해진다는 것이었다. 왕은 아들을 양치기에게 넘기면서 죽이라는 명령을 내렸지만, 아이가 불쌍했던 양치기는 명을 거역할 수도 없어서 아이의 두 발을 묶어 나뭇가지에 매달아 두었다.

어떤 농부가 나뭇가지에 매달려 있던 아이를 발견하여 자신의 주인 부부에게 갖다 주었다. 그들 부부는 아이를 입양하여 '부어오른 발'이라는 뜻의 오이디푸스라고 불렀다.

몇 해가 지난 후 라이오스는 시종 한 명만을 데리고 델포이로 가던 중에 좁은 길에서 마차를 몰고 있는 청년과 마주쳤다. 길에서 비키라는 라이오스의 명령을 거부하자 시종이 청년의 말 한 마리를 죽여 버렸다. 화가 잔뜩 난 청년은 라이오스와 그의 시종을 모두 죽였다. 그 청년이 바로 오이디푸스였으며, 그렇게 해서 자신도 모르게 친아버지를 죽였던 것이다.

이 사건 직후에 테베 시는 대로에 출몰하는 괴물로 고통을 받고 있었다. 스핑크스라고 불리던 이 괴물의 몸은 사자이며, 상반

신은 여자의 모습을 하고 있었다. 괴물은 바위 위에 웅크리고 앉아 있다가 지나가는 사람들을 가로막고 수수께끼를 냈다. 수수께끼를 풀면 무사히 통과할 수 있지만, 틀리면 목숨을 잃는다는 조건을 내걸었다.

지금까지 아무도 수수께끼를 풀지 못했으므로 모두 살해되었다. 이 놀라운 사건에 오이디푸스는 조금도 위축되지 않았고, 오히려 대담하게 시험해 보기 위해 나섰다.

스핑크스가 그에게 물었다.

"아침에는 네 발로 걷고, 낮에는 두 발로, 저녁에는 세 발로 걷는 동물이 무엇이냐?"

오이디푸스가 대답했다.

"인간이다. 인간은 어린아이일 때는 두 손과 두 무릎으로 기며, 어른이 되면 두 발로 서서 걷고, 노년에는 지팡이를 짚는다."

자신의 수수께끼를 푼 것에 굴욕감을 느낀 스핑크스는 바위 밑으로 몸을 던져 죽었다.

테베 사람들은 자신들을 구해준 것에 대한 감사의 표시로 오이디푸스를 자신들의 왕으로 추대했고 여왕 이오카스테와 결혼하도록 했다. 자신의 태생을 모르던 오이디푸스는 이미 아버지의 살해자가 되어 있었으며, 여왕과 결혼하는 것으로 자기 어머니의 남편이 되었다.

이런 끔찍한 일이 드러나지 않은 채 시간은 흘러갔다. 마침내 기근과 역병이 테베를 휩쓸게 되어 신탁을 구하게 되면서 오이디푸스가 저지른 이중의 죄가 드러나게 되었다. 이오카스테는 스스로 목숨을 끊었고, 광인이 된 오이디푸스는 자신의 두 눈을 도려내고 테베를 떠나 세상을 떠돌았다.

사람들이 모두 오이디푸스를 무서워하고 떠나버렸지만 그의 딸들은 그를 충실히 보살폈다. 오랫동안 지루한 망명 생활을 하고 나서야 그의 비참한 삶은 끝이 났다.

페가소스와 키마이라
날개달린 천마

페르세우스가 메두사의 머리를 잘라냈을 때 대지로 스며든 피가 날개달린 말인 페가소스(페가수스)를 만들어냈다. 아테나는 그 말을 포획하여 길을 들인 다음 뮤즈들에게 선물했다. 여신들의 산인 헬리콘에 있는 히포크레네라는 샘은 페가소스의 발굽에 채여 만들어진 것이었다.

키마리아는 불을 뿜어내는 무서운 괴물이었다. 앞모습은 사자와 염소가 섞여 있었으며, 뒷모습은 용이었다. 이 괴물은 리키아를 파괴하고 있었고, 이오바테스 왕은 이 괴물을 물리칠 영웅을 찾고 있었다. 마침 그때 그의 궁정에 벨레로폰이라는 용감하고 젊은 전사가 도착했다. 그는 이오바테스의 사위인 프로이토스의 편지를 가지고 왔다. 프로이토스는 진심이 담긴 어조로 벨레로폰을 무적의 영웅이라고 추천했지만, 편지를 마치면서 장인에게 그를 죽여 달라는 부탁을 덧붙여 놓았다. 그 이유는 아내인 안테이아가 그 젊은 전사에게 너무 반해 있다고 의심한 프로이토스가 그를 질투했기 때문이었다.

자신의 사형집행 영장인지도 모르는 채 배달했던 벨레로폰의 이야기에서 '벨레로폰의 편지'라는 표현이 유래되었다. 어떤 종류의 통신문이든 자신에게 불리한 내용이 포함된 것을 배달하는 사람을 가리킨다.

이 편지를 다 읽고 난 이오바테스는 당혹스러워 어찌 해야 할지 알 수 없었다. 손님 접대를 안 할 수도 없었고, 사위의 부탁을 들어주지 않을 수도 없었다. 마침 좋은 생각이 떠올랐다. 벨레로폰을 키마리아에게 보내 싸우게 하는 것이었다.

벨레로폰은 이 제안을 받아들였지만 전장으로 떠나기 전에 예언자, 폴리이도스를 찾아가 조언을 구했다. 예언자는 싸움에서 이기려면 가능한 한 페가소스를 타고 가라고 조언했다. 그러기 위해서는 아테나의 신전에서 하룻밤을 보내야 한다고 가르쳐 주었다.

벨레로폰이 그의 말에 따라 신전에서 자고 있을 때 아테나가 나타나 그에게 황금 고삐를 건네주었다. 잠에서 깼을 때 고삐가 그의 손에 남아 있었다. 또한 아테나는 피레네의 샘물을 마시고 있던 페가소스를 보여주었고, 날개달린 페가소스는 고삐를 보자 제 발로 달려와 스스로 고삐에 매였다. 말에 올라탄 벨레로폰은 하늘로 올라가 곧바로 키마이라를 찾아내 힘들이지 않고 그 괴물을 죽였다.

키마이라를 물리친 후에도 벨레로폰은 자신을 죽이고 싶어 하는 집주인 때문에 시련과 고역을 치러야 했지만, 그때마다 페가소스의 도움으로 어디에서든 승리를 거두었다. 마침내 이 영웅을 신들이 특별히 아낀다고 생각한 이오바테스는 자신의 딸과 결혼시키고 왕위의 계승자로 삼았다. 그러나 시간이 흐른 후 벨레로폰은 결국 자신의 실력을 자랑하며 오만해져 신의 노여움을 사게 되었다.

심지어 그는 날개 달린 말을 타고 하늘로 올라가려 했다. 하지만 제우스가 등에 한 마리를 내려 보내 페가소스를 고통스럽게 괴롭히자, 태우고 있던 벨레로폰을 떨어뜨렸고 결국 그는 절름발이가 되고 눈까지 멀게 되었다. 그 일이 있은 후 그는 사람들이 지나다니는 길을 피해 외롭게 알레이온의 들판을 방황하다가 비참하게 죽었다고 한다.

켄타우로스
반인반마

이 괴물은 머리부터 허리까지는 인간의 모습이었지만 나머지
는 말처럼 생겼다고 전해진다. 고대인들은 말을 무척 소중하게
생각했으므로 말과 인간의 모습을 한 것을 흉측하게 생각하지는
않았다.

그래서 켄타우로스는 상상의 괴물들 중에서도 유일하게 뛰어
난 자질을 가졌다고 여겨졌다. 인간과 자유롭게 왕래할 수 있었
으므로 페이리토오스와 히포다메이아의 결혼식에도 다른 하객들
과 함께 초대되었다.

결혼식 피로연이 열리고 있을 때 켄타우로스족에 속하는 에우
리티온이 심하게 술에 취해 신부에게 달려들었다. 그러자 다른
켄타우로스들까지 가세하면서 결혼식장은 아수라장이 되었으며
몇몇 사람들이 피살되었다.

이것이 유명한 '라피타이와 켄타우로스의 싸움'으로 고대의 조
각가와 시인들이 즐겨 다루던 주제이다.

하지만 모든 켄타우로스족이 페이리토오스의 무례한 손님들
같지는 않았다. 아폴론과 아르테미스에게 교육을 받았던 케이론
은 사냥, 의술, 음악, 예언에 능숙한 것으로 유명했다. 그리스 이

야기 속의 가장 유명한 영웅들은 모두 케이론에게 가르침을 받았다. 그 중에서도 아스클레피오스는 어린 시절에 아버지인 아폴론에 의해 케이론에게 맡겨졌다. 케이론이 이 아이를 데리고 집으로 돌아왔을 때, 마중을 나온 그의 딸 오키로에(그녀도 예언자였다)는 아스클레피오스를 보고 갑자기 이 아이가 앞으로 이루게 될 명예로운 일들을 유창하게 예언했다.

성인이 된 아스클레오피스는 유명한 의사가 되어, 죽은 사람을 살려낸 적도 있었다. 그 일로 플루톤(하데스)은 크게 화가 났고, 제우스는 플루톤의 요청을 받고 뛰어난 의술을 지닌 아스클레피오스에게 벼락을 내려 죽게 했지만, 죽은 후에는 그를 신들의 일원으로 받아들였다.

켄타우로스 중에서 가장 현명하고, 공정했던 케이론이 죽자 제우스는 그를 하늘의 별들 사이에 궁수자리로 배치해 주었다.

피그마이오스
피그미족의 유래

피그마이오스는 난쟁이 종족으로 그들의 키라고 알려진 1큐빗 또는 약 13인치(약 30cm)를 의미하는 그리스어(pyme:파이메)에서 유래된 것이다. 그들은 네일로스 강(지금의 나일 강)의 수원(水源) 근처에서 살았다고 하며, 인도에 살았다고 하는 사람들도 있다.

호메로스는 해마다 겨울이 오면 두루미들이 피그마이오스의 나라로 이동한다고 했다. 두루미의 출현이 이 작은 종족에게는 잔인한 전쟁을 알리는 신호였다. 난쟁이들은 게걸스러운 침입자들에 맞서 무기를 들고 옥수수밭을 지켜야 했다. 피그마이오스족과 그들의 적군인 두루미는 여러 예술 작품들의 주제가 되었다.

후대의 작가들은 잠들어 있는 헤라클레스를 발견한 피그마이오스의 군대가 마치 도시를 공략하려는 것처럼 공격을 준비했다는 이야기를 들려준다. 하지만 잠에서 깬 헤라클레스는 작은 전사들을 비웃으며 그들 중 일부를 사자의 가죽에 둘둘 말아 에우리스테우스에게 갖다 주었다고 한다.

그리핀
상상과 환타지의 동물

그리핀은 몸통은 사자이며, 독수리의 머리와 날개가 있고 등은 깃털로 덮인 괴물이다. 새처럼 둥지를 짓지만 알 대신 마노(agate;瑪瑙 보석류, 또는 광물질)를 낳는다. 기다란 발톱이 있으며 그 갈고리 모양의 발톱은 그 나라 사람들은 술잔을 만들 수 있을 정도의 크기였다고 한다.

216

인도는 그리핀이 태어난 나라로 전해진다. 그들은 산에서 찾아낸 황금으로 둥지를 틀기 때문에 사냥꾼들이 좋아하는 사냥감이 되었으므로 잠도 자지 않고 둥지를 지켜야만 했다. 그들은 본능적으로 금이 파묻혀 있는 곳을 알았기 때문에 온힘을 다해 약탈자들이 다가오지 못하도록 막아야 했다. 그리핀들이 번영시켰던 종족들 중에서 아리마스포이 사람들은 스키티아의 외눈박이 종족이었다.

제17장 황금 양피, 메데이아와 이아손

황금 양피
이아손과 아르고호의 영웅들

아주 오래 전 테살리아에는 아타마스 왕과 네펠레 왕비가 살고 있었다. 그들에게는 아들과 딸이 한 명씩 있었다. 시간이 흘러 아타마스는 점점 아내에게 무관심해져 그녀를 쫓아내고 다른 여자를 얻었다. 자식들이 계모에게 구박당할 것을 염려했던 네펠레는 아이들을 계모의 손길이 미치지 않는 곳으로 보낼 궁리를 했다.

그녀를 돕던 헤르메스가 '황금 양피'를 가진 숫양 한 마리를 그녀에게 주었다. 그녀는 양이 자식들을 안전한 장소로 데려다 줄 것으로 믿고 아이들을 양의 등 위에 태웠다.

아이들을 태운 양은 하늘로 뛰어올라 동쪽으로 향했고 마침내 유럽과 아시아를 경계로 하는 해협을 건너가려 했다. 그때 그녀의 딸 헬레가 양의 등에서 바다로 떨어져 버렸고, 그때부터 이곳은 그 이름을 따서 헬레스폰토스라고 불리게 되었다. 오늘날의 다르다넬스(보스포루스) 해협이다.

양은 계속 달려가 흑해의 동쪽 기슭에 있는 콜키스 왕국에 도착해 사내아이 프릭소스를 안전하게 내려놓았다. 그 나라의 아이에테스 왕은 아이를 극진하게 맞이했다. 프릭소스는 양을 제우스에게 제물로 바치고 '황금 양피'는 왕에게 건네주었다. 왕은 이것을 신에게 바쳐진 신성한 숲속에 걸어놓고, 잠들지 않는 용에게 지키도록 했다.

테살리아에는 아타마스의 왕국 가까운 곳에 그의 친척이 다스리는 다른 왕국이 있었다. 그곳의 왕인 아이손은 나라를 다스리는 데 지쳐 왕위를 아우인 펠리아스에게 넘겨주면서 아들인 이아손이 미성년자인 동안만 다스려야 한다는 조건을 내세웠다.

성인이 된 이아손이 숙부에게 왕위를 돌려달라고 요구하자, 펠리아스는 기꺼이 내주겠다고 했지만 동시에 황금 양피를 찾아오는 영광스러운 모험을 해보지 않겠느냐고 제안했다. 양피가 콜키스 왕국에 있다는 것은 널리 알려져 있는 사실이었지만, 펠리아스는 그것이 자기 가문의 정당한 재산인 것처럼 말했다. 이아손은 숙부의 생각을 기꺼이 받아들이고 곧바로 원정을 떠날 준비를 했다.

당시에 그리스인들이 알고 있던 유일한 항해 방식은 통나무의 속을 파내 만든 카누와 보트를 이용하는 것이었다. 이아손은 아르고스에게 50명이 타고 갈 수 있는 배를 만들어 달라고 했는데, 이것은 엄청난 대규모의 작업이었다. 그러나 결국 배는 완성되었으며 만든 사람의 이름을 따 '아르고호'라고 불렀다.

이아손은 모험을 즐기는 그리스의 모든 젊은이들을 초청했고 얼마 지나지 않아 스스로가 용감한 청년들을 이끄는 지도자가 되었다. 그들 중의 많은 사람들이 훗날 그리스의 영웅과 반신반인으로 명성을 떨치게 된다. 헤라클레스, 테세우스, 오르페우스, 네스토르 등등이 그 속에 포함되어 있었다. 이들은 타고 갔던 배의 이름을 따 아르고나우테스(Argonauts 아르고 원정대)라고 불렀다.

아르고호는 영웅들을 싣고 테살리아의 해안을 떠나 렘노스 섬에 기항했다가 마시아를 거쳐 트라키아까지 항해했다. 그들은 이곳에서 현자 피네우스를 찾아가 앞으로의 항해에 대한 가르침을 받았다.

에우크세이노스 해(흑해)로 들어가는 곳은 두 개의 바위섬으로 막혀 있는 것처럼 보였다. 수면 위에 떠 있는 바위섬들은 시시때때로 흔들리며 요동을 쳤는데 그 사이에 끼게 되면 어떤 것이든 산산조각이 났다. 바위섬들은 심플레가데스, 즉 '충돌하는 섬'으로 불렸다.

피네우스는 그들에게 이 위험한 해협을 지나는 방법을 가르쳐 주었다. 섬에 가까이 다가서자 그들은 피네우스의 지시에 따라 비둘기 한 마리를 날려 보냈다. 비둘기는 바위섬 사이를 날면서 꼬리의 깃털 몇 개만 잃었을 뿐 무사히 빠져 나갔다. 이아손 일행은 섬들이 충돌 직후 반동으로 떨어지는 순간에 힘껏 노를 저었다. 비록 섬들이 그들 뒤편 가까운 곳으로 다가와 선미를 조금 부수었지만 안전하게 통과했다. 그후 바다의 동쪽 끝에 도착할 때까지 해안을 따라 계속 노를 저어 콜키스 왕국에 상륙했다.

이아손은 콜키스의 왕, 아이에테스에게 자신이 찾아온 이유를 전했다. 왕은 이아손에게 만약 불을 뿜어내는 무쇠 발의 두 마리의 황소에게 멍에를 씌워 쟁기에 붙들어 매고, 카드모스 왕이 살해한 용의 이빨을 밭에 뿌려 준다면 황금 양피를 양보하겠다고 했다.

잘 알려져 있듯이 용의 이빨을 밭에 뿌리면 그곳에서 한무리의 전사들이 뛰쳐나와 자신들을 만들어낸 사람을 향해 무기를 들고 달려든다. 이아손은 그 조건을 받아들였고, 그 일을 실행할 시간을 결정했다.

하지만 그 전에 왕의 딸인 메데이아(메디아)에게 자신이 그 일을 하게 된 이유를 설명했다. 그녀에게 결혼을 약속하고 헤카테 여신의 제단 앞에 서서 여신에게 자신들의 서약에 증인이 되어 줄 것을 부탁했다.

이아손은 자신의 말을 따르기로 약속한 능숙한 마법사, 메데이아의 도움으로 마법의 부적을 얻을 수 있었다. 부적은 불을 내뿜는 황소들과 무장한 전사들의 무기를 안전하게 대적할 수 있도록 해 주었다.

정해진 날이 되자 백성들이 아레스(전쟁의 신)의 숲으로 모여들었으며, 왕이 왕좌에 앉자 산등성이에는 수많은 사람들로 북적였다. 무쇠 발의 황소가 돌진하면서 콧구멍으로 불을 내뿜자 그들이 지나치는 길가의 풀들이 모두 타버렸다. 그 소리는 마치 용광로가 들끓는 것만 같았고, 생석회에 물을 끼얹을 때 피어오르는 듯한 연기를 내뿜었다. 이아손은 용맹하게 황소들 앞으로 다가갔다. 그리스에서 선발된 영웅들인 그의 친구들은 그를 지켜보며 몸을 떨었다.

불을 내뿜는 황소에게 다가선 이아손은 말을 건네며 그의 분노를 가라앉히듯 대담하게 손을 내밀어 목덜미를 토닥거렸다. 그리고 재빠르게 멍에를 씌우고 쟁기를 끌도록 이끌었다.

콜키스 사람들은 깜짝 놀랐으며, 그리스 사람들은 환성을 내질렀다. 곧이어 이아손은 용의 이빨을 뿌리고 쟁기질을 하여 땅속에 묻었다. 그러자 한 무리의 전사들이 튀어나왔고, 놀라운 일이 벌어졌다. 땅 위로 올라서자마자 그들은 무기를 휘두르며 이아손을 향해 돌진했다. 그리스인들은 걱정에 휩싸였고, 이아손에게 안전하게 대처할 수단을 제공하고 사용법을 가르쳐준 메데이

아마저도 두려움으로 얼굴이 점점 창백해졌다.

이아손은 잠시 칼과 방패로 공격자들을 막았지만 그들의 수가 너무나 많다는 것을 알아차리고 메데이아가 가르쳐 준 부적의 힘을 빌려 돌을 집어 들어 적들 한가운데로 내던졌다. 그러자 그들은 즉시 자신들의 무기를 서로에게 돌렸고 얼마 지나지 않아 용의 자손들 중 살아남은 자는 한 명도 없었다. 그리스인들이 영웅을 부둥켜안았고, 메데이아도 역시 용기만 있었다면 그를 포옹했을 것이다.

이제 황금 양피를 지키고 있는 용을 달래 잠들게 하는 일만 남게 되었다. 그것은 메데이아가 준 마법의 약을 용에게 몇 방울 떨어뜨리자 손쉽게 해결되었다. 약냄새를 맡은 용은 화를 누그러뜨리고 잠시 꼼짝하지 않고 서 있다가 한 번도 감은 적이 없었던 커다란 둥근 눈을 감고 눕더니 그대로 깊은 잠속으로 빠져 들었다.

황금 양피를 차지한 이아손은 친구들과 메데이아와 함께 서둘러 그들의 배가 있는 테살리아로 갔다. 아이에테스 왕이 그들의 출항을 저지하기 전에 가려면 최대한 빨리 가야 했다.

무사히 테살리아에 도착한 이아손 일행은 황금 양피를 펠리아스에게 넘겨주었고 아르고 호를 바다의 신, 포세이돈에게 바쳤다. 황금 양피가 어떻게 되었는지 알 수는 없지만, 어쩌면 다른 많은 황금의 현상금처럼 결국 그것을 손에 넣기 위해 치뤘던 노력만큼의 가치는 없다는 것으로 밝혀졌을 것이다.

메데이아와 이아손
사랑과 배신, 복수의 아이콘

황금 양피를 찾아온 것을 축하하는 자리에서 이아손은 한 가지가 빠져 있다고 생각했다. 그의 아버지인 아이손이 없다는 것이었다. 늙고 쇠약해진 아이손은 그들과 함께할 수 없었다. 이아손이 메데이아에게 말했다.

"부인, 당신의 마법으로 큰 도움을 받았는데, 한번만 더 도와주면 안 되겠소? 내 인생에서 몇 년을 떼어내 아버지의 인생에 더해주시오."

메데이아가 대답했다.

"그런 희생은 없어도 됩니다. 만약 나의 마법이 효과가 있다면 당신의 생명을 단축시키지 않아도 아버님의 생명을 연장시킬 수 있습니다."

다음 보름달이 떠오르고 만물이 잠들자 그녀는 혼자 밖으로 나왔다. 나뭇잎을 흔드는 바람 한 점 없이 사방이 고요했다. 메데이아는 제일 먼저 별을 향해 주문을 외우고, 다음에는 달과 지하세계의 여신인 헤카테를 향해 그리고 대지의 여신인 텔루스를 향해 주문을 외웠다. 대지의 여신에게는 마법에 효능이 있는 약초를 자라게 하는 힘이 있었다.

그녀는 숲과 동굴, 산과 계곡, 호수와 강, 바람과 안개의 신들에게도 호소했다. 그녀가 기도를 올리는 동안 별들은 더욱 빛났고, 얼마 지나지 않아 날아다니는 뱀들이 끄는 마차가 내려왔다.

메데이아는 마차를 타고 하늘 높이 올라가 아주 먼 곳으로 향했다. 그곳에는 마법에 효과가 있는 식물들이 자라고 있었으며, 메데이아는 자신에게 필요한 것을 고르는 방법을 알고 있었다. 아흐레 밤을 약초를 찾아다니는 동안 궁전에도 들어가지 않고 사람이 사는 곳도 가지 않았으며 인간과의 모든 접촉도 피했다.

그후 그녀는 헤카테와 청춘의 여신인 헤베에게 바치는 제단 두 개를 만들고 검은 양 한 마리를 제물로 바치면서 우유와 포도주로 만든 신주(神酒)를 쏟아 부었다. 그녀는 하데스와 그가 납치한 신부(페르세포네–두 사람은 지하세계의 신이다)에게 노인의 목숨을 서둘러 빼앗아 가지는 말아달라고 간청했다.

그런 다음 아이손을 데려오게 하고 주문을 외워 그를 깊은 잠에 빠져들게 했다. 그리고 마치 죽은 사람처럼 약초로 만든 침대 위에 눕혔다. 이아손을 비롯한 그 어느 누구도 그곳에 오지 못하도록 막아 아무도 불경스러운 눈으로 자신의 신비한 의식을 보지 못하도록 했다.

그런 다음 머리를 풀어헤친 메데이아는 제단 주위를 세 번 돌고, 불타고 있는 나뭇가지를 피에 적셔 제단 위에 놓고 태웠다. 그러는 동안 커다란 솥이 준비되었다.

솥 안에 마법의 약초와 쓰디쓴 즙을 만드는 씨앗과 꽃, 동쪽의 먼 나라에서 가지고 온 돌, 이 세상을 둘러싸고 있는 대양의 해안에서 긁어온 모래를 집어넣었다. 그리고 달밤에 모아놓은 하얀 서리, 날카로운 소리를 내는 올빼미의 머리와 날개 그리고 늑대의 내장도 넣었다. 거북의 등껍질 조각과 수사슴의 간(아주 오래 사는 동물들) 그리고 인간보다 아홉 세대나 더 오래 사는 까마귀의 머리와 부리도 첨가했다.

자신이 의도한 작업을 위해 이러한 것들과 이름도 알 수 없는 많은 것들을 함께 넣고 끓이면서 마른 올리브 나뭇가지로 뒤섞었다. 그러자 놀랍게도, 그 가지를 꺼냈을 때 즉시 녹색으로 변했으며, 곧 이어 잎사귀로 뒤덮이고 싱싱한 올리브 열매가 가득 달렸다. 가마솥의 액체는 부글부글 끓다가 가끔은 넘치기도 했는데 그 물방울이 떨어진 곳의 풀들은 봄날의 초록빛으로 변했다.

모든 준비가 끝나자 메데이아는 노인의 목을 베고 모든 피가 빠져나오도록 했다. 입과 상처를 낸 곳으로는 커다란 솥에서 끓인 즙을 부어 넣었다. 그 즙이 완전히 흡수되자마자 노인의 백발과 하얀 수염이 청년처럼 검은색이 되었다. 창백했던 얼굴과 야원 모습은 사라지고 혈관에는 피가 가득 찼고 온몸에는 활력과 강인함이 넘쳤다. 아이손은 자신의 모습에 깜짝 놀라며 40년 전의 청년 시절과 지금의 모습이 똑같다고 생각했다.

메데이아가 여기에서는 좋은 목적을 위해 마법을 사용했지만 다른 경우에는 그렇지 않아서 복수의 수단으로 사용하기도 했다. 독자들도 기억하겠지만, 이아손의 왕위를 빼앗았던 숙부인 펠리아스는 그를 왕국에서 쫓아냈었다. 하지만 그에게도 좋은 성품이 있었는지 그의 딸들은 그를 사랑했다. 그 딸들은 메데이아가 아이손을 위해 한 일을 보고서 자신들의 아버지에게도 똑같이 해달라고 부탁했다.

메데이아는 허락하는 척하며, 예전처럼 커다란 솥을 준비하고 늙은 양 한 마리를 끓는 가마솥에 넣었다. 잠시 후 양의 울음소리가 울려 솥뚜껑을 열자 어린 양 한 마리가 튀어나와 목장으로 달아났다.

그 실험을 지켜본 펠리아스의 딸들은 뛸 듯이 기뻐하며 아버지를 위해 똑같은 실험을 실행할 시간을 정했다. 하지만 메데이아는 전혀 다른 방식으로 큰 솥을 준비했다. 단지 물과 단순한 약초를 조금 넣었을 뿐이었다.

밤이 되자 메데이아는 자매들과 함께 늙은 왕의 침실로 들어갔다. 왕과 그의 시종들은 그녀의 마법으로 깊은 잠에 빠져 있었다.

딸들은 무기를 들고 침대 곁으로 다가갔지만 머뭇거리며 아버지를 벨 수는 없었다. 마침내 메데이아가 우유부단한 그녀들을 꾸짖자 그제서야 얼굴을 돌리고 검으로 아버지를 닥치는 대로 찔렀다. 잠에서 깬 왕은 깜짝 놀라 외쳤다.

"내 딸들아, 지금 무슨 짓을 하고 있느냐? 너희들의 애비를 죽이려고 하느냐?"

딸들은 용기를 잃고 손에서 무기를 떨어뜨렸지만, 메데이아가 왕에게 치명적인 일격을 가했다. 왕은 더 이상 아무 말도 하지 못했다. 그후 그들은 커다란 솥에 왕을 넣었다.

메데이아는 뱀이 끄는 마차를 타고 자신의 음모가 발각되기 전에 황급히 그곳을 떠났다. 그렇지 않았다면 그녀들로부터 엄청난 복수를 당해야 했을 것이다.

다행히 그녀는 도망쳐 나올 수 있었지만 이아손을 위해 벌인 악행으로 그녀가 받은 보답은 아무 것도 없었다. 그토록 많은 일들을 해주었던 이아손이 코린토스의 왕녀인 크레우사와 결혼하기 위해 메데이아를 버렸기 때문이었다.

이아손의 배은망덕에 분노한 메데이아는 신들에게 복수를 하게 해달라고 기도했다. 독을 바른 옷을 신부에게 선물로 보내고, 자신의 자식들도 죽이고 궁전에 불을 질렀다. 그리고 곧바로 뱀이 끄는 마차를 타고 아테네로 도망쳐 그곳에서 아이게우스 왕과 결혼했다. 그가 바로 테세우스의 아버지이다. 우리는 앞으로 테세우스의 영웅적인 모험을 이야기할 때 다시 메데이아를 만나게 된다.

제18장 멜레아그로스, 아탈란테

멜레아그로스
운명의 여신들이 내린 비극적인 예언

아르고호의 원정에 참가했던 영웅들 중에 멜레아그로스가 있었다. 그는 칼리돈의 왕 오이네우스와 그의 아내 알타이아의 사이에서 태어난 아들이었다. 알타이아의 아들이 태어났을 때 세 명의 모이라(운명의 여신)가 나타났다. 운명의 실을 짜는 여신들은 지금 난로에서 타고 있는 장작이 다 타게 되면 아이가 죽을 것이라고 예언했다. 알타이아는 급히 장작을 꺼내 불을 끄고 오랫동안 집에 보관해 두었고, 그동안 멜레아그로스는 소년이 되고, 청년이 되고, 성인이 되었다.

그때 오이네우스 왕은 신들에게 제물을 바치면서 우연하게도 아르테미스 여신에게는 마땅한 의례를 갖추지 않았다. 자신을 무시한다고 생각한 여신은 격노하여 어마어마하게 큰 산돼지 한 마리를 보내 칼리돈의 들판을 황폐하게 만들어 버렸다. 산돼지의 눈은 핏빛으로 반짝였으며, 털은 날카로운 창처럼 곤두서 있고 어금니는 인도의 코끼리와 비슷했다.

잘 자란 곡식들이 짓밟히고, 포도와 올리브나무도 모두 쓰러졌고 양과 소들은 이 잔인한 도살자에 의해 엄청난 혼란 속에 빠져들었다. 그 어떤 방법으로도 산돼지를 막을 수가 없자 멜레아그로스는 이 탐욕스러운 괴물을 사냥하기 위해 그리스의 영웅들을 초청했다.

테세우스와 그의 친구인 페이리토오스, 이아손, 훗날 아킬레우스의 아버지가 되는 펠레우스, 아이아스의 아버지인 텔라몬, 훗날 나이가 들어 아킬레우스와 아이아스와 함께 트로이 전쟁에 참가하게 되는 젊은 네스토르를 비롯한 많은 영웅들이 산돼지 사냥에 참가하게 되었다.

또한 아르카디아의 왕인 이아소스의 딸 아탈란테도 그들과 함께했다. 반짝이는 금장식 벨트로 단단히 여민 옷차림을 한 그녀는 왼쪽 어깨에는 상아로 만든 화살통을 메고, 왼손에는 활을 들고 있었다. 그녀의 얼굴은 여성스러운 아름다움과 용감한 청년의 매력이 뒤섞여 있었다. 그녀를 본 멜레아그로스는 사랑에 빠져버렸다.

마침내 괴물이 사는 동굴 근처에 도착한 그들은 나무와 나무 사이에 튼튼한 그물을 친 다음 묶어두었던 개들을 풀었다. 개들은 풀 속에 있는 짐승의 발자국을 찾기 시작했다. 숲으로부터 늪지로 향하는 내리막길이 있었다. 그곳 갈대 속에 숨어 있던 산돼지가 추적자들이 외치는 소리를 듣고 개들을 향해 달려들었다. 한두 마리의 개가 튕겨져 나가며 죽었다. 이아손은 아르테미스 여신에게 승리를 기원하며 들고 있던 창을 던졌다. 창이 날아가 명중은 되었지만 산돼지를 보냈던 여신은 창이 날아가는 동안 뾰족한 강철 끝을 제거해 부상은 당하지 않도록 했다.

산돼지의 공격을 받게 된 네스토르는 나무 위로 올라가 몸을 피했다. 텔라몬은 달려 나가다 나무뿌리에 걸려 거꾸로 처박혔다. 마침내 아탈란테가 쏜 화살이 처음으로 괴물이 피를 흘리게 만들었지만 가벼운 상처만 냈을 뿐이었다. 그러나 이것을 본 멜레아그로스는 기쁨에 찬 환성을 내질렀다. 여인에게 보내는 찬사가 부러웠던 안카이오스는 자신의 용맹을 과시하기 위해 괴물과 괴물을 보낸 여신에게 도전하며 앞으로 달려들었지만 성난 산돼지는 그에게 치명적인 상처를 입히고 쓰러뜨렸다.

테세우스도 창을 던졌지만 튀어나온 나뭇가지에 걸려 빗나갔다. 이아손이 던진 창도 목표물을 맞히지는 못하고 오히려 사냥개 한 마리를 죽였을 뿐이었다. 그러나 멜레아그로스가 한 번의 실패를 겪은 끝에 창으로 괴물의 옆구리를 찌른 다음 달려들어 거듭 내리치고 마침내 죽여 버렸다.

그러자 환호성이 터져 나왔고 승리자인 멜레아그로스를 축하하며 모두 다 그의 손을 잡으려 몰려들었다. 죽은 산돼지의 머리를 밟고 선 그는 아탈란테를 돌아보며 승리의 전리품인 산돼지의 머리와 투박한 가죽을 그녀에게 선사했다.

하지만 그것을 본 다른 영웅들의 질투심을 불러일으키게 되어 그들 사이에 다툼이 생겼다. 멜레아그로스의 어머니의 형제들인 플렉시포스와 톡세우스가 특히 그 선물에 반대하며 그녀가 받은 전리품을 빼앗아갔다. 자신을 무시하는 그들의 잘못된 행동에 화가 난 멜레아그로스는 사랑하는 아탈란테를 모욕한 것은 더욱 더 참을 수가 없었다. 그는 그들이 친척이라는 사실도 잊어 버리고 자신의 칼로 무례한 그들의 심장을 찔러버렸다.

알타이아가 아들의 승리에 감사하며 예물을 바치려고 신전으로 왔을 때, 자기 형제들의 죽음을 보게 되었다. 그녀는 슬프게 울부짖으며 가슴을 치면서 축하의 예복을 급히 상복으로 갈아입어야 했다. 그러나 형제들을 살해한 사람이 자신의 아들이라는 사실을 알게 되자 슬픔보다 아들에 대한 강렬한 복수심이 불타올랐다.

그녀는 한때 불을 끄고 보관해 두었던 운명의 나무, 즉 운명의 여신들이 멜레아그로스의 운명과 연결시켰던 타다 남은 나무를 들고 나와 불을 피울 것을 명령했다. 그녀는 네 번이나 타다 남은 나무를 불 위에 올려놓으려 했지만 아들을 잃게 된다는 생각에 몸서리치며 네 번 다 물러나고 말았다.

그녀는 모성애와 형제애 사이에서 갈등했다. 자신이 실행하려는 일을 생각하면 얼굴이 창백해졌고, 아들이 벌인 짓을 생각하면 화가 치밀어 얼굴이 붉어졌다. 바람에 이리저리 밀리며 조류에 따라 방향을 바꾸며 떠다니는 배처럼, 알타이아는 불안정하게 애를 태우고 있었다. 하지만 결국 형제애가 모성애를 압도했고 그녀는 운명의 나무를 힘껏 쥐며 말했다.

"벌을 내리는 복수의 여신들이여, 고개를 돌려 제가 가지고 온 제물을 보세요! 죄는 죄로써 속죄되어야 합니다. 테스티우스의 가문이 끊어졌는데 과연 남편인 오이네우스가 아들의 승리를 기뻐할수 있을까요? 하지만, 슬프게도 내가 지금 어떤 일을 하려는 것일까요?

형제들이여, 어머니의 나약함을 용서해 주시오! 나의 손이 말을 듣지 않는구려. 저 아이는 죽어 마땅하지만 나는 그렇게 하지 못하겠소. 하지만 형제들이 원수도 갚지 못한 채 저승에서 헤매는데 저 아이는 살아서 승리를 누리며 칼리돈을 다스려도 괜찮은 것일까? 그럴 수는 없지. 너는 나의 은혜로 살아왔지만, 이제는 너 자신의 죄로 죽어야 한다. 태어날 때 그리고 불에 타고 있는 나무를 꺼냈을 때 나는 너에게 두 번이나 생명을 주었지만 이제는 돌려다오. 아아, 너는 그때 죽었어야 해! 불행한 일이지만, 형제들이여 그대들이 승리할 것이오."

그녀는 고개를 돌려 외면하면서, 운명의 나무를 불길 위로 던져 버렸다.

나무는 끔찍한 신음소리를 냈다. 멜레아그로스는 아무런 이유도 없이 갑작스러운 고통을 느꼈다. 그의 몸은 불타기 시작했으며, 오직 용맹한 자부심으로 자신을 파멸시키려는 고통을 이겨내려 했다. 그는 단지 피도 흘리지 않는 명예롭지 못한 죽음을 안타까워할 뿐이었다. 마지막 숨을 거두며 그는 늙은 아버지와 형, 자매, 사랑하는 아탈란테 그리고 자기 운명의 알 수 없는 원인이 된 어머니를 불렀다.

불꽃이 점점 커지자 영웅의 고통도 더욱 심해졌다. 이제 불꽃과 고통이 모두 잦아들고 마침내는 소멸되었다. 타나 남은 나무는 재가 되고 멜레아그로스의 생명은 종잡을 수 없는 바람에 실려가 버렸다.

모든 일이 끝나자 알타이아는 스스로 목숨을 끊었다. 멜레아그로스의 누이들은 걷잡을 수 없는 슬픔에 빠져 오빠를 애도했다. 아르테미스 여신은 한때 자신의 화를 불러일으켜 깊은 슬픔에 빠지게 된 가문을 불쌍히 여겨 그들을 모두 새로 변신시켰다.

아탈란테
히포메네스의 황금 사과를 줍는 아탈란테

이토록 엄청난 불행의 원인은 얼굴이 여자이기에는 남자답고 남자이기에는 너무나 여자다운 한 처녀였다. 그녀의 운명에 대한 예언은 이런 것이었다.

'아탈란테야, 너는 결혼해서는 안 된다. 결혼은 너를 파멸시킬 것이다.'

이러한 신탁에 놀란 아탈란테는 남자들을 멀리하고 오로지 사냥에만 열중했다. 수많은 구혼자들에게 그녀는 한 가지 조건을 제시했으며, 그것은 그들의 성가신 요구를 물리치는 데 효과가 있었다.

'나와 경주를 해서 이기는 사람에게 상으로 나를 주겠지만 지는 사람은 모두 벌을 받고 죽게 될 것이오.'

이처럼 혹독한 조건에도 불구하고 나서는 사람들이 있었다. 그 경주의 심판자가 된 히포메네스가 말했다.

"아내를 얻기 위해 이런 위험을 감수할 분별없는 사람이 과연 있을까?"

하지만 경주를 하기 위해 겉옷을 벗은 그녀를 보고는 생각이 달라졌다.

"젊은이들이여, 나를 용서하게. 그대들이 쟁취하려는 목표를 전혀 알지 못하고 있었다네."

경쟁자들을 살펴보며 그는 모두가 져버리기를 원했으며 조금이라도 승리할 가능성이 있어 보이는 사람은 질투했다. 그가 이런 생각을 하고 있는 동안 처녀가 앞으로 달려 나갔다.

그녀가 달리는 모습은 그 어느 때보다 아름다웠다. 살랑거리는 미풍이 그녀의 두 발에 날개를 달아 놓은 것만 같았고, 머리카락은 어깨 위로 흘러내리고 화사한 그녀의 옷자락이 나부꼈다. 불그레하게 물든 하얀 피부는 마치 대리석 벽에 진홍색 커튼을 쳐놓은 것 같았다. 뒤떨어진 경쟁자들은 모두 가차 없이 사형을 당했다. 히포메네스는 그런 결과에 전혀 주춤거리지 않고 처녀를 뚫어져라 바라보며 말했다.

"이런 느림보들을 이겼다고 뽐내고 있는 것이오? 나와 겨루어 봅시다."

아탈란테는 측은하게 그를 바라보며 이겨야 할지, 져야 할지 도저히 알 수가 없었다.

'대체 어떤 신이 이처럼 젊고 멋진 청년을 스스로 목숨을 버리도록 만들었을까! 그의 멋진 모습이 아니라(그런데 정말 멋있다) 그의 젊음이 측은할 뿐이다. 제발 그가 경주를 포기한다면 좋겠지만, 기어이 경주를 하겠다면, 나를 이겨주면 좋겠다.'

이런 생각을 하면서 그녀가 머뭇거리는 동안 구경꾼들은 점점 떠들썩해졌고, 그녀의 아버지도 준비를 재촉했다.

히포메네스는 아프로디테에게 기도를 올렸다.

'아프로디테 여신이여, 도와주세요. 나를 이렇게 만든 것은 당신이잖아요.'

아프로디테는 그의 기도를 듣고 호의를 품게 되었다. 자신의 섬인 키프로스에 있는 신전의 정원에는 노란 나뭇잎과 노란 가지에 황금빛 열매가 열리는 나무가 있었다. 아프로디테는 황금 사과 세 개를 따 아무도 모르게 히포메네스에게 건네며 사용법을 가르쳐 주었다.

신호가 울리자 두 사람은 모래를 박차고 나가 달리기 시작했다. 얼마나 가볍게 달려 나가는지, 마치 강물의 수면과 일렁이는 곡식 위를 가라앉지도 않으면서 달리는 것처럼 보였다. 구경꾼들은 큰 소리로 히포메네스를 응원했다.

"힘껏 달려! 어서, 어서, 앞서 나가! 늦추지 말고, 조금만 더 힘을 내!"

그들이 외치는 소리가 두 사람 모두에게 커다란 응원이 되었는지 알 수는 없었다. 하지만 히포메네스의 숨이 턱끝까지 차오르고 목은 바짝 말랐지만 결승점은 아직도 멀기만 했다. 그 순간 그는 황금 사과 한 개를 던졌다. 화들짝 놀란 아탈란테가 사과를 줍기 위해 발을 멈추었고 히포메네스는 그녀를 앞질렀다. 사방에서 함성이 터져 나왔다. 하지만 아탈란테는 또 다시 힘껏 달렸고 곧 그를 추월했다. 그가 다시 사과 한 개를 던졌을 때, 그녀는 다시 멈추었지만 이내 다시 따라잡았다. 결승점이 가까워졌고 기회는 한번뿐이 남아 있지 않았다.

그는 '여신이여, 이제 당신의 선물로 성공하도록 도와 주세요!' 라고 말하며 마지막 사과를 길 옆으로 던졌다. 그녀는 사과를 바라보며 주저했지만, 아프로디테는 그녀가 사과를 줍기 위해 몸을 돌리도록 만들었다. 그녀가 멈춰 서서 사과를 주우면서 경주에는 지고 말았으며, 젊은이는 상을 차지했다.

하지만 행복을 만끽하던 두 연인은 아프로디테에게 올려야 하는 예식을 깜빡 했고, 여신은 그들의 배은망덕에 화가 났다. 여신은 그 두 사람이 '레아(키벨레)'를 성나게 하도록 만들었다. 그 막강한 여신은 무례한 짓을 절대 용서하는 법이 없었다.

레아는 그들로부터 인간의 모습을 빼앗아버리고 그들의 성격과 비슷한 동물로 변신시켰다. 사냥에 뛰어난 아내는 구혼자들의 피를 보며 의기양양했으므로 암사자로 변신시키고 그녀의 남편은 수사자로 만들어 둘이 함께 자신의 수레를 끌도록 했다.

레아 여신을 묘사한 조각이나 그림에서는 지금도 두 마리의 사자를 볼 수 있다.

'키벨레'는 그리스인들이 레아 혹은 옵스라고 부르는 여신의 라틴어 이름이다. 그녀는 크로노스의 아내이며 제우스의 어머니였다. 미술 작품에서는 헤라나 케레스와는 달리 나이 지긋한 고상한 풍모를 지닌 여신으로 묘사된다. 베일을 쓰고 두 마리의 사자를 거느리고 왕좌에 앉아 있을 때도 있고, 사자가 끄는 전차를 타고 있을 때도 있다. 그녀가 쓰고 있는 벽처럼 생긴 왕관의 테두리에는 탑과 난간의 모습이 조각되어 있다. 그녀의 제사장들은 코리반테스라고 불린다.

제19장 헤라클레스, 헤베와 가니메데스

헤라클레스
12가지 과업으로 용맹함을 증명한 최고의 영웅

헤라클레스는 제우스와 알크메네의 아들이었다. 헤라는 남편인 제우스와 인간 사이에서 태어난 자식에 대해 언제나 적개심을 품고 있었으므로 헤라클레스가 태어나자 선전포고를 했다. 그녀는 독사 두 마리를 보내 요람에 있는 그를 죽이려 했지만 조숙한 헤라클레스는 두 손으로 그 뱀들의 목을 졸라 죽였다.

하지만 헤라의 술책에 의해 그는 에우리스테우스의 부하가 되었고 그의 명령을 모두 수행하지 않을 수 없게 되었다. 에우리스테우스는 '헤라클레스의 12가지 과업'이라 불리는 성공할 가능성이 없는 모험들을 연속적으로 명령했다.

첫 번째 과업은 네메아의 사자와 결투하는 것이었다. 네메아의 계곡에는 무시무시한 사자 한 마리가 출몰하고 있었다. 에우리스테우스는 그 사자의 가죽을 벗겨 오라고 명령했다. 헤라클레스는 곤봉과 활로 사자와 맞붙었으나 아무런 소용이 없자 손으로 목을 졸라 죽였다.

그가 죽은 사자를 어깨에 둘러매고 돌아오자, 영웅의 엄청난 완력에 깜짝 놀란 에우리스테우스는 다음부터는 완수한 과업을 성 밖에서 보고하라고 명령했다.

헤라클레스의 두 번째 과업은 히드라를 도살하는 것이었다. 아르고스 지방을 약탈하는 이 괴물은 아미모네의 샘 근처에 있는 늪에서 살고 있었다. 이 샘은 나라가 가뭄으로 고통을 겪고 있을 때 아미모네가 발견한 것이었다. 그녀를 사랑했던 포세이돈은 그녀가 자신의 삼지창으로 바위를 찌르는 것을 허락했고 그때 세 개의 샘물이 솟아나왔다는 이야기가 전해지고 있다.

헤라클레스는 이곳을 차지하고 있던 히드라를 처치해야 했다. 히드라의 머리는 아홉 개였으며, 그 중 한 가운데 있는 머리는 불사의 성질을 갖고 있는 것이었다.

헤라클레스는 곤봉으로 뱀의 머리를 하나씩 쳐냈지만 그때마다 머리가 떨어진 곳에서 새로운 머리가 두 개씩 자라났다. 결국 그는 충실한 시종인 이올라오스의 도움으로 히드라의 머리들을 불태웠고 아홉 번째 불사의 머리는 커다란 바위 밑에 파묻었다.

다른 과업은 아우게이아스의 마구간을 청소하는 것이었다. 엘리스의 왕, 아우게이아스는 3천 마리의 소가 있었지만 30년 동안 마구간을 청소하지 않았다. 헤라클레스는 알페이오스와 페네이오스의 강물을 마구간으로 끌어와 하루 만에 완전하게 청소했다.

다음 과업은 한층 더 까다로운 것이었다. 에우리스테우스의 딸, 아드메테가 아마존 여왕의 허리띠를 갖고 싶어 안달이 나 있어 헤라클라스에게 그곳에 가서 허리띠를 가져오라고 명령했던 것이다. 아마존은 여자들만으로 이루어진 종족이었다. 대단히 호전적인 그들에게는 번영한 도시들이 있었다. 여자아이만 기르는 것이 그들의 관습이어서, 사내아이들은 이웃 나라에 보내거나 죽였다. 헤라클레스는 몇 명의 지원병들을 이끌고 여러 가지 모험을 겪고 나서 마침내 아마존족의 나라에 도착했다.

히폴리테 여왕은 그들을 상냥하게 맞이하면서 자신의 허리띠를 주겠다고 했지만, 아마존의 여인으로 변신한 헤라가 외국인이 여왕을 납치해 가고 있다는 소문을 퍼뜨리고 다녔다. 즉시 무장을 한 수많은 주민들이 헤라클레스의 배로 몰려왔다. 히폴리테가 믿을 수 없게 행동한다고 생각한 헤라클레스는 그녀를 살해하고 허리띠를 갖고 고향땅으로 돌아왔다.

헤라클레스의 또 다른 과업은 몸통이 세 개인 게리온(게리오네스)의 소를 에우리스테우스에게 갖다 주는 것이었다. 그 괴물은 에리테이아 섬에 살고 있었으며, 그 섬은 저무는 해의 광선을 받는 서쪽에 있었기 때문에 그렇게 불리게 되었다. 이러한 설명은 게리온이 왕으로 있던 스페인을 가리키는 것으로 여겨진다.

여러 나라를 가로질러 간 헤라클레스는 마침내 리비아와 에우로페(유럽)의 국경에 도착했으며, 그곳에 자신의 여행을 기념하는 칼페와 아빌라라는 두 개의 산을 세웠다. 다른 이야기에 의하면 하나의 산을 둘로 쪼개 양쪽에 놓아 지브롤터 해협을 만들었으며, 그래서 그 두 개의 산은 헤라클레스의 기둥이라고 불린다고 한다.

게리온의 소는 거인인 에우리티온과 머리가 두 개인 개가 지키고 있었다. 헤라클레스는 거인과 개를 죽이고 소를 안전하게 에우리스테우스에게 가져다주었다.

가장 어려웠던 과업은 헤스페리데스의 황금 사과를 가지고 오는 것이었는데, 헤라클레스는 그것을 어디에서 찾아야 할지 모르고 있었기 때문이었다. 황금 사과는 헤라가 대지의 여신으로부터 결혼선물로 받은 것으로, 잠을 자지 않는 용의 도움을 받아 사과를 지키라고 헤스페로스의 딸들(헤스페리데스)에게 맡겨두었던 것이었다.

다양한 모험을 겪고 난 후에 헤라클레스는 아프리카의 아틀라스 산에 도착했다. 아틀라스는 신들에게 맞서 전쟁을 벌였던 티탄족 중의 한 명으로, 그 전쟁에서 패배한 후에 신들로부터 양어깨에 무거운 하늘을 짊어지고 있어야 하는 벌을 받게 되었다.

그는 헤스페리데스의 삼촌(또 다른 이야기에는 '아버지'라고도 한다.) 이었으므로 헤라클레스는 황금 사과를 찾아 자신에게 가져올 수 있는 사람은 아틀라스 외에는 없다고 생각했다. 하지만 어떻게 아틀라스를 그의 위치에서 벗어나게 할 것이며, 그가 없는 동안 어떻게 하늘을 떠받치고 있어야 할까? 헤라클레스는 자신의 어깨로 하늘을 떠받치면서 아틀라스에게 사과를 찾아오도록 요청했다. 그가 사과를 갖고 돌아왔으며, 약간은 내키지 않아 했지만, 다시 어깨 위에 하늘을 올려놓으면서 헤라클레스에게 사과를 가지고 에우리스테우스에게 돌아가도록 했다.

존 밀턴(17세기 영국의 시인. 《실락원》의 저자)은 자신의 가면극 〈코머스(Comus)〉에서 헤스페로스의 딸이며 아틀라스의 조카인 헤스페리데스에 대해, "헤스페로스와 그의 세 딸은 정원의 보물들 중에서도 특히 황금 사과를 찬미했다."고 묘사했다.

서쪽 하늘의 아름다운 모습에 이끌린 시인들은 서쪽을 밝고 영광스러운 지역이라고 생각했다. 그러므로 그들은 축복받은 사람들의 섬, 게리온의 멋진 소가 방목되고 있는 붉은 섬, 에리테이아 그리고 헤리페리데스의 섬을 서쪽에 등장시켰다. 황금 사과에 대한 모호한 이야기를 전해 들었던 그리스인들 중에는 그것이 스페인의 오렌지일 것이라고 추측하는 사람들도 있었다.

다음으로 헤라클레스의 유명한 공훈은 안타이오스에게 승리를 거둔 것이었다. 대지의 여신, 가이아(테라, 또는 텔루스)의 아들, 안타이오스는 거대한 거인이며 대단한 씨름꾼으로 어머니인 대지에 발을 딛고 있는 한 아무도 그를 물리칠 수 없었다.

그는 자기 나라를 찾아오는 모든 외국인들에게 자신과 씨름 경기를 하도록 강요하면서, 지는 사람은(그들은 모두 다 졌다) 죽어야 한다는 조건을 걸었다. 그와 맞붙은 헤라클레스 그를 내던지는 것은 아무런 소용도 없다는 것을 알게 되었다. 땅에 떨어질 때마다 언제나 새로운 힘을 얻어 다시 일어났기 때문이었다. 헤라클레스는 안타이오스를 땅에서 번쩍 들어 올려 공중에서 질식시켜 죽였다.

카쿠스라는 엄청나게 큰 거인은 아벤티누스 산의 동굴에 살면서 주변의 나라들을 약탈했다. 헤라클레스가 게리온의 소들을 몰고 돌아갈 때 카쿠스는 그가 잠들어 있는 동안 몇 마리의 소를 훔쳐갔다. 소의 발자국으로 행방을 찾을 수 없도록 그는 소의 꼬리를 잡고 뒷걸음을 쳐 동굴로 끌고 가, 소가 반대 방향으로 간 것처럼 보이도록 했다.

그의 계략에 속아 넘어간 헤라클레스가 남은 소들을 몰고 돌아가던 중에 도둑맞은 소들이 숨겨져 있던 동굴 앞을 지나칠 때 소들의 울음소리를 듣지 못했다면 찾아내지 못했을 것이다. 카쿠스는 즉시 헤라클레스에게 죽음을 당했다.

이제 우리가 기록해야 할 그의 마지막 공훈은 지하세계에서 케르베로스(지하세계의 입구를 지키는 개)를 데리고 나온 것이었다. 헤라클레스는 헤르메스와 아테나의 호위를 받으며 하데스의 나라로 내려갔다.

그는 하데스로부터 케르베로스를 지상으로 데려가도 좋다는 약속은 받았지만, 무기를 사용해서는 안 된다는 조건이었다. 괴물은 마구 몸부림쳤지만 그는 괴물을 붙잡아 손에 단단히 쥐고 에우리스테우스에게 끌고 갔다가 훗날 다시 지하세계로 데려다 주었다.

헤라클레스가 지하세계에 머물렀을 때 그를 동경해서 그의 행동을 따라하던 테세우스를 자유의 몸이 되도록 해 주었다. 테세우스는 지하세계에서 페르세포네를 데리고 나가려다 실패하고 감옥에 갇혀 있었다.

광기에 빠져 있던 헤라클레스가 친구인 이피토스를 살해하여 그 벌로 3년 동안 옴팔레 여왕의 노예가 된 적이 있었다. 형을 받고 있는 동안 영웅의 본성이 변한 것처럼 보였다. 그는 나태하게 지내면서 때로는 여자 옷을 입기도 하고, 옴팔레의 시녀들과 함께 실을 짜기도 했다. 그의 사자가죽 옷은 여왕이 입고 있었다.

형기를 마친 다음 헤라클레스는 데이아네이라와 결혼하여 3년 동안 행복하게 살았다. 어느 날, 아내와 함께 여행을 하던 중 어느 강에 이르렀는데, 건너편에서 켄타우로스족인 네소스가 여행자에게 일정한 삯을 받고 강을 건네주는 일을 하고 있었다. 헤라클레스 자신은 걸어서 건너면서 네소스에게 아내를 맡기며 건네달라고 했다. 네소스가 그녀를 데리고 달아나려고 했지만 헤라클레스는 아내의 비명 소리를 듣고 네소스의 심장을 화살로 쏘아 맞혔다. 죽어가던 켄타우로스족은 데이아네이라에게 자신의 피를 조금 간직하라고 하면서, 남편의 사랑을 계속 받을 수 있는 부적으로 사용할 수 있다고 했다.

데이아네이라는 그의 말을 따랐고 얼마 되지 않아 그것을 사용하게 되었다. 모험을 하며 돌아다니던 헤라클레스가 아름다운 처녀인 이올레를 포로로 잡았는데 데이아네이라가 보기에 자신보다 그녀를 더 좋아하는 것 같았다. 헤라클레스는 자신의 승리에 감사하여 신들에게 올릴 제물을 준비했다. 그리고 아내에게 사람을 보내 의식에 입을 하얀 예복을 가져오도록 했다.

사랑의 부적을 시험해 볼 좋은 기회라고 생각한 데이아네이라는 그 옷에 네수스의 피를 묻혀 두었다. 물론 피의 흔적은 남지 않도록 지워버렸지만 마법의 효력은 그대로 남아 있었다. 헤라클레스가 그 옷을 입자 몸이 따뜻해지기 시작했으나 곧바로 독이 온몸으로 퍼지며 극심한 고통이 몰려왔다.

격노한 그는 치명적인 겉옷을 가져온 리카스를 붙잡아 바다 속으로 던져 버렸다. 그는 옷을 벗어 보려고 애를 썼지만 옷은 살에 더욱 달라붙을 뿐이었다. 결국 그는 옷과 함께 자신의 몸을 마구 뜯어내야만 했고, 그 상태로 배에 올라타 집으로 돌아오게 되었다. 생각지도 못한 결과를 확인하게 된 데이아네이라는 한탄하며 스스로 목을 매 목숨을 끊었다.

죽을 준비를 한 헤라클레스는 오이테 산에 올라 화장할 나뭇더미를 쌓고 필록테테스에게 자신의 활과 화살을 건네주었다. 그는 곤봉을 베고, 사자의 가죽으로 몸을 덮은 채 나뭇더미 위에 누웠다. 마치 향연이 벌어지는 곳에 있는 것처럼 차분한 얼굴로 필록테테스에게 불을 붙이라고 명령했다. 불길은 삽시간에 퍼졌고 곧 나뭇더미를 뒤덮었다.

신들도 지상에서 가장 뛰어난 자가 맞이하는 최후를 바라보며 고통스러워했다. 하지만 제우스는 즐거운 표정을 지으며 말했다.

"나의 왕자들이 그를 걱정하는 것을 보니 기쁘구나. 내가 이렇게 충성스러운 백성들의 통치자이며, 나의 아들이 그대들의 총애를 받고 있는 것이 아주 만족스럽구나. 비록 그대들은 그의 고귀한 업적 때문에 관심을 갖는 것이라 해도 기쁘지 않을 수가 없구나. 하지만 이제 걱정하지 말라. 이 세상의 모든 것을 정복한 그가 오이테 산의 불꽃에 정복당하지는 않을 것이다. 단지 어머니에게 받은 일부분(육신)만이 사라질 것이며, 내게서 받은 것은 영원히 사라지지 않는다. 내가 지상에서 죽은 그를 하늘로 데려올 테니 모두들 따뜻하게 맞아주기를 바란다. 그가 이런 영광을 얻게 된 것을 슬퍼하는 자가 있을 테지만, 그에게 그럴 자격이 있다는 것은 아무도 부인할 수 없을 것이다."

신들은 모두 그의 말에 동의했다. 오직 헤라만은 그의 마지막 말이 자신을 겨냥하는 것 같아 약간 불쾌했지만 남편의 결정을 못마땅해 할 정도는 아니었다. 그렇게 불꽃이 어머니로부터 받은 헤라클레스의 육신은 모두 태워버렸지만 그 대신 신성한 부분은 전혀 손상되지 않았다. 오히려 새로운 활력을 일으켜 더욱 고귀하고 더욱 장엄한 위엄을 갖춘 듯이 보였다.

제우스는 그를 구름으로 감싸고, 네 마리의 말이 끄는 마차에 태워 하늘로 올려 보내 별들과 함께 살도록 했다. 그가 하늘에 자리를 잡자 아틀라스는 더욱 무거워졌다는 것을 느꼈다. 헤라는 이제 헤라클레스와 화해하고 딸인 헤베를 그와 결혼시켰다.

헤베와 가니메데스
영원한 청춘의 종말, 결혼

헤라의 딸이며 젊음의 여신인 헤베는 신들에게 술잔을 따라 올리는 일을 하고 있었다. 널리 알려진 이야기는 그녀가 헤라클레스의 아내가 되면서 그 일을 그만두게 되었다는 것이다.

하지만 조각가인 크로포드가 현재 아테네 미술관에 있는 헤베와 가니메데스의 군상(群像)에서 활용했던 또 다른 이야기가 있다. 그 이야기에 따르면, 어느 날 신들의 시중을 들던 헤베는 실수를 저질러 쫓겨났다. 그녀의 후임자는 트로이의 소년, 가니메데스였는데, 이다 산에서 친구들과 놀고 있었던 소년은 독수리로 변신한 제우스가 납치해 하늘로 데리고 와 헤베의 빈자리를 채웠다는 것이다.

제20장 테세우스, 다이달로스, 카스토르와 폴리데우케스

테세우스
아리아드네의 실타래로 미궁을 탈출하다

테세우스는 아테네의 왕, 아이게우스와 트로이젠의 왕인 피테우스의 딸 아이트라 사이에서 태어났다. 트로이젠에서 자란 그는 성년이 되면 아테네로 아버지를 찾아 가기로 예정되어 있었다.

아이게우스는 아들이 태어나기 전에 아이트라와 헤어지면서 자신의 칼과 신발을 커다란 바위 밑에 숨겨 놓았다. 아들이 그 바위를 들어올리고 그것들을 차지할 수 있을 정도로 강해지면 자신에게 보내라고 했다. 마침내 때가 되었다고 생각한 어머니가 테세우스를 바위가 있는 곳에 데리고 가자 그는 쉽게 바위를 들어올리고 칼과 신발을 손에 넣었다.

당시 육로에는 강도들이 출몰했으므로 그의 외할아버지는 더 가깝고 안전한 바닷길을 이용해 아버지를 찾아가라고 간곡히 권유했다. 그러나 그는 젊었고 영웅심으로 가득 차 있었다. 게다가 당시 그리스에서 영웅으로 명성을 떨치던 헤라클레스처럼 나라를 괴롭히는 악인들과 괴물들을 처치하는 것으로 유명해지기를 간절히 바라던 그는 훨씬 더 위험하고 모험적인 육로를 택해 길을 떠났다.

여행 첫날, 그가 도착한 에피다우로스에는 헤파이스토스의 아들인 페리페테스가 살고 있었다. 이 잔인한 야만인은 언제나 무쇠로 만든 몽둥이를 들고 다녔으며 여행자들은 모두 그의 난폭함을 두려워했다. 테세우스가 다가오는 것을 본 그는 득달같이 공격했지만 젊은 영웅의 일격에 즉사해 버렸다. 테세우스는 그의 무쇠 몽둥이를 첫 승리의 기념품으로 삼아 그 후로 줄곧 몸에 지니고 다녔다.

그후 테세우스는 지역의 폭군과 약탈자들을 상대로 비슷한 싸움을 이어갔으며 그 때마다 모두 승리를 거두었다. 그들 중 프로크루테스 또는 '잡아당겨 늘리는 자'라고 불리는 악당이 있었다. 그에게는 쇠침대가 하나 있었는데, 지나가는 모든 여행자들을 잡아 그 침대에 눕히곤 했다. 만약 그들의 키가 침대보다 작으면 몸을 늘려 침대에 맞추었고, 침대보다 크면 튀어나온 부분을 잘라냈다. 테세우스는 그가 다른 사람들에게 했던 똑같은 방법으로 그를 처치했다.

모든 위험을 극복한 테세우스는 마침내 새로운 위험들이 기다리고 있는 아테네에 도착했다. 그곳에는 이아손과 헤어진 후 코린토스에서 사라졌던 마법사 메데이아가 테세우스의 아버지, 아이게우스의 아내가 되어 있었다.

마법으로 테세우스의 정체를 알아차린 그녀는 만약 남편이 아들로 인정한다면 남편에 대한 자신의 영향력을 잃게 될 것이 두려웠다. 그녀는 아이게우스가 테세우스를 의심하도록 만들어 독이 든 잔을 권하도록 설득했다. 하지만 테세우스가 그 잔을 받기 위해 앞으로 나섰을 때, 그가 차고 있던 칼을 보게 된 아이게우스는 그가 자신의 아들이라는 것을 알아보고 독이 든 잔을 마시지 못하도록 막았다.

계략이 간파되자 메데이아는 당연히 받게 될 벌을 피해 또 다시 도망쳐 아시아에 도착했다. 훗날 그곳은 그녀의 이름을 따라 '메디아'라고 불리게 되었다. 테세우스는 아버지의 인정을 받고 그의 후계자로 선포되었다.

당시 아테네 사람들은 크레타의 왕, 미노스에게 바쳐야만 하는 조공 때문에 큰 고통을 겪고 있었다. 황소의 몸과 인간의 머리를 한 괴물인 미노타우로스에게 일곱 명의 소년과 소녀를 해마다 조공으로 보내야 했다. 엄청나게 힘이 세고 사나운 이 괴물은 다이달로스가 만든 미궁 속에 갇혀 있었다. 아주 교묘하게 설계되어 한번 갇히게 되면 도움을 받지 않고는 아무도 빠져 나오는 길을 찾을 수가 없었다. 이곳을 맴도는 미노타우로스는 인간 희생 양들을 먹이로 사육되고 있었다.

테세우스는 이런 재난으로부터 자신의 백성들을 구해내지 못한다면 차라리 죽겠다고 결심했다. 마침내 조공을 바쳐야 할 시기가 다가왔고, 관례에 따라 제물로 바쳐질 소년과 소녀들이 추첨을 통해 선발되었다. 테세우스는 아버지의 간절한 만류에도 불구하고 스스로 그들 중의 한 명이 되겠다며 제안했다.

배는 언제나 그랬듯이 검은 돛을 달고 출발했다. 테세우스는 아버지에게 승리하고 돌아오게 된다면 흰 돛으로 바꿔 달겠다고 약속했다. 크레타에 도착한 소년과 소녀들은 미노스 왕 앞으로 나아갔다. 그곳에 나와 있던 왕의 딸, 아리아드네는 테세우스에게 반해버렸고 테세우스도 그녀의 사랑을 받아들였다. 그녀는 테세우스에게 괴물을 상대할 칼과 미궁에서 빠져나올 길을 찾을 수 있는 실 한 타래를 주었다.

그는 성공적으로 미노타우로스를 처치하고 미로에서 빠져나와 아리아드네와 자신이 구해낸 소년 소녀들과 함께 배를 타고 아테네로 향했다. 항해 도중에 그들은 낙소스 섬에서 잠시 멈추었고 테세우스는 잠이 든 아리아드네를 그곳에 남겨두고 떠나 버렸다. 그가 은인인 아리아드네에게 이런 배은망덕한 짓을 하게 된 이유는 꿈속에 나타난 아테나 여신이 그렇게 하라고 명령했기 때문이었다.

아티카 해안에 가까이 다가갈 때 테세우스는 아버지와 약속한 신호를 깜빡 잊고 흰 돛을 달지 않았다. 아들이 죽었다고 생각한 늙은 왕은 스스로 목숨을 끊었고, 테세우스는 그렇게 아테네의 왕이 되었다.

테세우스의 모험 중에서 아마존족에 맞선 그의 원정이 가장 유명하다. 그는 아마존족이 헤라클레스의 공격으로부터 채 회복되기도 전에 습격하여 여왕인 안티오페를 납치했다. 그에 대한 반격으로 아마존의 전사들이 아테네에 침입하여 도시로 쳐들어왔다. 테세우스가 그들을 물리친 최후의 전투는 아테네 시 한가운데서 벌어졌다. 이 전투는 고대의 조각가들이 즐겨 다루었던 주제이며 지금도 남아 있는 여러 작품들 속에서 기념되고 있다.

테세우스와 페이리토오스 사이의 우정은 가장 진실한 것이었지만, 그들의 우정은 전쟁을 치르는 와중에 비롯된 것이었다. 페이리토오스는 아테네 왕의 소떼를 훔쳐가기 위해 마라톤 평야를 침입했다. 테세우스는 약탈자를 쫓아내기 위해 달려 나갔고, 그의 모습을 본 페이리토오스는 탄복하며 화해의 표시로 손을 내밀며 외쳤다.

"당신의 뜻대로 하시오. 어떻게 배상하면 되겠소?"

테세우스는 '당신의 우정이면 충분하오!'라고 대답했고, 그들은 변하지 않을 우정을 맹세했다. 그들은 맹세에 부합하는 행동을 했으며 줄곧 진정한 전우애를 지켰다.

두 사람은 각자 제우스의 딸과 결혼하기를 갈망했다. 테세우스는 당시에는 어렸으며 훗날 트로이 전쟁의 원인이 된 헬레네를 선택했고 친구인 페이리토오스의 도움을 받아 그녀를 납치했다.

페이리토오스는 지하세계의 여왕(페르세포네)과 결혼하고 싶어 했다. 테세우스는 아주 위험한 일이라는 것은 알았지만, 야심찬 사랑을 꿈꾸는 그와 함께 지하세계로 내려갔다. 하지만 지하세계의 왕, 하데스는 그들을 붙잡아 궁전의 문 앞에 있는 마법의 바위 위에 가두었다. 그들은 헤라클레스가 지하세계로 내려올 때까지 그곳에 잡혀 있었으며, 헤라클레스는 테세우스는 풀어주었지만 페이리토오스는 그곳에서 운명을 다하도록 내버려 두었다.

안티오페가 죽은 후에 테세우스는 크레타의 왕, 미노스의 딸 파이드라(페드라)와 결혼했다. 파이드라는 테세우스의 아들인 히폴리토스가 아버지의 품위와 미덕을 모두 갖추고 있으며, 자신과 나이도 비슷하다는 것을 알게 되었다. 그녀는 히폴리토스를 사랑했지만 그가 자신의 유혹을 거부하자 사랑은 증오로 변했다.

그녀는 자신을 너무나 사랑하는 남편의 마음을 이용해 아들을 질투하도록 만들었고, 테세우스는 포세이돈의 복수가 아들에게 닥치기를 기원하게 되었다.

어느 날, 히폴리토스가 해안을 따라 마차를 몰고 있을 때 바다 괴물이 물 위로 떠올라 말들을 놀라게 했다. 그러자 말들이 급히 달아나면서 마차는 산산조각으로 부서졌고 히폴리토스는 죽었다. 그러나 아르테미스의 도움으로 의술의 신, 아스클레오피스가 그를 되살려냈다. 아르테미스는 그를 정신이 흐려진 아버지와 못된 계모의 힘이 미칠 수 없는 머나먼 이탈리아로 보내 에게리아 요정의 보호를 받도록 했다.

결국 백성들의 지지를 잃게 된 테세우스는 스키로스의 왕, 리코메데스의 궁전으로 물러났다. 처음에는 친절하게 대접하던 리코메데스는 나중에 그를 배반하고 죽여 버렸다. 훗날 아테네의 키몬 장군이 테세우스의 유골을 발견하여 아테네로 옮기고 테세이온이라는 신전에 안치하여 영웅을 기념했다.

테세우스는 역사와 신화의 경계에 있는 인물이다. 그는 당시 아티카 지역의 여러 부족을 하나의 도시로 통합했으며 그 수도가 아테네였다는 기록이 있다. 이처럼 중요한 사건을 기념하기 위해 그는 아테네의 수호신인 아테나를 위한 판아테나이라는 축제를 시작했다. 이 축제는 그리스의 다른 지역의 축제와 두 가지 면에서 특별한 차이가 있었다. 이것은 아테네 사람들 고유의 축제로 가장 중요한 행사는 엄숙하게 행렬을 지어 페플로스, 즉 아테나의 성의(聖衣)를 파르테논으로 가지고 가서 여신의 상 앞에 걸어

놓는 일이었다.

페플로스는 자수로 장식되어 있으며, 아테네에서 가장 훌륭한 가문에서 선발된 처녀들이 작업한 것이었다. 행렬에는 남녀노소 모두가 참가했다. 노인들은 손에 올리브나무의 가지를 들고, 젊은 남자들은 무기를 들고 행진했다. 젊은 여성들은 제전에 사용되는 그릇과 케이크를 비롯한 제사에 필요한 모든 것이 든 바구니를 머리에 이고 행진했다.

축제 행렬은 파르테논 신전의 외부를 장식하는 부조의 주제가 되었다. 이 조각들의 꽤 많은 부분이 지금의 대영 박물관에 보존되어 있으며, '엘긴 마블스'라고 알려진 것에 포함되어 있다.

다이달로스
추락하는 이카로스의 날개를 만든 장인

테세우스가 아리아드네의 실타래를 이용해 탈출했던 미궁은 가장 뛰어난 발명가인 다이달로스가 만든 것이었다. 구불구불 이어지는 수많은 미로로 구성되어 있는 그곳은 서로 연결되어 있으면서 시작도 끝도 알 수 없는 것처럼 보였다. 마치 바다로 흘러가는 마이안드로스 강이 스스로 방향을 바꾸며 앞으로 흐르다가 뒤로 흐르는 것과 비슷하다.

다이달로스는 미노스 왕을 위해 이 미궁을 만들었지만 왕의 총애를 잃게 되어 탑 속에 갇히게 되었다. 그는 그 감옥에서 도망칠 궁리를 했으나 전혀 방법이 없었다. 바다로 둘러싸여 있는 그 섬은 왕이 드나드는 배를 철저하게 감시하고 검열을 통과하지 못하면 출항을 허락하지 않았기 때문이었다.

'미노스 왕이 육지와 바다는 통제할 수 있지만 공중을 그렇게 할 수는 없을 테니, 그 방법을 찾아야겠다.'

그래서 그는 자신과 어린 아들 이카로스가 사용할 날개를 만들기 시작했다. 먼저 작은 깃털들을 합치고 점점 더 큰 것을 덧붙여 날개의 표면을 늘려나갔다. 큰 깃털들은 실로 매고, 작은 깃털들은 밀랍으로 붙였으며 전체를 새의 날개처럼 부드럽게 구부렸다. 그것을 지켜보던 이카로스는 바람에 날려 흩어진 깃털들을 모으려고 쫓아다니기도 하고, 밀랍을 손가락으로 만지작거리며 아버지의 작업을 방해하기도 했다.

마침내 작업이 끝난 후 그가 날개를 흔들자 몸이 공중으로 날아올랐고, 공중에서 균형을 잡고 머물 수 있었다. 그는 아들에게도 똑같은 방법으로 날개를 달아주고 나는 방법을 가르쳐 주었다. 마치 높은 곳에 있는 보금자리에서 어린 새끼들을 하늘로 날아가도록 이끄는 것과 같았다. 날아갈 준비를 마치자 그가 아들에게 말했다.

"이카로스야, 적당한 높이에서 날아야 한다. 너무 낮게 날면 습기가 날개에 스며들어 무거워질 것이며, 너무 높게 날면 태양의 뜨거운 열기에 날개가 녹아내릴 것이다. 내 옆에만 있으면 안전할 것이다."

그렇게 지시하면서 아들의 어깨에 날개를 달아주는 아버지의 얼굴은 눈물에 젖고 손은 떨렸다. 그는 아들에게 키스를 했지만 그것이 마지막이라는 것은 모르고 있었다. 날개를 펼치고 하늘로 날아오르며 그는 아들에게도 따라오라고 재촉했다. 그는 날아가면서 아들이 날개를 다루는 것을 보기 위해 뒤돌아보았다.

그들이 날아가자 농부들은 하던 일을 멈추고, 양치기는 지팡이에 몸을 기대고 바라보았다. 그 광경을 보고 너무 놀라 하늘을 헤치고 나는 그들을 신일 것이라고 생각했다.

그들이 왼쪽으로는 사모스와 델로스 섬이, 오른쪽으로는 레빈토스 섬을 지나갈 때 하늘을 날고 있다는 것에 너무 흥분한 소년은 아버지의 곁을 떠나 마치 하늘 끝까지 올라갈 듯 높이 솟아올랐다. 뜨거운 태양에 가까이 다가가자 깃털들을 붙여 두었던 밀랍이 녹기 시작하면서 떨어져 흩날렸다. 이카로스는 두 팔을 흔들었지만 하늘에 머물게 해주던 깃털은 하나도 남아 있지 않았다. 아버지를 찾으며 울부짖던 그의 몸은 검은 바닷물 속으로 떨어지고 말았고, 그 후로 그곳은 그의 이름을 따 이카로스 해라고 불렸다.

"이카로스야, 이카로스야 어디에 있느냐?"

아버지도 울면서 아들을 찾아다니다가 마침내 물위에 떠 있는 깃털들을 발견했다. 그는 자신의 기술을 슬퍼하며 아들의 시체를 묻고 그를 기억하기 위해 이카리아라고 불렸다. 무사히 시칠리아에 도착한 다이달로스는 그곳에 아폴론을 위한 신전을 짓고 자신의 날개는 신에게 올리는 제물로 걸어 놓았다.

다이달로스는 자신이 만들어낸 것들에 대한 자부심이 너무 강해서 이 세상에 자신과 겨룰 사람은 아무도 없다고 생각했다. 그의 누이는 아들 페르딕스를 그에게 보내 그의 솜씨를 배우도록 했다. 타고난 재능이 있던 그는 놀랄만한 발명의 재주를 보여주었다.

해안을 거닐던 그는 물고기의 척추 뼈를 주워 모은 다음, 그것을 모방하여 철판 조각의 가장자리에 톱니자국을 내 톱을 발명했다. 철판 조각 두 개의 한쪽 끝은 못으로 연결시킨 다음 다른 쪽 끝들은 뾰족하게 깎아 컴퍼스를 만들었다.

조카의 작업들을 시기한 다이달로스는 어느 날 높은 탑 위에 단둘이 있을 때 조카를 떠밀어 떨어뜨렸다. 그러나 그의 재주를 좋아했던 아테나가 추락하는 그를 새로 변신시켜 죽음을 면하게 했다. 이 새는 그의 이름을 따라 페르딕스라 불렸다. 그 후로 이 새는 둥지를 나무 위에 짓거나 높이 날지도 않고, 울타리 속에 둥지를 틀고 산다. 또한 떨어질 것이 두려워 높은 곳은 피해 날아다닌다.

카스토르와 폴리데우케스
항해의 수호신, 쌍둥이 별자리

카스토르와 폴리데우케스(풀룩스)는 레다와 백조로 모습을 숨기고 있던 제우스 사이에서 태어난 자식들이었다. 레다가 낳은 알에서 쌍둥이가 태어났던 것이다. 훗날 트로이 전쟁의 원인으로 유명해진 헬레네가 그들의 누이였다.

테세우스와 그의 친구인 페이리토스가 헬레네를 스파르타에서 납치해 가자, 젊은 영웅 카스토르와 폴리데우케스는 부하들을 거느리고 그녀를 구하기 위해 급히 아티카로 달려갔다. 테세우스는 아티카에 없었고 형제는 누이를 구출하는 데 성공했다.

카스토르는 말을 길들이고 잘 다루는 것으로, 폴리데우케스는 권투를 잘하는 것으로 유명했다. 사이가 무척 좋았던 형제는 어떤 일이든 함께 했다. 이들은 아르고호의 원정에도 참가했다. 항해 도중에 폭풍우를 만나자 오르페우스(음유 시인)가 사모트라케섬의 신들에게 기도를 올리며 리라를 연주했다. 그러자 폭풍우는 잦아들고 별들이 두 형제의 머리 위에 나타났다. 이 일로 인해 카스토르와 폴리데우케스는 훗날 뱃사람과 항해자들의 수호신으로 여겨졌으며, 대기가 일정한 상태에 있게 되면 나타나는 배의 돛과 돛대 주변의 불꽃은 그들의 이름을 따라 부른다.

아르고호의 원정 후에 카스토르와 폴리데우케스는 이다스와 린케우스와 전쟁을 벌였다. 카스토르가 살해당하자 폴리데우케스는 너무 슬퍼하며 제우스에게 카스토르 대신 자신을 죽여 달라고 탄원했다. 제우스는 두 형제가 번갈아가며 삶의 은혜를 누릴 수 있도록 허락했다. 그래서 하루는 저승에서 그 다음 하루를 천상의 거소에서 보낼 수 있었다. 또 다른 이야기에 의하면 제우스는 두 형제의 우애에 대한 보답으로 그들을 쌍둥이자리로 만들어 별자리에 올려놓았다고 한다.

그들은 디오스쿠로이(제우스의 아들들)라는 이름으로 신성한 자리에 올랐다. 훗날 격렬한 전투가 벌어지면 이따금씩 나타나서 어느 편에든 가담한다고 하며 그럴 때마다 훌륭한 백마를 타고 있다고 전해진다.

그래서 로마의 초기 역사에서는 그들이 레길루스 호수의 전투에서 로마군을 도왔으며 승리를 거둔 후에는 그들이 나타났던 자리에 그들을 기념하는 신전을 세웠다고 한다.

디오니소스

부활을 상징하는, 포도주의 신

디오니소스는 제우스와 세멜레 사이에서 태어난 아들이다. 세멜레에게 분노를 느낀 헤라는 그녀를 파멸시킬 계략을 꾸몄다. 헤라는 세멜레의 늙은 유모인 베로에로 변신하여 그녀의 애인이 진짜 제우스인지 의심하도록 유도했다. 그녀는 한숨을 내쉬며 이렇게 말했다.

"실제로 그렇다는 것으로 밝혀지길 원하지만, 걱정하지 않을 수는 없네요. 사람들이 언제나 겉으로 보이는 모습과 똑같지는 않거든요. 그가 진짜 제우스라면 증거를 좀 보여 달라고 하세요. 하늘에서 입는 것처럼 호화로운 옷을 입고 와달라고 요청하세요. 그러면 의심하지 않아도 될 겁니다."

세멜레는 그렇게 시험해 보기로 했다. 그녀는 무엇인지 밝히지도 않으면서 자신의 부탁을 들어달라고 했다. 제우스는 흔쾌히 약속하면서, 신들도 무서워하는 스틱스 강의 신을 증인으로 내세워 약속을 돌이킬 수 없다는 맹세까지 했다. 그러자 그녀는 자신의 부탁을 말했다.

제우스는 그녀의 말을 막고 싶었지만 도저히 막을 수가 없었다. 말은 입밖으로 나와 버렸고 제우스는 자신의 약속도 그녀의 부탁도 취소할 수 없게 되었다. 깊은 고민에 빠진 그는 그녀와 헤어져 하늘로 돌아갔다. 그는 화려한 옷을 입었지만 거인족을 물리칠 때처럼 완벽하게 차려 입은 것은 아니었으며, 흔히 신들 사이에서 알려져 있는 가벼운 차림이었다. 그렇게 차려 입은 그는 세멜레의 방으로 들어섰다. 휘황하게 번쩍이는 불멸의 빛을 감당할 수 없었던 그녀의 몸은 불타버려 재가 되었다.

제우스는 어린 디오니소스를 데리고 가 니사 산의 요정들에게 맡겼다. 요정들은 그가 소년이 될 때까지 잘 길렀으며 제우스는 보살핌에 대한 보답으로 그들을 히아데스 별자리에 올려 주었다.

성장한 디오니소스는 포도나무의 재배법과 소중한 포도즙의 추출 방법을 발견했지만 헤라는 그를 광기에 휩싸이게 만들어 세상의 여러 곳을 떠도는 방랑자가 되도록 했다. 프리기아에 머물 때 여신 레아는 그를 치료해 주고 자신의 종교 의례를 가르쳐 주었으며, 그는 아시아 지역을 돌아다니며 사람들에게 포도나무 재배법을 가르쳐 주었다.

그의 방랑 중에서 가장 유명한 것은 인도 원정으로, 여러 해 동안 계속되었다고 한다. 원정을 성공적으로 마치고 돌아온 디오니소스는 그리스에 자신의 예배의식을 도입하려 했지만 일부 군주들이 반대했다. 그들은 그 의식이 가져올 무질서와 광기를 이유로 도입하기를 두려워했다.

그가 고향인 테베 시로 가까이 왔을 때, 새로운 예배의식을 전혀 존중하지 않았던 펜테우스 왕은 의식이 실행되는 것을 금지했다. 하지만 디오니소스가 오고 있다는 소식이 사람들에게 전해졌다. 대부분의 여자들이 나이가 많건 적건 디오니소스를 만나기 위해 구름처럼 모여들어 그의 개선 행렬에 합류했다. 충고하고, 명령하고, 위협해도 아무런 소용이 없자 펜테우스는 시종들에게 말했다.

"가서 저 혼란스러운 군중의 방랑하는 우두머리를 잡아오너라. 내가 즉시 하늘의 혈통이라는 그의 주장이 거짓이라 자백하게 만들고 가짜 의식을 포기하도록 하겠다."

그와 가까운 친구들과 현명한 원로들이 신에게 대항하지 말 것을 충고하고 간곡히 말렸지만 아무런 소용이 없었다. 그들의 충고는 왕을 더욱 화나게 할 뿐이었다.

디오니소스를 잡아오라고 보냈던 시종들이 돌아왔다. 그들은 디오니소스의 추종자들에게 쫓겨났지만, 그들 중 한 명을 포로로

잡아 손을 뒤로 묶어 왕 앞에 데리고 왔다. 펜테우스는 분노에 찬 표정으로 그를 바라보며 말했다.

"너의 운명이 경고가 될 수 있도록 너는 즉시 처형될 것이다. 하지만 비록 처형을 늦추고 싶은 마음은 없지만, 먼저 너의 이름과 너희들이 거행하려는 새로운 의식들에 대해 말해 보아라."

포로는 아무런 두려움 없이 대답했다.

"저의 이름은 아코이테스이며 고향은 마이오니아입니다. 부모는 가난하여 땅이나 가축은 전혀 남겨주지 않았지만 낚싯대와 그물 그리고 어부라는 직업을 물려주셨습니다. 저는 한곳에 머무는 이 일이 싫증이 날 때까지 계속했지만, 수로 안내인의 기술과 별을 보고 뱃길을 안내하는 법을 배웠습니다.

델로스를 향해 가던 중에 디아 섬에 잠시 정박하게 되었습니다. 다음날 아침, 선원들은 먹을 물을 찾으러 보내고 나는 언덕에 올라 바람을 살피고 있었습니다. 그때 선원들이 우아한 외모의 소년을 데리고 왔습니다. 잠자고 있던 소년을 발견한 그들은 사례금을 받을 수 있을 것이라고 생각했습니다. 그들은 소년이 귀족일 것이며, 어쩌면 왕의 아들일 수도 있으니 많은 몸값을 받을 수 있을 것이라고 생각했습니다. 나는 소년의 옷차림과 걸음걸이와 얼굴을 자세히 살펴보았습니다.

그 모습들에는 인간을 뛰어넘는 어떤 것이 있다고 확실하게 느

껐습니다. 그래서 선원들에게 말했습니다.

'그의 모습 속에 어떤 신이 숨어 있는지는 모르겠지만 누군가 있다는 것만은 분명해. 너그러운 신이여, 함부로 대한 것을 용서해 주시고 우리가 하는 일들이 성공하도록 도와주십시오.'

돛대 오르기와 줄타기에 능한 딕티스와 키잡이 멜란토스, 선원들의 뱃노래를 이끄는 에포페우스가 한목소리로 '그런 기도는 하지 마시오.'라고 외쳤습니다. 상금에 대한 욕심에 눈이 멀었던 것이죠! 그들이 소년을 배에 태우려고 할 때 내가 막으며 말했습니다.

'그런 불경한 짓으로 이 배를 더럽힐 순 없다. 이 배에 대한 권리는 누구보다 내가 더 많이 갖고 있다.'

그러나 난폭한 리카바스가 내 목을 잡아 배 밖으로 내던지려고 했고 나는 간신히 밧줄에 매달려 있었습니다. 나머지 선원들도 그의 행동에 동조했죠. 그때 디오니소스(바로 그였습니다)가 마치 졸음을 쫓아내듯 외쳤습니다.

'나를 어떻게 하려는 것이오? 왜 싸우는 겁니까? 누가 나를 이곳으로 데리고 온 거죠? 나를 어디로 데려가려는 건가요?'

선원 한 사람이 말했습니다.

'아무 걱정하지 말고 가고 싶은 곳을 말해라. 그곳으로 데려다 줄 테니.'

디오니소스가 말했습니다.

'우리 집은 낙소스입니다. 그곳으로 데려다 주면 충분히 사례를 하겠습니다.'

그들을 그렇게 하겠다고 약속하면서 내게는 배를 낙소스로 운항하라고 했습니다. 낙소스는 오른쪽으로 가야 했고 나는 그곳으로 방향을 잡았지만, 어떤 자는 눈짓으로 다른 자는 귓속말로 신호를 보내 배를 반대 방향으로 돌리도록 했습니다. 소년을 이집트로 데리고 가 노예로 팔겠다는 것이었죠.

당황한 나는 '다른 사람이 배를 몰도록 해!'라고 말하고 더 이상 그들의 사악한 행위를 돕지 않으려고 했습니다. 그들은 모두 나를 비난했고, 그들 중 한 명은 '우리의 안전을 너에게 의지하고 있다고 우쭐대지 마.'라고 소리치며 항해를 맡았고 낙소스에서 더 멀어졌습니다.

그러자 마치 선원들의 배신을 이제야 알게 되었다는 듯이 디오니소스는 바다를 바라보며 울먹이는 목소리로 말했습니다.

'선원들이여, 여기는 나를 데려다 주겠다고 약속했던 해안이 아닙니다. 저쪽 섬은 나의 고향이 아니오. 무엇 때문에 나를 이렇게 대하는 겁니까? 불쌍한 소년을 속이는 것으로 얻을 수 있는 영광이 무엇입니까?'

그의 말을 듣고 나는 눈물을 흘렸지만 선원들은 우리 둘을 비웃으며 배의 속도를 높여 바다로 나아갔습니다. 그런데 갑자기 ─ 이상한 일이지만 사실입니다 ─ 배가 바다 한가운데서 마치 육지에 정박한 것처럼 멈추었습니다. 깜짝 놀란 선원들은 노를 붙들고 돛을 좀 더 펼치며 배를 움직이려고 했지만 아무런 소용이 없었습니다. 덩굴이 노를 휘감아 움직이는 것을 방해하고 무거운 포도송이들이 돛에 뒤엉켰습니다. 포도송이가 달린 덩굴이 돛대를 타고 오르더니 뱃전을 뒤덮었습니다.

피리 소리가 들리고 향긋한 포도주의 향기가 사방으로 퍼졌습니다. 디오니소스는 포도 잎으로 만든 화관을 쓰고 손에는 덩굴로 장식된 창을 들고 있었습니다. 그의 발밑에 호랑이들이 웅크리고 있었고, 살쾡이와 반점이 박힌 표범들의 형상이 그의 주변을 어슬렁거렸습니다.

공포와 광기에 사로잡힌 선원들이 물속으로 뛰어들었습니다. 그 뒤를 따라 들어가려던 선원들은 물속에 있는 동료들의 몸이 납작해지면서 구부러진 꼬리가 달린 모습으로 변해가는 것을 보았습니다.

'이런 불가사의한 일이 있다니!'

이렇게 외치던 한 사람의 입은 넓어지고 콧구멍은 커지면서 온몸이 비늘로 덮였습니다. 노를 저으려던 또 다른 선원은 두 손이 오그라든다는 것을 느꼈고 이내 그의 두 손은 지느러미로 변했습니다. 팔을 들어 밧줄을 잡으려던 또 다른 선원은 자신에게 팔이 없다는 것을 알고 불구가 된 몸을 구부려 바다 속으로 뛰어 들었습니다. 다리였던 것이 초승달 모양을 한 두 개의 꼬리로 변했던 것입니다.

선원들은 모두 돌고래가 되어 배 주변을 헤엄치며, 물 위로 오르기도 하고 가라앉기도 하면서 바닷물을 사방으로 튀어 올리고 널찍한 콧구멍으로 물을 뿜어냈습니다. 열두 명 중에서 나만 남게 되었습니다. 두려움에 벌벌 떨자 디오니소스가 나를 격려했습니다.

'두려워하지 말고, 배를 낙소스로 돌려라.'

그의 말을 따라 낙소스에 도착하자 나는 제단에 불을 밝히고 신성한 디오니소스 의식을 거행했습니다."

이때 펜테우스가 소리를 버럭 질렀다.

"허황된 이야기를 듣느라 시간만 낭비했다. 저놈을 끌고 나가 지체없이 처형해라."

아코이테스는 시종들에게 끌려가 감옥에 갇혔지만, 그들이 처형도구들을 준비하는 동안 감옥 문이 저절로 열리고 팔다리를 묶어 놓았던 쇠사슬도 풀렸다. 시종들이 그를 찾아 나섰지만 어느 곳에서도 찾을 수 없었다.

펜테우스는 전혀 경계하지 않았으며 다른 시종들을 보내는 대신 직접 의례를 지켜보기로 했다. 키타이론 산은 숭배자들로 붐볐으며 디오니소스 예찬자들의 외침이 사방으로 울려 퍼졌다. 마치 나팔소리가 군마를 흥분시키듯 그 시끄러운 소리는 펜테우스를 더욱 분노하게 했다. 그가 숲을 가로질러 주신제(酒神祭)의 주된 무대가 보이는 널찍한 광장으로 다가가자 여인들이 그를 알아보았다. 그들 중 첫번째 여인은 디오니소스에게 눈이 먼 펜테우스의 어머니, 아가우에(아가베)였다. 그녀가 소리쳤다.

"저기 산돼지가 있다. 숲을 헤매고 다니는 거대한 괴물이다! 모두 이곳으로 모여라! 내가 제일 먼저 저 산돼지를 두들겨 팰 것이다."

사람들이 모두 그에게 달려들었다. 그는 이제 거만하게 말하지도 않고 변명을 하면서, 자신의 죄를 고백하고 용서를 구했지만 그들은 그를 짓밟으며 상처를 입혔다. 이모들에게 자신의 어머니로부터 구해 달라고 외쳤지만 아무런 소용이 없었다. 이모인 아우토노에와 이노가 그의 양팔을 잡았고 그가 그 사이에서 몸이 잘려나가는 동안 그의 어머니가 이렇게 외쳤다.

"이겼다, 이겼어! 우리가 해냈어. 모든 영광은 우리의 것이다!"

디오니소스의 숭배는 이렇게 그리스에 정착되었다.

아리아드네
버림받은 여인의 구원자, 디오니소스

우리는 테세우스의 이야기에서 미노스 왕의 딸, 아리아드네가 미궁을 빠져나오도록 그를 도와준 후에 낙소스 섬까지는 함께 왔지만 배은망덕한 테세우스가 잠든 그녀를 남겨 두고 고향으로 떠나버렸다는 것을 알고 있다. 잠에서 깨어난 아리아드네는 버림받았다는 것을 알고 슬픔에 빠졌다. 그러나 그녀를 가련하게 여긴 아프로디테는 그녀가 잃어버린 죽을 운명의 연인 대신, 영원히 사는 연인을 갖게 해주겠다는 약속을 하며 위로했다.

아리아드네가 버려졌던 섬은 디오니소스가 좋아하는 곳으로, 티레노스의 선원들이 사례금을 노리고 그를 배신했을 때 데려다 달라고 부탁했던 그 섬이었다.

아리아드네가 자신의 운명을 슬퍼하고 있을 때 그녀를 발견한 디오니소스는 그녀를 위로하고 아내로 맞이했다. 결혼선물로 보석으로 장식된 금관을 주었으며, 훗날 그녀가 죽었을 때 그 금관을 하늘 속으로 던져 올렸다. 금관의 보석들은 점점 더 밝은 빛을 내며 별이 되었다. 그리고 그 모습 그대로, 무릎을 꿇고 있는 헤라클레스와 뱀을 쥐고 있는 시종 사이에 별자리로 남아 있다.

제22장 전원의 신들, 에리직톤, 로이코스, 물의 신들, 카메나이, 바람의 신들

전원의 신들

판

숲과 들판의 신이며 양떼와 목동의 신인 판은 주로 산과 계곡을 돌아다니며 작은 동굴에서 산다. 산과 계곡을 떠돌면서 사냥을 하거나 요정들의 춤을 이끄는 것을 좋아했다. 음악을 좋아했으며 앞에서 보았듯이 시링크스라는 목동의 피리를 발명했으며 그 자신도 피리를 대단히 솜씨있게 불었다.

숲속에 사는 다른 신들처럼 판은 일 때문에 어두운 밤에 숲을 지나야만 하는 사람들에게는 두려움의 존재였다. 그런 장소들의 어두움과 쓸쓸함은 사람들의 마음에 미신적인 두려움을 불러일으키기 때문이다.

그로 인해 분명한 이유도 없는 갑작스러운 공포는 판 때문이라고 여기며 '판의 공포'라고 부른다.

이 신의 이름은 '모든 것'을 의미하므로, 판은 우주의 상징이며 자연의 화신으로 여겨지게 되었으며, 더 나아가 모든 신과 우상 숭배 자체를 대표하는 것으로 생각하게 되었다.

로마의 신인 실비누스와 파우누스의 특성들도 판과 거의 비슷했으므로 다른 이름을 갖고 있는 동일한 신으로 생각해도 된다.

춤을 출 때 판의 상대가 되는 숲의 님프들은 님프들 중의 한 부류일 뿐이다. 그들 외에도 시냇물과 웅달샘을 주관하는 나이아스, 산과 동굴의 님프인 오레이아스, 바다의 님프인 네레이데스가 있다. 이들 세 종류의 님프들은 영원히 죽지 않지만 드리아스 혹은 하마드리아데스라 불리는 숲의 님프들은 그들의 거주지이면서 출생을 했던 나무들과 함께 죽는다고 한다.

따라서 나무를 함부로 베는 것은 경건치 못한 행위였으며 일부 심각한 경우에는 엄하게 처벌을 받았다. 지금부터 전하려는 에리직톤의 이야기가 바로 그런 예이다.

에리직톤

에리직톤은 불경스러운 인물이며 신들을 경멸하는 자였다. 언젠가 그는 데메테르에게 바쳐진 숲을 도끼로 더럽히려고 했다. 이 숲속에는 고색창연한 참나무 한 그루가 있었는데 너무나 커서 그 자체로 숲인 것처럼 보였을 정도였다. 높이 솟은 오래된 줄기에는 종종 봉헌된 화환과 그 나무의 님프에게 탄원하는 사람들의 감사하는 마음이 새겨진 비문(碑文)들이 걸려 있었다.

드리아스들은 종종 서로 손을 잡고 그 주변을 돌며 춤을 추었다. 몸통의 둘레는 15큐빗 정도였으며 관목나무들보다 큰 다른 나무들보다 더 컸다. 이런 모든 것에도 불구하고 에리직톤은 그 나무를 남겨둘 이유는 전혀 없다고 하면서 하인들에게 베어내도록 명령했다. 하인들이 주저하는 것을 본 그는 그들 중 한 사람의 도끼를 빼앗아 들고 불경스럽게 외쳤다.

"여신이 애지중지하는 나무라도 상관없다. 비록 이 나무가 여신일지라도 내 길에 방해가 된다면 베어내야만 한다."

그렇게 말하며 그가 도끼를 들자 참나무는 떨면서 신음소리를 내는 것만 같았다. 첫 번째 일격이 몸통에 가해지자 상처로부터 피가 흘러내렸다. 구경꾼들은 모두 공포에 휩싸였고, 그들 중 한 명이 나서며 치명적인 도끼질을 멈추라고 충고했다.

에리직톤은 경멸하는 눈초리로 "너의 신앙심에 대한 보답은 이것이다."라고 말하며 몸을 돌려 나무 한 켠에 놓아두었던 무기로 그의 몸에 많은 상처를 내더니 머리를 베어버렸다. 그러자 참나무 한가운데에서 목소리가 들려왔다.

"이 나무 속에 살고 있는 나는 데메테르의 총애를 받는 님프다. 네 손에 죽어가지만 곧 너에게 벌을 내릴 것이다."

그는 자신의 범죄를 단념하지 않았고 마침내 나무는 거듭되는 도끼질과 밧줄에 이끌려 요란한 소리를 내며 쓰러졌고 숲의 대부분이 그 밑에 깔리고 말았다.

동료를 잃고 숲의 자부심이 땅에 떨어진 것에 깜짝 놀란 드리아스들은 모두 상복을 갖춰 입고 데메테르 앞에 나아가 에리직톤에게 벌을 내려달라고 간청했다.

여신은 고개를 끄덕이며 승낙했으며, 그녀가 머리를 끄덕일 때 들판에 수확을 앞둔 잘 익은 곡식들도 머리를 끄덕였다(데메테르는 곡물의 여신이다). 그녀는 만약 그와 같은 범죄자도 동정을 얻을 수 있다면, 누구라도 동정심이 생길 정도로 무서운 벌인 기아의 여신에게 그를 보내겠다는 계획을 세웠다. 데메테르는 직접 기아의 여신에게 접근할 수 없었다. 운명의 신이 그 두 여신은 서로 접근하지 못하도록 정해놓았기 때문이었다. 그녀는 산에 있는 오레아스를 불러 이렇게 말했다.

"얼음에 덮인 스키티아의 가장 멀리 떨어진 곳에 나무도 없고 곡식도 없는 슬프고 메마른 땅이 있다. 추위가 살고 있는 그곳에는 공포와 전율과 기아가 있다. 그곳으로 가서 기아의 여신에게 에리직톤의 내장을 차지하라고 해라. 그 어떤 풍족함도 그녀를 제압할 수 없으며, 내 선물들의 위력도 그녀를 쫓아내진 못할 것이다. 너무 멀다는 것에 놀라지 말고(기아의 여신은 아주 먼 곳에 살고 있었다) 나의 마차를 타고 가라. 용들은 빨리 날아갈 것이며 말을 잘 들을 터이니, 금세 목적지에 데려다 줄 것이다.”

고삐를 건네주자 오레아스는 마차를 몰고 곧 스키티아에 도착했다. 카프카스 산에 도착한 그녀는 용들을 멈추게 하고 돌무더기 들판에서 이빨과 발톱으로 빈약한 풀을 뜯고 있는 기아의 여신을 발견했다.

그녀의 머리카락은 거칠고, 두 눈은 푹 꺼져 있었으며, 얼굴은 창백하고 입술은 새파래져 있으며, 턱은 먼지로 덮여 있고, 피부는 쪼그라들어 뼈에 간신히 붙어 있는 것처럼 보였다.

감히 가까이 갈 수 없었던 오레아스는 멀리 떨어진 채 그녀를 바라보면서 데메테르의 명령을 전달했다. 비록 가능한 한 아주 짧은 시간 동안만 그곳에 머물면서 최대한 멀리 떨어져 있었지만, 그녀도 배고픔을 느끼기 시작하여 용의 머리를 돌려 테살리아로 돌아왔다.

데메테르의 명령에 따라 기아의 여신은 하늘을 날아 에리직톤의 집에 도착해, 침실로 들어가 잠들어 있는 그를 발견했다. 그녀는 날개로 그들 둘러싸고 그의 몸속으로 숨을 불어넣어 그녀의 독을 그의 혈관 속에 집어넣었다.

자신의 임무를 마친 후 그녀는 풍요의 땅을 떠나 자기가 살던 곳으로 돌아갔다. 여전히 잠들어 있는 에리식톤은 꿈속에서 먹을 것을 간절히 찾아다녔으며 마치 음식을 먹고 있는 것처럼 턱을 움직였다. 잠에서 깨어났을 때, 극심한 허기가 밀려왔다. 잠시도 쉬지 않고 땅이나 바다 또는 하늘에서 만들어진 어떤 것이든 눈앞에 있는 것은 모두 먹으려 했으며, 먹고 있는 동안에도 배가 고프다고 투덜거렸다. 한 도시나 한 나라가 먹기에 충분할 만큼의 음식도 그에게는 충분하지 않았다. 더 많이 먹을수록 더 많은 음식이 필요했다. 그의 배고픔은 모든 강물을 받아들여도 채워지지 않는 바다와 같았다. 또는 쌓아 놓은 모든 장작을 다 태워버리고도 여전히 더 많은 장작을 탐내는 불과 같았다.

끊임없는 식욕으로 인해 그의 재산은 급격히 줄어들었지만 그의 배고픔은 전혀 줄어들지 않았다. 마침내 그는 재산을 모두 탕진하고 오직 딸만 남게 되었다. 더 나은 부모에게 더 어울리는 딸이었지만 그는 딸마저 팔아버렸다. 그녀는 노예상의 노예가 되기를 거부하며 해변에 서서 두 손을 들어 포세이돈(바다의 신)에게 기도를 올렸다.

그녀의 기도를 듣게 된 포세이돈은 비록 그녀의 새로운 주인이 멀지 않은 곳에서 조금 전까지도 그녀를 감시하고 있었지만, 그녀의 모습을 열심히 일을 하고 있는 어부의 모습으로 바꾸었다. 그녀를 찾던 그녀의 주인은 모습이 변한 그녀에게 인사를 건네며 말했다.

"안녕하시오, 어부 양반. 방금 내가 보았던 처녀가 어디로 갔는지 아시오? 헝클어진 머리카락에 변변찮은 복장으로 당신이 서 있는 그곳에 서 있었다오. 솔직하게 말해주면, 운도 좋을 것이고 당신의 낚싯바늘에 입질하던 고기도 도망가지 않을 것이오."

자신의 기도에 응답이 왔다는 것을 알아차린 그녀는 자신에 대해 묻고 있는 소리를 들으며 마음속으로 기뻐했다.

"미안하지만 낚싯줄에 집중하느라 다른 것은 전혀 보지 못했다오. 만약 이곳에 나 말고 어떤 여자나 다른 사람이 잠시라도 있었다면, 내가 다시는 물고기를 잡지 못할 거라 맹세할 수 있소."

그 말에 속아 넘어간 그는 자신의 노예가 도망쳤다고 생각하고 그곳을 떠났다. 그러자 그녀는 본모습으로 돌아왔다. 딸이 여전히 자기 곁에 있고, 딸을 팔고 받은 돈도 그대로 있는 것이 기뻤던 그녀의 아버지는 다시 딸을 팔았다. 하지만 그녀는 팔릴 때마다 포세이돈의 호의에 의해 모습을 바꾸어, 말이 되었다가 새와 소 그리고 사슴이 되기도 하면서 노예상의 손아귀를 벗어나 집으로 돌아왔다.

이처럼 비열한 방법으로 굶주린 아버지는 음식을 얻었지만 부족함을 채울 수 없었고 마침내 자기의 사지를 먹어치울 수밖에 없게 되었다. 죽음이 데메테르의 복수로부터 해방시켜줄 때까지 자신의 몸을 먹는 것으로 자신의 몸을 유지하려 애썼다.

로이코스

하마드리아데스는 자신들을 해치는 자에게 벌을 내리는 만큼이나 은혜에 보답할 줄도 알았다. 로이코스의 이야기가 그것을 증명한다. 우연히 쓰러지려는 참나무를 본 로이코스는 하인들에게 버팀목을 대주도록 했다.

나무와 함께 죽을 뻔했던 님프는 생명을 구해준 것에 감사하다고 말하며 어떤 보답을 받고 싶은지 말해달라고 했다. 로이코스는 대담하게 그녀의 사랑을 요구했고 님프는 그의 요구를 받아들였다. 님프는 그에게 변치 않아야 한다고 요구하면서 심부름꾼인 벌이 만날 수 있는 시간을 알려줄 것이라고 했다. 장기를 두고 있던 어느 날 벌이 찾아왔지만 그는 아무 생각도 없이 벌을 쫓아 버렸다. 그 일에 화가 난 님프는 로이코스의 시력을 빼앗아버렸다.

물의 신들

티탄족인 오케아노스와 테티스는 물과 관련된 것들을 지배하고 있었다. 제우스와 그의 형제들이 티탄족을 물리치고 그들의 권력을 빼앗았을 때 포세이돈과 암피트리테가 오케아노스와 테티스를 대신하여 물에 대한 통치권을 이어받았다.

포세이돈

포세이돈은 물을 다스리는 신들의 우두머리였다. 그의 권력의 상징은 끝이 세 개인 삼지창으로, 이것으로 바위를 부수기도 하고, 폭풍우를 일으키거나 가라앉히기도 했으며 해안을 요동치게 만들기도 했다.

그는 말을 창조했으며 경마의 수호신이기도 했다. 놋쇠 발굽과 황금빛 갈기를 갖추고 있는 그의 말들은 바다 위에서 그의 마차를 끌었다. 마차가 날아가면 바다는 잔잔해졌고 바다 속 괴물들은 그의 경주로 주변에서 뛰놀았다.

암피트리테

암피트리테는 포세이돈의 아내였다. 그녀는 네레우스와 도리스의 딸이며 트리톤의 어머니였다. 포세이돈은 암피트리테에게 청혼할 때 돌고래를 타고 갔다. 그녀를 아내로 맞이한 것에 대한 보답으로 그는 돌고래를 별자리들 사이에 놓아두었다.

네레우스와 도리스

네레우스와 도리스는 네레이데스들의 부모였다. 네레이데스들 중 가장 유명한 님프는 암피트리테와 아킬레우스의 어머니인 테티스, 외눈박이 거인족인 폴리페모스의 사랑을 받았던 갈라테이아였다. 네레우스는 풍부한 지식 그리고 진실과 정의에 대한 사랑으로 유명했다. 그로 인해 '바다의 노인'으로 불리게 되었으며, 예언하는 재능 역시 갖추고 있었다.

트리톤과 프로테우스

트리톤은 포세이돈과 암피트리테의 아들이었으며 시인들은 그를 아버지의 나팔수라고 했다. 프로테우스도 역시 포세이돈의 아들이었다. 네레우스처럼 그는 지혜가 있고 미래의 일들에 정통하여 바다의 장로라고 불렸다. 그의 특출한 능력은 자신의 모습을 마음대로 바꿀 수 있는 것이었다.

테티스

네레우스와 도리스의 딸인 테티스는 너무 아름다워 제우스가 직접 청혼하려 했다. 그러나 제우스는 테티스가 아버지보다 더 위대한 아들을 낳게 될 것이라는 거인족인 프로메테우스의 말을 듣고 청혼을 단념하고, 테티스에게 인간의 아내가 되어야 한다는 명령을 내렸다.

켄타우로스족 케이론의 도움으로 펠레우스가 그 여신을 신부를 맞이하는 데 성공했으며 그들의 아들이 바로 유명한 아킬레우스였다.

나중에 트로이 전쟁을 소개할 때 충실한 어머니인 테티스가 모든 곤경에서 아들을 돕고 처음부터 끝까지 아들을 보호했다는 것을 알게 될 것이다.

레우코테이아와 팔라이몬

카드모스의 딸이며 아타마스의 아내인 이노는 미친 남편을 피해 어린 아들 멜리케르테스를 품에 안고 절벽에서 바다로 날아들어갔다. 그녀를 불쌍히 여긴 신들은 그녀를 레우코테이아(하얀 여신)라는 이름으로 바다의 여신으로 삼았으며, 아들은 팔라이몬이라는 이름으로 신이 되도록 했다. 이들은 모두 난파선을 구하는 힘이 있다고 여겨져 뱃사람들은 그들에게 도움을 기원했다.

팔라이몬은 일반적으로 돌고래를 타고 있는 모습으로 묘사된다. 이스트미아 사람들의 경기는 그의 영예를 기리기 위해 거행되었다. 로마 사람들은 그를 포르투누스라고 부르며, 항구와 해안을 지배한다고 생각했다.

카메나이

옛 로마인들은 뮤즈의 여신들을 카메나이라고 불렀지만 그 밖의 다른 신들 역시 — 주로 샘의 님프들을 — 카메나이에 포함시켰다. 그들 중의 한 명인 에게리아의 샘과 동굴은 아직도 찾아볼 수 있다.

에게리아의 사랑을 받았던 로마의 두 번째 왕, 누마는 그녀와 비밀스럽게 만나 지혜와 법을 배워 이제 막 설립된 자기 나라의 제도를 확립하는데 적용했다고 한다. 누마가 죽은 후에 한탄하며 지내던 님프는 샘으로 변했다.

바람의 신들

그다지 활동적이지 않은 중재자들도 너무나도 많이 의인화되었으므로 바람도 마찬가지였으리라는 것은 상상할 수 있는 일이다. 그들은 북풍인 보레아스와 아킬로, 서풍인 제피로스와 파보니우스, 남풍인 노토스(로마 신화의 아우스테르) 그리고 동풍인 에우로스였다. 시인들이 주로 북풍과 서풍을 찬양했는데, 북풍은 난폭하고 서풍은 온화한 유형으로 다루었다.

님프인 오레이티이아를 사랑했던 보레아스는 애인의 역할을 하기 위해 노력했지만 결국 좋지 않은 결과를 맞이했다. 그에게는 부드럽게 숨을 내쉬는 것이 어려운 일이었으니 탄식을 내뱉는 것은 두 말할 필요조차 없었다.

결국 아무런 성과도 없는 것에 지친 그는 본성을 드러내며 처녀를 붙잡아 납치했다. 그들 사이에서 태어난 날개 달린 전사인 제토스와 칼라이스는 아르곤의 원정에 참가하여 하르피아이(날개가 달린, 여자 얼굴의 새)라는 거대한 새들과 싸울 때 훌륭한 공을 세웠다.

제23장 아켈로스와 헤라클레스, 아드메토스와 알케스티스, 안티고네, 페넬로페

아켈로스와 헤라클레스
아켈로스의 풍요의 뿔

강의 신, 아켈로스는 테세우스와 그의 동료들에게 에리직톤의 이야기를 들려주었다. 그들은 강물이 넘쳐 여행이 지연되고 있는 동안 그의 후한 식사 대접을 받고 있었다. 이야기를 끝내며 아켈로스는 이렇게 덧붙였다.

"나도 변신할 능력을 갖고 있는데 내가 왜 굳이 다른 사람의 변신에 대한 이야기를 하고 있는 거지? 나는 때때로 뱀이 되기도 하고 머리에 두 개의 뿔이 달린 황소가 되기도 합니다. 아니아니, 한때는 그랬다고 말해야겠구려. 하나는 잃어버렸으니, 이제 뿔은 하나밖에 없어요."

그렇게 말하며 신음소리를 내더니 침묵을 지켰다. 테세우스는 그에게 왜 슬퍼하는지 그리고 뿔을 어떻게 잃게 되었는지 묻자,

강의 신은 이렇게 대답했다.

"누가 자신이 패배한 이야기를 좋아하겠소? 하지만 나는 주저하지 않고 말할 것이오. 나를 이긴 자가 위대하다고 생각하며 스스로 위안을 삼으려는 것이오. 그는 헤라클레스였기 때문이오. 아마 여러분도 가장 아름다운 처녀, 데이아네이라의 명성을 들었을 것이오. 아주 많은 구혼자가 그녀를 차지하려 경쟁했소. 헤라클레스와 나도 그들 중에 있었고 나머지 사람들은 모두 우리 두 사람에게 양보했죠. 헤라클레스는 제우스의 아들이라는 것과 계모인 헤라의 부당한 요구를 훌륭하게 완수한 공적들을 자랑스럽게 내세웠소. 반면에 나는 처녀의 아버지에게 이렇게 말했다오.

'당신의 나라를 가로질러 흐르는 강의 왕인 나를 보십시오. 나는 외국의 해안에서 온 이방인이 아니라 당신의 영토 중의 일부로 이 나라에 속해 있습니다. 부디 여왕인 헤라가 내게 아무런 적의도 품지 않고, 어려운 과업으로 벌을 주지 않기를 바랍니다. 이자는 제우스의 아들이라는 것을 자랑하지만 그것은 거짓된 주장이며, 만약 사실이라 해도 수치스러운 일입니다. 그건 자기 어머니의 행실이 나쁘다는 말일 뿐이니까요.'

이렇게 말하자 헤라클레스는 험상궂게 나를 쏘아보며 분노를 참으려고 애를 쓰며 말했습니다.

'입보다는 손이 대답을 더 잘해줄 것 같구나. 말로 하는 승부는

너에게 양보하겠으나, 행동으로 나의 주장을 믿게 해주겠다.'

그는 내게로 다가왔고 그런 말을 한 이상 물러설 수는 없었소. 나는 녹색 옷을 벗어던지고 싸울 준비를 했소. 그는 나를 내던지려고 하면서 머리와 몸을 공격했소. 커다란 나의 몸집이 나를 보호해주었고 그의 공격은 아무런 소용도 없었소. 잠시 싸움을 멈췄다가 다시 싸우기 시작했소. 우리는 지지 않기 위해 각자의 위치에서 한 발짝도 물러서지 않았고, 나는 그의 몸 위를 덮치며 그의 손을 단단히 잡고 이마로 그의 이마를 거의 내리누를 뻔했소.

헤라클레스는 세 번이나 나를 밀쳐내려고 했고 마침내 네 번째에 성공하여 나를 땅 위에 넘어뜨리고 내 등위에 올라탔소. 솔직히 말하자면, 마치 산이 내 위로 떨어진 것만 같았다오. 나는 땀을 뻘뻘 흘리고 헐떡거리면서 두 팔을 빼내려고 버둥거렸소. 그는 회복할 틈도 주지 않고 내 목을 꽉 잡았소. 두 무릎은 땅 위에 처박혔고 입은 흙 속에 파묻혔다오.

전사의 솜씨로는 그와 상대할 수 없다는 생각에 나는 다른 방법을 찾아 뱀으로 변신하여 슬그머니 빠져나왔소. 몸을 뚤뚤 말고 갈라진 혀로 그를 향해 기분 나쁜 소리를 내자, 그는 비웃으며 말했습니다.

'뱀을 물리치는 것쯤은 이미 어릴 적에 해보았다.'

이렇게 말하면서 그는 두 손으로 나의 목을 꽉 잡았고 나는 숨이 막혀 죽을 것만 같아서 목을 빼내려고 버둥거렸소. 뱀의 모습으로도 졌으니 이제 내게 남아 있는 유일한 모습인 황소로 변신했소.

그는 팔로 내 목을 끌어안고 머리를 땅바닥으로 끌다가 모래 위로 내던졌소. 그것으로 끝난 것은 아니었소. 그의 무자비한 손이 머리 위의 뿔을 뽑아 버렸소. 그것은 님프, 나이아스들이 가져가 신성하게 다루면서 향기로운 꽃들로 가득 채웠다오. 풍요의 여신이 내 뿔을 가져다가 자기 것으로 삼고 '풍요의 뿔(Cornucopia: 음식과 풍요의 상징)'이라고 불렀다오."

고대인들은 자신들의 신화 이야기들 속에 숨어 있는 의미를 찾아내는 것을 좋아했다. 그들은 아켈로스와 헤라클레스의 싸움에서 아켈로스는 장마철에 제방을 넘쳐 흐르는 강물이라고 말한다.

이야기 속에서 아켈로스가 데이아네이라를 사랑하게 되고 청혼했다는 의미는 강이 데이아네이라의 왕국을 굽이쳐 흐르며 가로지른다는 것이다. 굽이쳐 흐르기 때문에 뱀의 형태를 띠게 되었으며, 황소의 형태는 흐르는 도중에 콸콸 소리를 내기 때문이며, 범람하면 강은 또 다른 수로를 만들게 되므로 머리에 뿔이 있다고 하는 것이다.

헤라클레스는 제방을 쌓고 운하를 파서 주기적인 범람이 반복되는 것을 막았으므로 강의 신을 물리치고 그의 뿔 하나를 없앴다고 한다. 결국, 과거에는 범람했지만 이제는 회복되어 매우 비옥한 땅이 되었으므로 '풍요의 뿔'이라는 의미를 갖게 된 것이다.

'풍요의 뿔'의 기원에 관한 또 다른 이야기도 있다. 제우스가 태어났을 때 그의 어머니, 레아는 크레타의 왕 멜리세우스의 딸들에게 양육을 맡겼다. 그녀들은 그 어린 신을 염소 아말데이아의 젖을 먹였다. 제우스는 그 염소의 뿔을 하나 잘라내 보모들에게 주면서, 무엇이든 그것을 갖고 있는 사람이 원하는 것으로 가득 채울 수 있는 놀라운 능력을 부여했다.

아드메토스와 알케스티스
남편 대신 죽음을 택하다

아폴론의 아들, 아스클레피오스는 아버지로부터 죽은 사람도 살려낼 수 있는 치료술을 부여받았다. 그 사실에 깜짝 놀란 하데스는 제우스를 설득하여 아스클레피오스에게 벼락을 내리도록 했다.

아들의 죽음에 분노한 아폴론은 벼락을 만든 죄 없는 장인들에게 복수를 했다. 그들은 아이트나 산 아래에 작업장이 있는 키클롭스들이었다. 아이트나 산에서는 그들의 용광로에서 끊임없이 연기와 불꽃이 솟아오르고 있었다. 아폴론이 키클롭스들에게 화살을 쏘자 격노한 제우스는 아폴론에게 2년 동안 인간의 하인으로 살라는 벌을 내렸다. 그래서 아폴론은 테살리아의 왕, 아드메토스의 하인이 되어 암프리소스 강의 푸릇푸릇한 제방 위에서 그의 양떼를 돌보았다.

아드메토스는 다른 사람들과 함께 펠리아스의 딸인 알케스티스에게 청혼을 했다. 펠리아스 왕은 사자와 산돼지들이 끄는 마차를 타고 오는 자에게 딸을 주겠다고 약속했다. 아드메토스는 자신이 거느리고 있는 신성한 목동의 도움으로 그 과제를 해결하고 알케스티스를 차지하게 되었다.

하지만 아드메토스가 병에 걸려 죽음에 이르게 되자 아폴론은 운명의 신을 설득하여 다른 사람이 대신 죽는 조건으로 그를 살려 주겠다는 허락을 얻었다. 죽음이 연기된 것을 마냥 기뻐하던 아드메토스는 대신 죽을 사람에 대해서는 전혀 생각하지 않았다. 어쩌면 신하들이나 하인들에게서 종종 들었던 충성 맹세를 기억하면서 대신 죽을 자를 구하기는 쉬울 것이라 생각했을 것이다.

하지만 전혀 그런 일은 없었다. 군주를 위해 기꺼이 목숨을 바치겠다던 용감한 전사들도 병석에 누워 대신 죽는다는 생각을 무서워했다. 어릴 적부터 아드메토스 가문의 은혜를 경험했던 늙은 노예들도 감사하는 마음을 보이기 위해 얼마 남지도 않는 여생을 기꺼이 내놓으려 하지 않았다.

사람들은 이렇게 물었다. '왜 그의 부모들 중 한 명이 대신 죽지 않는 것일까? 그들은 그다지 오래 살 수도 없을 것이며, 게다가 자신들이 생명을 준 아들을 갑작스러운 죽음으로부터 구해내겠다는 소명을 그들만큼 느낄 수 있는 사람이 과연 있을까?'

하지만 비록 아들을 잃는다는 것은 슬펐지만 그의 부모들도 그 소명을 무서워했다. 그러자 알케스티스가 고결한 자기희생으로 자신이 대신 죽겠다고 제안했다. 살고 싶었던 아드메토스도 그런 희생을 받아들일 수는 없었지만, 다른 구제책은 전혀 없었다. 운명의 신이 부과한 조건은 충족되었으며 신의 뜻은 취소될 수 없었다. 아드메토스가 다시 살아나자 알케스티스는 병이 깊어지며 순식간에 죽음을 향해 다가서고 있었다.

바로 그때 헤라클레스가 아드메토스의 궁전에 도착했다. 모든 사람들이 헌신적인 아내와 사랑하는 여왕을 잃게 된 커다란 슬픔에 빠져 있다는 것을 알게 되었다. 그 어떤 어려움도 극복해낼 수 있는 그는 여왕을 구하기로 결심했다. 그는 죽어가고 있던 여왕의 방문 앞에서 기다리고 있었다.

마침내 죽음의 신이 찾아왔을 때, 헤라클레스는 그를 붙잡고 그의 희생물을 단념하도록 윽박질렀다. 그리하여 알케스티스는 회복되어 남편에게 돌아올 수 있었다.

안티고네

오이디푸스의 딸

전설적인 그리스의 흥미있는 인물들이나 숭고한 행위들은 대부분 여성과 관계되어 있다. 알케스티스가 헌신적인 배우자의 표본인 것처럼, 안티고네는 효성과 자매애의 멋진 표본이었다. 그녀는 오이디푸스와 이오카스테의 딸이었는데 이들의 자손들은 모두 무자비한 운명의 희생양이 되어 죽어야 할 운명이었다.

광인이 된 오이디푸스는 자신의 두 눈을 도려냈으며 신의 복수를 당하는 대상을 두려워했던 모든 사람들에게서 버림받고, 자신의 왕국인 테베로부터 추방되었다. 그의 딸, 안티고네만이 그와 함께 방랑하면서 그가 죽을 때까지 곁에 남아 있다가 테베로 돌아왔다.

안티고네의 오빠들인 에테로클레스와 폴리네이케스는 자기들끼리 왕국을 함께 다스리기로 합의하고 일 년씩 번갈아 통치했다. 첫해는 에테오클레스가 다스리게 되었는데, 기한이 다 끝나도 왕국을 아우에게 양도하지 않았다.

폴리네이케스는 아르고스의 왕인 아드라스토스에게 도망쳤다. 왕은 그와 자신의 딸을 결혼시키고 군대를 주어 왕국에 대한 권리를 강하게 주장하도록 도왔다. 이것이 그리스의 서사시인과 비극시인들에게 풍부한 소재를 제공했던 '테베를 공략한 일곱 용사'의 유명한 원정으로 이어졌다.

아드라스토스의 처남인 암피아라오스는 이 계획에 반대했다. 예언자였던 그는 자신의 점술로 아드라스토스 외에는 그 어떤 지도자도 살아 돌아오지 못하게 된다는 것을 알았기 때문이었다. 하지만 암피아라오스는 왕의 여동생인 에리필레와 결혼하면서 만약 두 사람의 의견이 다를 경우에는 언제나 에리필레의 결정에 따르기로 했다.

그 사실을 알고 있던 폴리네이케스는 하르모니아의 목걸이를 주면서 에리필레를 자기편으로 만들었다. 이 목걸이는 하르모니아가 카드모스와 결혼할 때 헤파이스토스가 선물했던 것이며 폴리네이케스가 테베를 떠날 때 가지고 온 것이었다. 이처럼 매혹적인 뇌물을 물리칠 수 없었던 에리필레의 결정에 따라 전쟁이 결의되었고, 암피아라오스는 자신의 정해진 운명에 따랐다. 그는 전쟁에서 용감하게 자신의 역할을 수행했지만 예정된 신의 뜻을 피할 수는 없었다. 적에게 추격당하던 그가 강을 따라 도망치고 있을 때 제우스가 던진 번개가 땅을 갈라놓았고 그와 그의 마차와 마부는 그 속으로 빠져버렸다.

여기에서 그 전투를 장식했던 영웅적이거나 잔인한 행동들을 모두 상세하게 소개하는 것은 적절하지 않겠지만, 에리필레의 나약함과 대조되는 에바드네의 충절에 대한 기록을 빠뜨릴 수는 없겠다.

전투에 열중해 있던 에바드네의 남편인 카파네우스는 테베 시가 제우스의 도시임에도 불구하고 진격하겠다고 공언했다. 성벽에 걸쳐놓은 사다리를 타고 올랐지만 그의 불경한 언사에 분노한 제우스는 그를 번개로 내리쳤다. 그의 장례식이 거행될 때 에바드네는 그의 장례를 위해 쌓아놓은 장작더미 위에 스스로 몸을 던져 죽었다.

전쟁이 시작될 때 에테오클레스는 예언자인 테이레시아스에게 전쟁의 결과에 대한 조언을 구했다. 테이레시아스는 젊었을 때 우연히 목욕하고 있던 아테나를 보게 되었다. 화가 난 여신은 그의 시력을 빼앗아 버렸지만 나중에 화가 누그러지자 미래의 일을 예언하는 능력으로 보상을 해주었다.

테이레시아스는 에테오클레스에게 조언하면서 만약 크레온의 아들인 메노이케우스가 자진하여 희생물이 된다면 테베가 승리할 것이라고 공언했다. 대담한 그 청년은 그 예언을 알게 되자 첫 번째 전투에서 자신의 목숨을 내던졌다.

공성전은 서로 승리를 주고받으며 오랫동안 이어졌다. 결국 양측의 장군들은 형제들의 단판 승부로 싸움을 결정하기로 합의했다. 그들은 싸웠고 서로의 손에 쓰러졌다. 그러자 군대들은 다시 전투를 시작했고 마침내 침입자들이 패배하여 전사자들을 묻지도 못한 채 남겨두고 도망쳤다.

전사한 왕자의 삼촌인 크레온은 이제 왕이 되었으며, 에테오클레스는 특별한 대우로 매장하도록 했지만, 폴리네이케스의 시체는 전사한 그곳에 내버려두도록 했다. 그리고 매장하는 자는 누구든지 사형에 처하겠다는 금지령을 내렸다.

폴리네이케스의 누이, 안티고네는 오빠의 시신을 개와 독수리에게 맡겨두고, 죽은 자의 안식에 꼭 필요한 장례식도 박탈해버린 구역질나는 명령을 듣고 분노했다. 다정하지만 겁이 많은 동생의 만류에도 아랑곳하지 않고, 그녀는 누구의 도움도 받을 수도 없는 위험을 무릅쓰고 직접 시체를 매장하기로 결심했다.

크레온은 현장에서 발각된 그녀에게 도시의 엄숙한 칙령을 고의로 위반했으므로 살아 있는 채 매장하라는 명령을 내렸다. 크레온의 아들이며 그녀의 애인인 하이몬은 그녀의 운명을 막을 수도 없었고 구할 수도 없게 되자 스스로 목숨을 끊어버렸다.

페넬로페
페넬로페의 베짜기

페넬로페는 용모보다는 성격과 행위의 아름다움을 보여준 또한 명의 신화적인 여주인공이다.

그녀는 스파르타의 군주인 이카리오스의 딸이었다. 이타케의 왕인 오디세우스가 청혼하여 모든 경쟁자들을 물리치고 그녀를 얻게 되었다. 신부가 아버지의 집을 떠날 때가 다가오자 이카리오스는 딸과 이별한다는 생각을 견딜 수 없어 자신 곁에 남고 남편을 따라 이타케에 가지 말라고 설득했다.

오디세우스는 페넬로페에게 남아 있거나 자신과 함께 가거나 그녀의 선택에 맡긴다고 했다. 페넬로페는 아무런 대답도 하지 않고 다만 베일로 얼굴을 가릴 뿐이었다. 이카리오스는 더 강요하지 않았지만 그들이 헤어진 자리에 정절의 여신상을 세웠다.

오디세우스와 페넬로페가 결혼생활을 일 년도 채 누리지 못했을 때, 오디세우스가 트로이 전쟁에 참전하게 되었다. 여전히 살아 있는지 의심스럽고 돌아올 가능성도 희박해진 그의 오랜 부재 기간 동안, 수많은 구혼자들이 페넬로페를 끈덕지게 졸라대자 그들 중 한 명을 남편으로 맞이하지 않고는 그 상황을 모면할 수 없을 것만 같았다.

하지만 페넬로페는 줄곧 오디세우스가 돌아오기를 기대하면서 모든 수단을 다해 시간을 벌었다. 시간을 미루는 수단들 중의 한 가지는 시아버지인 라에르테스의 수의를 준비하는 것이었다. 그녀는 수의가 완성되면 구혼자들 중에서 한 명을 선택하겠다고 약

속했다. 낮 동안에는 수의를 짰지만 밤에는 낮 동안에 짰던 것을
다시 풀었다. 이것이 유명한 '페넬로페의 베짜기'이다. 끊임없이
일하지만 절대 마치지 못하는 일을 가리키는 속담으로 인용된다.
페넬로페의 나머지 이야기는 그녀의 남편이 펼치는 모험담을 소
개할 때 전하도록 하겠다.

제24장 오르페우스와 에우리디케, 아리스타이오스, 암피온, 리노스와 타마리스, 마르시아스와 멜람푸스, 무사이오스

오르페우스와 에우리디케
지하세계도 감동시킨 음악의 신

오르페우스는 아폴론과 뮤즈, 칼리오페의 아들이었다. 그는 아버지로부터 리라를 선물 받고 연주법을 배웠는데 너무나 완벽하게 연주해서 그 어떤 것도 그의 음악에 매료되지 않고 견딜 수는 없었다.

인간뿐만 아니라 야수들도 그의 선율을 듣게 되면 유순해져 사나운 성질을 버리고 그의 주변에 모여들어 넋을 잃고 그의 음악을 들었다. 심지어 나무와 바위도 빠져들었다. 나무들은 그의 주변으로 모여들었고 바위들은 그의 연주에 의해 단단함이 어느 정도는 사라지게 될 정도였다.

히메나이오스(결혼의 신)는 오르페우스와 에우리디케의 결혼을 축하하기 위해 초대를 받아 참석했지만 아무런 길조도 가져오지

301

않았다. 그의 횃불마저 연기를 뿜어 그들을 눈물 흘리게 했다.

이런 불길한 징조 때문인지 에우리디케는 결혼 직후에 친구인 님프들과 거닐다가 양치기, 아리스타이오스의 눈에 띄었다. 그녀의 아름다움에 푹 빠진 그는 그녀에게 추근거렸다. 급히 도망치던 그녀는 풀 속에 있던 뱀을 밟아 발목을 물려 죽고 말았다. 오르페우스는 그 슬픔을 노래하며 이 세상에서 숨을 쉬는 신과 인간 모두에게 호소했지만 아무런 소용이 없자 죽은 자의 나라에 가서 아내를 찾기로 결심했다.

그는 타르타로스 곶의 옆에 있는 동굴을 통해 캄캄한 지역에 도착했다. 유령들의 무리를 지나쳐 하데스와 페르세포네의 왕좌 앞으로 나아간 그는 리라를 연주하면서 이렇게 노래했다.

"살아 있는 자들은 모두 가야만 하는 지하세계의 신들이여, 나의 진실한 말을 들어 주십시오. 나는 타르타로스의 비밀을 훔쳐보기 위해 이곳에 온 것이 아니며, 이곳의 입구를 지키는 뱀의 머리가 세 개인 개를 상대하기 위해 온 것도 아닙니다.

나는 아내를 찾기 위해 왔습니다. 그녀에게 펼쳐진 날들이 독사의 엄니로 인해 갑작스럽게 끝나게 되었습니다. 사랑이 이곳으로 이끌었습니다. 사랑은 지상에 거주하는 우리들과 함께하는 전능한 신이니, 옛말이 옳다면 이곳에서도 그럴 것입니다. 공포로 가득한 이곳, 침묵과 태어나지 않은 것들의 땅에서 에우리디케의 생명줄을 다시 이어주실 것을 간청합니다.

　우리는 모두 당신에게 가도록 정해져 있으니, 머지않아 당신들의 영토로 가야만 합니다. 그녀도 역시 수명을 다 채우면 당연히 당신들에게 올 것입니다. 하지만 그때까지만 내게 맡겨주시기를 간청합니다. 만약 거절하신다면 혼자 돌아갈 수는 없으니 우리 두 사람의 죽음을 마음껏 즐기십시오."

　그가 이토록 조심스러운 노래를 부르자 유령들은 눈물을 흘렸다. 목이 무척 말랐음에도 불구하고 탄탈로스는 잠시 동안 물을 마시려 하지도 않았다. 익시온의 바퀴는 멈추었고, 독수리는 거인의 간을 뜯어내는 일을 그만 두었고, 다나오스의 딸들은 체로 물을 끌어오는 일을 중지했으며, 시시포스도 바위 위에 앉아 노래를 들었다. 복수의 여신들의 뺨이 눈물에 젖은 것도 그때가 처음이라고 한다.

　페르세포네도 거절할 수 없었고, 하데스도 양보했다. 에우리디케가 호출되었다. 그녀는 부상당한 발을 절뚝거리며 이제 막 도착한 유령들 사이에서 나타났다.

　오르페우스는 그녀와 함께 가도 좋다는 허락을 받았지만 한 가지 조건이 있었다. 지상에 도착할 때까지 절대로 그녀를 돌아봐서는 안 된다는 것이었다. 이런 조건으로 그가 앞서고 그녀는 뒤따르면서 어둡고 가파른 통로를 아무 말 없이 걸어갔다.

마침내 상쾌한 지상세계로 들어서는 출구에 가까이 다가섰을 때, 깜빡하고 약속을 잊은 오르페우스가 그녀가 여전히 따라오는 지를 확인하기 위해 흘낏 뒤돌아보았다.

그러자 그녀는 즉시 지하세계로 끌려갔다. 서로를 안으려 팔을 뻗었지만 허공만이 잡힐 뿐이었다. 이제 두 번째로 죽는 깃이지만 그녀는 남편을 원망할 수 없었다. 자신을 보고 싶어 견디지 못한 것을 어찌 탓할 수 있을까?

'마지막 이별이군요. 안녕히 가세요.'라고 말했지만, 그녀의 말소리가 그에게 닿기도 전에 사라지고 말았다. 오르페우스는 그녀를 따라가려 애쓰면서, 다시 한 번 그녀를 데려오기 위해 돌아가게 해달라고 애원했지만 뱃사공은 단호하게 그를 떼밀면서 통행을 거절했다.

그는 7일 동안 먹지고 않고 잠도 자지 않으면서 그 물가에 머물러 있으면서, 암흑계 신들의 무자비함을 씁쓸하게 비난했다. 그가 자신의 불만을 바위와 산들에게 노래하자 호랑이의 가슴이 약해지고, 참나무는 제자리에서 흔들렸다. 그후 그는 여자를 멀리하면서 자신의 슬픈 불운을 끊임없이 되새기며 살았다.

트라키아의 처녀들은 그의 마음을 차지하기 위해 온갖 노력을 다했지만 그는 모두 거절했다. 처녀들은 정말 오랫동안 그를 곤란하게 만들었지만, 어느 날 디오니소스의 제전에서 흥분하여 인사불성이 된 그를 발견한 그들 중의 한 명이 '저기 우리를 경멸한 자가 있다!'고 소리치며 자신의 창을 집어던졌다.

창은 그의 리라 소리가 들릴 정도의 거리에 도달하자마자 힘없이 그의 발밑에 떨어졌다. 그들이 던진 돌도 역시 마찬가지였다. 하지만 처녀들이 크게 소리를 질러대며 음악 소리가 들리지 않도록 하자 창들이 날아가 그를 맞추었고 그의 몸은 피로 물들었다.

미치광이들은 그의 사지를 갈기갈기 찢고, 머리와 리라를 헤브로스 강에다 던져 버렸다. 머리와 리라는 둥둥 떠내려가며 슬픈 음악을 속삭였고, 강변은 그 음악에 맞춰 애처로운 화음으로 응답했다. 뮤즈의 여신들은 그의 몸을 모아 레이베트라에 묻어주었다. 레이베트라에서는 지금도 나이팅게일(참새)이 그의 무덤 위에서 그리스의 그 어떤 지방에서보다 더 부드러운 노래를 부른다고 한다. 그의 리라는 제우스에 의해 별자리들 사이에 놓여졌다. 두 번째로 타르타로스에 내려간 그의 영혼은 에우리디케를 찾아내 두 팔로 간절하게 그녀를 끌어안았다.

이제 그들은 그가 앞서기도 하고, 그녀가 앞서기도 하면서 행복한 들판을 함께 거닐고 있다. 오르페우스는 더 이상 부주의하게 바라본 것에 대한 벌을 걱정하지 않고 마음껏 그녀를 바라보고 있다.

아리스타이오스

꿀벌치기

인간은 자신의 이익을 위해 하등동물의 본능을 이용한다. 그로부터 양봉 기술이 생겼다. 처음에 꿀은 야생의 생산물로 알려져 있었을 것이다. 벌은 속이 빈 나무나 바위틈 또는 우연히 발견한 그와 비슷한 구멍에 그들의 집을 만들었다. 그러나 때로는 죽은 짐승의 시체 속에도 집을 짓는 경우도 있었을 것이다. 벌이 짐승의 썩은 살에서 생겼다는 미신은 분명 그런 일에서 비롯된 것이 분명하다.

처음으로 양봉 방법을 가르쳤던 아리스타이오스는 물의 님프인 키레네의 아들이었다. 그는 벌들이 죽자 어머니에게 가서 도움을 청했다. 강가에 서서 그는 어머니에게 이렇게 말했다.

"어머니, 제 삶의 자랑거리가 사라졌습니다. 귀중한 벌들을 잃었어요. 저의 관심과 기술도 아무런 소용이 없었고, 어머니도 저의 불행을 막아주지 못했습니다."

강바닥의 궁전에서 님프들에게 둘러싸여 앉아 있던 그의 어머니가 이런 불평을 듣게 되었다. 님프들이 실을 잣거나 옷감을 짜는 여자들의 일에 열중해 있을 때 그들 중의 한 명이 이야기들을 들려주며 다른 님프들을 즐겁게 해주고 있었다.

아리스타이오스의 슬픈 목소리는 그들의 일을 멈추게 했고, 님프들 중의 한 명이 물 위로 얼굴을 내밀고 그를 보고 돌아와 알리자 어머니는 그를 데리고 오도록 명령했다.

그녀의 명령을 받은 강은 강물을 열어 그를 통과시켰다. 양쪽으로 갈라진 강은 마치 산처럼 잔뜩 웅크리고 서 있었다. 그는 커다란 강들이 시작되는 곳으로 내려가면서 물을 담고 있는 거대한 저장소를 보았다. 지면을 향해 여러 갈래로 쏜살같이 흐르는 물을 보고 있을 때 그 소리에 거의 귀가 멀 정도였다.

어머니의 거처에 도착하자 키레네는 반갑게 맞이했다. 님프들은 산해진미를 식탁 위에 차려놓았다. 그들은 우선 포세이돈에게 신주를 올리고 만찬을 즐긴 다음, 키레네가 아들에게 말했다.

"프로테우스라는 늙은 예언자가 바닷속에 살고 있는데, 포세이돈의 총애를 받는 그는 물개들을 지키고 있다. 우리 님프들은 그를 대단히 존경한단다. 그는 학식이 있는 현자이며 과거나 현재나 미래의 모든 일들을 다 알고 있기 때문이지. 아들아, 그가 너의 벌들이 죽는 이유와 치료하는 법을 가르쳐 줄 것이다. 하지만 제아무리 간청을 해도 자진해서 가르쳐주지는 않을 것이니, 완력으로 윽박질러야만 한단다. 네가 그를 잡아 쇠사슬로 묶으면 풀려나기 위해 너의 질문에 대답을 할 거야. 네가 쇠사슬을 단단히 쥐고 있으면 그의 재주로는 벗어날 수 없기 때문이지.

그가 한낮이면 낮잠을 자러 돌아오는 동굴로 너를 데려다 주겠다. 그러면 그를 쉽게 사로잡을 수 있을 거다. 하지만 사로잡혔다는 것을 알게 되면 스스로 여러 모습으로 변할 수 있는 능력에 의지하려 할 것이다. 산돼지나 사나운 호랑이, 비늘로 덮인 용이나, 누런 갈기가 있는 사자가 될 것이다. 또는 불꽃이 튀는 소리나 흐르는 물소리를 내서 쇠사슬을 놓치도록 만들어 도망치려 할 것이다. 하지만 그를 단단히 묶어두고 있으면 결국에는 아무런 소용도 없다는 것을 알고 원래의 모습으로 돌아와 네 명령을 따를 것이다."

이렇게 말하면서 아들의 몸에 신들의 음료인 향기로운 넥타르를 끼얹자 즉시 이상한 힘이 그의 온몸으로 스며들고, 용기가 생겼으며 향기가 그의 주변을 가득 채웠다.

님프는 그를 예언자의 동굴로 데리고 가 바위틈에 숨기고 자신은 구름 뒤에 숨었다. 한낮이 되어 눈부신 태양을 피해 인간과 짐승들이 평온한 낮잠을 즐길 시간이 되자, 프로테우스는 물개들을 이끌고 물속에서 나왔다. 물개들은 해안에 몸을 눕혔고 그는 바위 위에 앉아 물개들을 세고 난 후 자신도 동굴 바닥에 누워 잠을 자려 했다.

그가 잠에 깊이 빠져들기 전에 아리스타이오스는 그를 쇠사슬로 묶고 큰 소리로 외쳤다. 잠에서 깨어나 사로잡혔다는 것을 알게 된 프로테우스는 즉시 재주를 부리기 시작했다. 처음에는 불로 변했다가 강물이 되고, 다음에는 무서운 야수로 연속해서 재빠르게 변했다. 하지만 아무런 소용이 없자 마침내 본래의 모습으로 돌아와 성난 어조로 청년에게 말했다.

"내 거처에 대담하게 침입한 너는 누구냐? 내게 무엇을 원하느냐?"

아리스타이오스는 대답했다.

"프로테우스여, 이미 알고 있을 거요. 아무도 당신을 속일 수는 없으니까요. 내 손에서 벗어나려고 하지 마시오. 내가 겪는 불운의 원인과 치료법을 듣기 위해 신의 도움을 받아 이곳에 오게 된 것이오."

이 말을 듣고 예언자는 회색 눈으로 아리스타이오스를 바라보며 말했다.

"에우리디케를 죽게 한 너의 행위에 어울리는 벌을 받은 것이다. 그녀는 너를 피하려다 뱀을 밟았고, 그 뱀에 물려 죽었기 때문이다. 원수를 갚기 위해 그녀의 친구인 님프들이 너의 벌들을 모두 죽인 것이다. 그들의 분노를 풀어 주어야만 하니 이렇게 하도록 해라.

몸통과 크기가 완벽한 황소 네 마리와 그와 똑같이 훌륭한 암소 네 마리를 선발해 님프들을 위한 네 개의 제단을 세워 소들을 제물로 바치고 몸통은 나뭇잎이 우거진 숲속에 남겨두도록 해라. 오르페우스와 에우리디케에게는 분노를 가라앉히도록 장례 의식을 올려야 한다. 9일 뒤에 돌아가 죽은 소의 몸통을 살펴보면 어떤 일이 일어날지 알게 될 것이다."

아리스타이오스는 이러한 지시들을 충실하게 따랐다. 소를 희생불로 바치고, 소들의 몸통을 숲속에 남겨두고 오르페우스와 에우리디케의 영혼을 위한 장례의식을 거행했다. 그후 9일째 되는 날에 돌아가서 소의 몸통을 살펴보자 놀랍게도 벌떼가 소의 시체들 중 하나를 차지하고, 벌통 안에서 하는 일을 부지런히 하고 있었다.

암피온
리라 연주로 테베의 성벽을 쌓다

암피온은 제우스와 테베의 여왕, 안티오페의 아들이었다. 태어나자마자 쌍둥이 동생인 제토스와 함께 키타이론 산에 버려진 그는 부모도 모르는 채 양치기들 사이에서 자랐다. 헤르메스는 암피온에게 리라를 주고 연주하는 법을 가르쳐 주었으며, 그의 동생은 사냥과 양을 지키는 일을 하게 했다.

한편 테베의 왕위를 빼앗으려는 리코스와 그의 아내인 디르케에게 끔찍하게 시달림을 받고 있던 안티오페는 아들들에게 권리가 있다는 것을 알리면서 자신을 돕기 위해 올 것을 명령했다.

그들은 동료 양치기들과 함께 리코스를 공격하여 살해하고 디르케의 머리카락으로 황소를 묶어 죽을 때까지 끌고 다니도록 했다. 테베의 왕이 된 암피온은 성벽을 쌓아 도시의 방어를 튼튼히 했다. 그가 리라를 연주하면 바위들이 스스로 움직여 성벽을 쌓았다는 이야기가 전해지고 있다.

리노스와 타미리스
음악의 신

리노스는 헤라클레스에게 음악을 가르쳤는데, 어느 날 제자를 너무 가혹하게 꾸짖었고 화가 치밀어오른 헤라클레스는 리라로 리노스를 때려 죽게 만들었다.

고대 트라키아의 방랑 시인이었던 타미리스는 주제넘게 뮤즈의 여신들에게 솜씨를 겨루어보자고 도전하여 패배했고 여신들은 그의 시력을 빼앗아버렸다.

마르시아스
아폴론과 음악을 겨루다

피리를 발명한 아테나는 하늘의 청중들을 즐겁게 하기 위해 피리를 연주했다. 하지만 장난을 좋아하는 개구쟁이인 에로스가 연주를 하는 동안 기묘하게 변하는 여신의 얼굴을 놀리자 화가 난 아테나는 피리를 내던져버렸고, 땅에 떨어진 피리는 마르시아스가 발견했다.

그가 피리를 연주하자 이 세상에서 들어보지 못한 황홀한 소리가 흘러나왔다. 마르시아스는 오만하게도 아폴론에게 음악으로 겨루어볼 생각을 하게 되었다. 당연하게 신이 이겼다. 신은 마르시아스에게 산 채로 껍질이 벗겨지는 벌을 내렸다.

멜람푸스
새와 동물들의 대화를 알아듣는 예언자

멜람푸스는 예언하는 능력을 부여받은 최초의 인간이었다. 그의 집 앞에는 뱀의 둥지가 있는 참나무 한 그루가 있었다. 늙은 뱀들은 하인들이 죽였지만 멜람푸스는 새끼 뱀들을 보살피며 정성을 들여 길렀다.

어느 날 그가 참나무 밑에서 잠자고 있을 때 뱀들이 그의 귀를 혀로 핥았다. 잠에서 깼을 때, 그는 놀랍게도 새와 기어다니는 동물들의 말을 알아들을 수 있었다. 이러한 능력으로 그는 미래의 일들을 예언할 수 있게 되었고, 곧 유명한 예언자가 되었다.

언젠가 그의 적들이 그를 사로잡아 감옥에 가두어놓았다. 고요한 밤이 되자 멜람푸스는 대들보 속에 있던 나무벌레들의 이야기를 듣게 되었고, 대들보가 거의 다 썩어 지붕이 곧 무너져 내린다는 것을 알게 되었다. 그는 자기를 잡아두고 있는 자들에게 그 사실을 알리고 내보내달라고 하면서, 그들에게도 경고를 했다. 그의 경고를 받아들여 죽음을 면하게 된 그들은 멜람푸스에게 보답을 하고 최고의 대우를 해주었다.

무사이오스
노래와 시의 명인

무사이오스는 반쯤은 신화적인 인물로 어떤 전설에서는 오르페우스의 아들이라고 전하기도 한다. 그는 신성한 시들과 신의 계시를 썼다고 전해진다.

제25장 엔디미온, 오리온, 에오스와 티토노스, 아키스와 갈라테이아

엔디미온
영원한 청춘

　엔디미온은 라트모스 산에서 양을 기르던 아름다운 청년이었다. 고요하고 맑은 어느 날 밤 달의 여신, 아르테미스는 그가 잠자고 있는 모습을 보게 되었다. 처녀 여신의 차가운 가슴은 그의 빼어난 아름다움에 따뜻해졌고, 그녀는 그에게 내려와 키스를 하고 잠들어 있는 동안 그를 지켜주었다.

　제우스가 그에게 영원한 청춘과 더불어 영원한 잠을 주었다는 이야기도 있다. 이런 재능이 있는 그에 관한 모험들에 대해서는 기록할 것이 거의 없다. 그의 양떼가 늘어나도록 하고 맹수들로부터 지켜주었기 때문에 아르테미스가 그가 활동을 하지 않고 있는 동안 그의 재산이 피해를 입지 않도록 돌보아 주었다는 이야기가 있다.

오리온
아르테미스의 실수

오리온은 포세이돈의 아들이었다. 그는 아름다운 거인이었으며 강력한 사냥꾼이었다. 그의 아버지는 그에게 깊은 바다 속을 걸어가는 능력을 주었다. 또한 다른 이야기에 의하면 바다의 수면 위를 걸어가는 힘을 주었다고도 한다.

오리온은 키오스 섬의 왕 오이노피온('포도주를 마시는 사람')의 딸인 메로페를 사랑하여 청혼을 했다. 그는 섬에 있는 맹수들을 모두 없애버리고 그 사냥의 성과물을 사랑하는 그녀에게 선물로 주었지만, 오이노피온이 계속해서 승낙을 미루자 오리온은 완력으로 처녀를 차지하려고 했다. 그의 행동에 화가 난 그녀의 아버지는 오리온을 술에 취하게 한 후 두 눈을 뽑아내고 해변에 내다버렸다.

장님이 된 영웅은 외눈박이 거인족의 망치 소리를 따라 렘노스 섬에 도착하여 헤파이스토스의 대장간으로 왔다. 그를 불쌍히 여긴 헤파이스토스는 직공 중의 한 명인 케달리온에게 맡기고 아폴론의 거소로 안내하도록 했다.

오리온은 케달리온을 어깨 위에 태우고 동쪽으로 가 그곳에서 태양의 신(아폴론은 의술의 신이기도 하다)을 만났으며, 그의 광선으로 시력을 되찾았다.

그 후에 그는 사냥꾼으로서 아르테미스와 함께 살았다. 그가 여신을 아주 좋아했으므로 여신과 결혼할 것이라는 말까지 돌게 되었다. 대단히 불쾌해 했던 여신의 오빠(아폴론)는 그녀를 종종 꾸짖었지만 아무런 소용이 없었다.

어느 날, 오리온이 머리를 수면 위로 내놓고 바다를 건너가고 있는 것을 본 아폴론은 그것을 누이에게 가리키며 바다 위에 있는 검은 물건을 맞히지 못할 것이라고 단언했다. 활솜씨가 뛰어난 여신은 운명의 목표물을 향해 활을 쏘았다. 파도가 굽이치며 오리온의 시체를 해안으로 이끌고 오자 아르테미스는 자기의 치명적인 실수를 몹시 슬퍼하며 그를 별자리들 사이에 놓아두었다.

별이 된 오리온은 허리띠와 칼을 차고 사자의 모피를 몸에 두르고 몽둥이를 손에 쥔 거인의 모습으로 나타난다. 그의 사냥개인 세일리오스가 그의 뒤를 따르며, 플레이아데스들이 그의 앞을 날아다닌다.

플레이아데스는 아틀라스의 딸들로 아르테미스를 수행하는 님프들이었다. 어느 날 오리온은 그들에게 반하여 뒤를 쫓아갔다. 곤란한 상황에 빠진 그들은 신들에게 자신들의 모습을 바꾸어달라고 기도했다. 그러자 그들을 불쌍히 여긴 제우스는 비둘기로 변신시켜 하늘의 성좌가 되도록 했다. 그들은 일곱 명이었지만 여섯 개의 별만이 보일 뿐이다. 그들 중의 한 명인 엘렉트라가 트로이의 함락을 지켜볼 수 없어서 자신의 자리를 떠났기 때문이라고 한다. 트로이는 그녀의 아들인 다르다노스가 세운 것이기 때문이었다. 그 광경은 그녀의 자매에게도 영향을 끼쳐, 그 이후로는 그들도 창백해졌다고 한다.

에오스와 티토노스
새벽 이슬에 맺히는 슬픔

새벽의 여신인 에오스는 언니인 달의 여신 아르테미스처럼 가끔씩 인간을 사랑하곤 했다. 그녀가 가장 사랑했던 인간은 트로이의 왕 라오메돈의 아들인 티토스였다.

그를 납치한 그녀는 그가 영원한 생명을 갖게 해 달라고 제우스를 설득했다. 하지만 영원한 생명과 함께 영원한 젊음을 요청해야 한다는 것을 깜빡 잊었기 때문에, 얼마 후 점점 늙어가는 그를 보며 고통스러워했다. 마침내 그의 머리카락이 완전한 백발이 되자 더 이상 그를 만나지 않았다.

그러나 티토스는 줄곧 그녀의 궁전 주변에 살면서 신의 음식을 먹고 하늘의 옷을 입고 있었다. 마침내 그가 손발을 움직일 수 없을 정도가 되자 방 안에 가두었는데, 그의 가냘픈 목소리가 가끔씩 들려왔다. 결국 그녀는 그를 매미로 변하게 했다.

멤논은 에오스와 티토노스의 아들이었다. 그는 에티오피아의 왕이었으며 동쪽 끝에 있는 오케아노스 해안에 살고 있었다. 트로이 전쟁 때 그는 아버지의 친족을 돕기 위해 전사들과 함께 찾아왔다. 프리아모스 왕은 그를 정중하게 맞아들였고 그가 해안에서 일어났던 경이로운 일들을 이야기하자 감탄하며 경청했다.

트로이에 도착한 바로 다음 날 쉬고 있는 것이 싫었던 멤논은 자신의 군대를 이끌고 싸움터로 나갔다. 네스토르의 용감한 아들인 안틸로코스는 그의 손에 죽었으며 그리스인들은 도망쳤지만 아킬레우스가 나타나 전세를 역전시켰다. 아킬레우스와 에오스의 아들 사이의 길고도 모호한 싸움은 계속되었고, 마침내 아킬레우스가 승리했으며 멤논은 전사하고 트로이군은 허둥지둥 도망쳤다.

하늘의 거처에서 아들의 위험을 걱정하며 지켜보고 있던 에오스는 아들이 쓰러지는 것을 보자 그의 형제들인 바람의 신들에게 그의 시체를 파플라고니아의 아이세포스 강가로 운반하도록 지시했다.

저녁이 되자 에오스는 시간의 여신들과 플레이아데스들을 데리고 와 아들을 보면서 슬피 울며 애통해 했다. 그녀의 슬픔을 안타깝게 생각한 밤의 여신도 하늘을 구름으로 덮어버렸다. 천지만 물은 모두 새벽의 여신의 아들을 애도했다.

에티오피아 사람들은 님프들의 숲속을 흐르는 강의 기슭에 그의 묘를 세웠으며 제우스는 그의 장례용 장작더미에 남아 있던 불똥과 재를 새들로 변하게 했다. 두 무리로 나누어진 새들은 장작더미 위에서 싸우더니 마침내 불꽃 속으로 떨어졌다. 해마다 그의 기일이 되면 새들은 돌아와 똑같은 방법으로 그의 장례식을 거행한다. 그 후로 에오스는 줄곧 아들을 잃은 슬픔에 잠겨 있다. 그녀의 눈물은 여전히 흐르고 있으며, 이른 아침이면 풀잎에 내린 이슬의 모습으로 그녀의 눈물을 볼 수 있다.

아키스와 갈라테이아
거인족의 질투로 태어난 아름다운 강

시칠리아의 아름다운 처녀인 스킬라는 바다 님프들의 총애를 받고 있었다. 많은 구혼자들이 있었지만 모두 퇴짜 놓고 갈라테이아의 동굴을 찾아가 얼마나 성가신 일을 겪고 있는지 털어놓곤 했다. 어느 날, 스킬라가 머리를 빗겨주고 있을 때 그녀의 이야기를 듣고 있던 여신은 이렇게 말했다.

"하지만 너를 성가시게 구는 자들은 상스럽지 않은 가문의 인간들이잖아. 만약 싫으면 물리칠 수도 있잖아. 하지만 네레우스의 딸이며 자매들의 보호를 받고 있는 나는 바다 속으로 깊이 들어가지 않고서는 키클롭스(폴리페모스를 가리킨다)의 연정을 피할 수가 없단다."

그녀는 흐르는 눈물 때문에 말을 이을 수가 없었다. 동정심이 많은 스킬라는 고운 손가락으로 눈물을 닦아주며 여신을 달랬다.

"그 슬픔의 원인을 저에게 말해주세요."

그러자 갈라테이아는 이렇게 말했다.

"아키스는 파우누스(로마의 신이다. 그리스의 신, 판)와 나이아스의 아들이었어. 그의 아버지와 어머니는 그를 몹시 사랑했지만 나의 사랑과는 비교도 되지 않아. 그 아름다운 청년은 오직 나만을 사랑했고, 뺨에 난 솜털이 이제 막 검어지기 시작하는 열여섯 살이었지. 내가 사귀고 싶어 하는 만큼 키클롭스도 나를 사귀고 싶어 했어. 만약 네가 아키스를 사랑하는 마음과 키클롭스를 싫어하는 마음 중 어느 것이 더 강했냐고 묻는다면 대답할 수가 없어. 거의 같았으니까.

아프로디테여, 당신의 힘은 위대하잖아요! 흉악한 거인이며, 숲의 공포이며, 그 어떤 불행한 나그네도 피해를 입지 않고는 도망칠 수 없으며, 제우스조차도 무시하는 그런 그가 사랑이 무엇인지를 알게 되었던 거야. 나에 대한 열망에 사로잡히자 양떼도 곡식 가득한 동굴도 까맣게 잊어버린 거야.

그리고는 태어나서 처음으로 자신의 외모를 다듬기 시작했고 호감을 얻기 위해 애를 쓰게 되었단다. 추잡한 머리카락을 빗으로 빗고, 낫으로 수염을 베고, 눈에 거슬리는 용모를 물속에 비춰 보면서 표정을 부드럽게 만들었어. 살육을 좋아하는 사나운 성질과 피를 갈망하는 성질은 더 이상 없었고 자신의 섬에 정박하는 배들도 무사히 보내주었지. 커다란 발자국을 남기며 바닷가를 이리저리 거닐었고 피곤해지면 동굴 속에 조용히 누워 있었지.

　　바다로 튀어나온 절벽이 있었는데 그 양쪽에서 물결이 출렁거렸어. 어느 날, 거대한 키클롭스가 그곳에 올라가 앉아 있는 동안 양떼들은 그 주변에 있었지. 배의 돛대로도 쓸 수 있는 지팡이를 옆에 놓고, 많은 피리들을 묶어서 만든 악기를 손에 들고 그의 노랫소리가 언덕과 바다에 울려 퍼지게 했어.

　　나는 사랑하는 아키스와 함께 바위 밑에 숨어서 멀리서 들려오는 노랫소리를 듣고 있었어. 그 노래는 나의 아름다움에 대한 찬사와 나의 냉정함과 잔인함에 대한 맹렬한 비난이 뒤섞여 있는 것이었지.

　　노래를 끝내자 자리에서 일어난 그는 가만히 서 있을 수 없는 성난 황소처럼 숲속으로 걸어 들어갔어. 아키스와 나는 이미 그에 대한 생각을 까맣게 잊고 있었는데, 갑자기 그가 우리가 앉아 있는 것을 볼 수 있는 곳으로 와서는 외쳤지. '여기에 있었군. 이

것이 너희들의 마지막 밀회가 되도록 해주겠다.'

  그의 목소리는 화가 난 키클롭스만이 뱉어낼 수 있는 고함소리
였어. 그 소리에 아이트나 산이 부르르 떨렸고, 나는 공포에 질려
바다 속으로 들어갔단다. 아키스는 '살려 줘요. 갈라테이아, 살려
주세요. 아버지, 어머니.'하고 외치며 몸을 돌려 달아났지. 키클
롭스는 그를 쫓아가며 산에서 바위를 떼어내 그를 향해 마구 던
졌어. 단지 바위의 모서리가 닿았을 뿐이었지만 그의 몸을 전부
덮쳐버렸지.

  나는 남아 있는 모든 힘을 다해 아키스를 구하려 했어. 그의
할아버지인 강의 신에게 빌기도 했어. 새빨간 피가 바위 밑으로
부터 흘러나왔지만 점점 창백해지다가 빗물로 혼탁해진 시냇물
처럼 보이더니 시간이 흐르자 점점 맑아졌어. 바위가 갈라지며
활짝 열리더니 갈라진 틈으로 물이 솟구쳐 나오면서 기분 좋은
속삭임을 내뱉었지."

  그렇게 아키스는 강이 되었으며, 그 강은 여전히 아키스란 이
름을 간직하고 있다.

부록

그리스 로마 신화는 어떻게 전해졌나?
올림포스 신화 세계의 지배자들
신탁의 성지

그리스 로마 신화에 대한 고대 문헌들

신화를 의미하는 그리스어 미토스(Mythos)는 이야기를 뜻한다. 고대인들은 우주의 본질과 초자연적인 불가사의한 현상에 대한 궁금증을 신의 힘이라 믿었다. 그리고 그것을 이야기로 풀어냈는데 그것이 바로 미토스이다. 미토스는 그리스인 뿐만 아니라 어느 민족에게나 있었다.

미토스와 반대되는 개념은 로고스이다. 즉 로고스는 만물의 근원을 이성적, 논리적, 과학적 사고로 이해하려는 것이다. 그러나 로고스는 기원전 7세기경 그리스 철학자들에 의해 형성된 개념이여, 미토스는 그보다 훨씬 전에 그리스 인들의 삶 속에 자연스럽게 받아들여지고 있었다.

즉 고대 그리스인들은 신과 인간의 관계, 우주의 본질 등을 비논리적인 자신들의 이야기로 만들어냈다. 이러한 비논리성 때문에 고대의 학자들 중에는 허구인 신화를 폄하하며 역사와 확연하게 경계 짓기도 했다.

그러나 고대 그리스인들 중에는 신화를 사실로 받아들이는 사람들이 많았으며, 신화와 역사를 구분하려고 하지 않았다. 따라서 그리스 신화는 시대를 거듭하며 체계적인 형태를 갖추고 전승되었으며 더욱 확대되고 변형되었다.

즉, 호메로스의 《일리아스》와 《오디세이아》도 그 시대에 갑자기 나타난 것이 아니고 그 이전에 수많은 이야기들이 있었다. 그리고 그것이 오랜 시간을 거쳐 세련된 문학의 형태를 갖추게 된 것이다.

《일리아스》와 《오디세이아》는 작품의 무대인 트로이 전쟁에 관련된 방대한 '서사시' 중에서 하나의 에피소드가 호메로스에 의해 정교하게 만들어진 것이다.

그리스인들이 다룬 신화의 소재는 다양했다. 트로이 전쟁과 같은 역사적인 사실에서부터 올림포스의 12신, 우주의 창조와 같은 종교적인 것 그리고 영웅들의 모험과 사랑도 인기 있는 신화의 주제였다.

이들 신화를 커다란 줄기로 나누면 세 가지로 분류되는데, 첫째는 〈일리아스〉와 〈오디세이아〉, 〈소(小) 일리오스〉, 〈일리온의 함락〉 등과 같은 트로이 전쟁을 주제로 한 '트로이아 서사시'가 있으며, 둘째는 〈오이디푸스〉〈테베 이야기〉와 같은 테베 전설에 관한 '테베 서사시'가 있다. 셋째는 헤라클레스의 모험을 주제로 한 수많은 신화들이다.

이들 신화들은 문자가 생기기 전에는 음유시인들의 입을 통해서 전승되었다. 그리고 문자가 생겨나면서부터 서사시와 서정시의 형태로 기록되었다. 이러한 과정을 거치면서 신화는 원래의 이야기에 새로운 내용들이 더해지기도 하고 없어지기도 하면서 최초의 상태에서 한없이 변화하며 곁가지들이 만들어져 나갔다.

특히 BC 5세기경에 활동한 그리스 작가들에게 신화는 상상력의 보물창고였다. 그들에 의해 신화는 다시 새로운 비극으로 재현되어 공연을 통해 그리스인들에게 전해졌다. 이때 만들어진 신화의 내용들이 그리스인들에게 끼친 영향력은 대단하다. 비극 속의 신화는 송두리째 그리스인들의 사회의식을 형성하는 그물이 되었다.

따라서 오늘날 우리가 접하고 있는 그리스 신화들은 내용이 방대할 뿐만 아니라 같은 이야기라도 줄기가 여러 가지이며 시작과 끝이 각각 다른 경우가 많다. 그나마 《일리아스》와 《오디세우스》가 유일하게 그 시대의 신화를 온전하게 전해주고 있는 것 중의 하나이다.

《일리아스》와 《오디세이아》에 의해 오늘날 우리들에게 그리스 신화를 전해주는 원전들과 그리스 비극에는 다음과 같은 것들이 있다.

1. 헤시오도스의 《신통기(신의 계보)》와 《노동과 나날》

헤시오도스(Hesiodos)는 호메로스에 이어 BC 8세기말에 등장한 서사시인으로 그의 작품 역시 그리스인들에게 큰 감동을 주었다. 《신통기》는 천지창조에서부터 올림포스 신들의 계보를 찾아 세계의 생성을 체계화한 작품이다. 우라노스와 가이아의 결합으로 바다와 산의 신들이 탄생된 이야기, 티탄 형제들과 키클롭스, 제우스가 아버지 크로노스를 몰아내고 지배권을 차지하여 올림포스 12신의 역할을 분배하는 이야기 등이 정리되어 있다.

《노동과 나날》은 음유시인이면서 농부였던 헤시오도스가 교훈적 의도를 가지고 집필한 것으로서, 농민의 고통스러운 나날과 노동의 귀중함에 대한 자신의 체험을 노래한 것이다. 계절별로 적합한 노동을 설명하기도 하며 원시적인 금기와 미신도 이야기한다. 인간의 고통에 대한 기원과 그로 인해 신에게 제물을 바치는 풍습이 생겨난 이야기들이 있다.

2. 아폴로도로스의 《도서관》

BC 140년경에 활동한 그리스의 학자, 아폴로도로스(Apollodoros)의 신화 해설집으로 알려져 있다. 호메로스와 마찬가지로 아폴로도로스도 별로 알려진 것이 없는데 트로이의 몰락(BC 1184)에서부터 BC 119년까지의 그리스의 역사서인 《연대기(Chronicle)》의 작가로 알려져 있다. 그러나 이 작품은 전해지지 않고 현재 전해지는 것은 《도서관 (The Library)》이라는 작품이다. 이것은 그리스 신과 영웅들의 복잡한 가계도와 지역과 강, 종족, 도시의 유래 등이 간명하게 잘 정리되어 있다. 현재 우리가 알고 있는 신화는 대부분 아폴로도로스의 것에 곁가지가 붙고 미사여구로 다듬어진 것이라고 보면 된다.

처음에는 이 작품이 BC 2세기경 아폴로도로스에 의해 쓰여진 것으로 말해졌으나 AD 2세기에 쓰여진 것으로 판명이 나서 저자가 명확하지 않다. 그러나 현재 전해지는 그리스 신화의 원전 중에서 신화를 온전하게 보여주는 귀중한 자료이다.

3. 오비디우스의 《변신 이야기》

AD 1세기 로마의 작가 오비디우스(Ovidius BC 43~AD 17)의 작품이다. 그리스 신화나 전설 중에서 변신의 모티프가 담겨 있는 이야기들을 집대성한 것이다. 예를 들면 처녀의 신, 아르테미스를 수행하는 숲의 님프 칼리스토가 처녀로 남겠다고 맹세했지만, 아르테미스로 변신한 제우스 신에게 유혹을 당해, 헤라 여신의 질투를 받게 되어 곰으로 변했다가, 제우스에 의해 하늘의 별자리 큰곰자리에 올려졌다는 이야기 같은 것이다.

천지창조에서부터 카이사르의 시대까지의 이야기가 연대순으로 나열되어 있는 15권의 대서사시이다. 에피소드 중심의 신화집으로 로마 시대 이후로 오랫동안, 유럽 및 세계 각국에서 재미있게 읽히고 있다.

4. 그리스 비극

그리스 비극은 BC 5세기경 아테네를 중심으로 가장 활발하게 전개되었는데, 3대 비극 시인인 아이스킬로스, 소포클레스, 에우리피데스와 같은 뛰어난 작가들에 의해 집필되었다. 이들은 신화의 소재를 그대로 수용하기보다 작가 나름대로 재해석하여 신화 속의 인물들을 새로이 창조해냈다. 이들에 의해 재가공된 신화들을 살펴보면 다음과 같다.

❖ 아이스킬로스(Aeschylos BC 525~456년경)
그리스 비극의 창시자라고 할 수 있다. 73편의 비극을 썼는데, 지금 전해지는 것 중에서 신화를 소재로 한 작품은 〈테베를 공격한 일곱 용사〉, 〈탄원하는 여인들〉, 〈결박된 프로메테우스〉, 3부작 〈오레스테이아의 아가멤논〉, 〈제주를 바치는 여인들〉, 〈자비로운(복수의) 여신들〉 등이 남아 있다.

❖ 소포클레스(Sophocles BC 496~406)

그리스 3대 비극 시인 중의 한 명인 소포클레스도 123편의 작품을 쓴 것으로 알려져 있으나 현재 전해지는 것은 7편이다. 〈아이아스〉, 〈트라키스의 여인들〉, 〈안티고네〉, 〈오이디푸스 왕〉, 〈엘렉트라〉, 〈필록테테스〉, 〈콜로노스의 오이디푸스〉 등 모두 신화를 소재로 한 작품들이다.

❖ 에우리피데스(Euripides BC 484?~406?)

아이스킬로스, 소포클레스와 함께 그리스 3대 비극시인인 에우리피데스 역시 92편의 작품을 썼다고 하나 그중에서 18편만 전해지고 있다. 〈알케스티스〉, 〈메데이아〉, 〈헤라클레스의 후손들〉, 〈히폴리토스〉, 〈안드로마케〉, 〈헤카베〉, 〈탄원하는 여인들〉, 〈미친 헤라클레스〉, 〈이온〉, 〈트로이의 여인들〉, 〈엘렉트라〉, 〈헬레네〉, 〈페니키아의 여인들〉, 〈오레스테스〉, 〈아울리스의 이피게네이아〉, 〈바쿠스의 여신도들〉, 〈키클롭스〉 등이다.

이 외에도, 헬레니즘 시대의 시와 플루타르코스와 파우사니아스와 같은 로마제국 시대의 작가들이 쓴 신화들이 전해졌다.

그리스와 로마의 12신

(R: 로마식 표기 E: 영어식 표기, 또는 기타)

1. 제우스(Zeus): (유피테르(R)/주피터(E))

인간과 신들의 제왕이라 불리며 하늘을 지배한다. 상징은 번개와 독수리, 헤라와 결혼했으나 무수히 많은 여자들과 정을 나누었다.

2. 헤라(Hera): (유노(R)/쥬노(E))

결혼과 가정의 수호신이여 제우스의 아내이다. 상징은 공작새. 결혼의 신성함을 관장하는 여신.

3. 포세이돈(Poseidon): (넵투누스(R)/넵튠(E))

제우스와 형제이며 바다를 다스린다. 포세이돈의 상징은 말과 삼지창. 바다의 요정인 암피트리테와 결혼했으며 그가 키우는 말들은 명마로 유명하다.

4. 아레스(Ares): (마르스(R))

제우스의 아들이며 거친 전투를 좋아하는 전쟁과 파괴의 신이다.

로마에서는 로마의 건국자, 로물루스와 레무스의 아버지로 여기며 널리 숭배했다.

5. 아폴론(Apollon): (아폴로(R))

제우스의 아들. 제우스와 레다 사이에서 태어났다. 태양의 신이며, 음악과 예술, 궁술, 의술, 예언의 신이기도 하다. 언제나 아름다운 청년의 모습으로 묘사된다. 상징은 월계수와 리라.

6. 헤파이스토스(Hephaistos): (불카누스(R))

제우스의 아들. 대장장이의 신. 제우스가 혼자 힘으로 아테나를 낳자 헤라도 혼자 헤파이스토스를 낳았다. 추한 외모 때문에 태어나자마자 헤라가 올림포스 아래로 던져 다리를 절게 되었다.(또 다른 설에 따르면 제우스와 헤라 사이에 태어났으며, 제우스와 헤라가 부부 싸움을 했을 때 헤라 편을 들자 화가 난 제우스가 헤파이스토스를 던져버렸다고 한다.) 손재주가 뛰어나 올림포스 신들의 무기와 각종 도구를 만든다.

7. 헤르메스(Hermes): (메르쿠리우스(R)/머큐리(E))

제우스의 메시지를 전하는 전령의 신. 여행과 도둑의 신. 언제나 날개 달린 모자와 신발을 신고 뱀 두 마리가 얽혀 있는 지팡이를 들고 다닌다. 올림포스의 전령.

8. 아테나(Athena): (미네르바(R))

전쟁과 지혜의 여신. 상징은 올빼미와 올리브. 메두사의 머리로 장식한 방패를 들고다니며 영웅들에게 승리의 지혜를 빌려준다.

9. 아르테미스(Artemis): (디아나(R)/다이아나(E))
아폴론과 쌍둥이인 달의 여신. 사냥과 숲의 여신이며 처녀들의 보호자이다. 결혼하지 않고 언제나 님프들과 어울려 사냥에 열중한다. 활과 화살을 들고 다닌다.

10. 아프로디테(Aphrodite): (베누스(R)/비너스(E))
사랑과 미의 여신. 그녀의 아름다움에 반한 많은 신들이 그녀에게 구애했다. 그러나 제우스는 자신의 무기인 번개를 만들어 준 헤파이스토스에 대한 보답으로 아프로디테를 그에게 보내 결혼하도록 했다. 상징은 조개, 바다거품, 마법의 허리띠

11. 디오니소스(Dionysos): (바쿠스(R))
포도나무와 포도주의 신. 흔히 술의 신이라고 한다. 제우스와 세멜레 사이에서 태어났다. 다산과 풍요의 신이면서, 디오니소스 종교를 만들어 신자들에게 광적인 믿음과 황홀경을 경험하게 했다.

12. 데메테르(Demeter): (케레스(R))
제우스와 형제이다. 땅의 어머니 가이아로부터 대지의 신권을 받은 농업의 신. 곡물과 땅의 생산력을 상징한다. 밀 이삭으로 만든 관을 쓰고 있다.

델포이 신전

그리스 중부 파르나소스 산의 중턱에 있는 델포이 신전은 태양신 아폴론을 모신 신전이다. 고대 그리스인들은 이곳을 '옴파로스(Omphalos)'라고 하며 세계의 중심이라고 생각했다. 그들은 개인적으로 중대한 결단을 내려야 할 때 또는 정치적인 문제, 전쟁에 임할 때는 반드시 델포이 신전에 올라 기도를 올리며 신탁(神託), 즉 신의 계시를 구했다.

당시 그리스인들은 신탁을 받지 않고는 어떠한 결단도 내리지 못했다. 특히 여사제 피티아의 예언은 절대적인 권위를 가진 것으로 숭배되었다.

BC 2000년경에는 이곳에 대지의 여신 가이아의 신전이 있었다. 그러나 폴리스 시대에 이르러 아폴론 신을 모시면서 많은 사람들이 델포이를 찾기 시작했다. 이후 델포이는 그리스인들의 종교적인 중심지가 되었으며 BC 5세기 민주주의의 전성기에는 신전을 보물로 가득 채워 그리스 제국의 금고 역할을 하기도 했다.

'옴파로스'는 '배꼽'이라는 뜻이다. 그리스 신화에 따르면 제우스가 두 마리의 독수리를 동쪽과 서쪽으로 날려 보내며 세계의 중심을 향해 날아보라고 했더니 그 두 마리의 독수리가 델포이에서 만났다고 한다.

아폴론이 이곳을 다스리기 전에는 대지의 여신인 가이아의 딸 테미스가 다스렸으며 거대한 뱀의 신 피톤이 지키고 있었다. 그러나 아폴론이 피톤을 처치하고 자신의 신탁소를 차렸다고 한다. 그리고 돌제단이 만들어졌는데 사람들은 이것을 '세계의 중심' 즉 '대지의 배꼽'이라고 불렀다.

이 돌은 제우스의 아버지 크로노스가 토해낸 것이었다. 크로노스는 대지의 신 가이아와 하늘의 신 우라노스의 아들이다. 이들 사이에는 티탄 12남매와 외눈박이 키클롭스 3형제 그리고 팔이 100개나 달린 거인 헤카톤케이레스 3형제가 있었다.

하늘의 신 우라노스는 이 자식들이 서로 싸우며 골칫거리를 만들자 무한지옥, 즉 땅의 신 가이아의 몸속에 가두어 버렸다. 화가 난 가이아는 막내아들인 크로노스에게 낫을 하나 만들어주며 우라노스를 거세하게 했다. 이로써 하늘과 땅이 갈라졌다고 한다.

그후 크로노스는 누이인 레아와 결혼했다. 그러나 자신도 아들들에 의해 해를 당할까봐 두려웠으므로 낫을 가지고 다니며 레아가 아이를 낳는 대로 삼켜 버렸다. 레아는 아들 '제우스'를 갖게 되자, 이러한 사실을 가이아에게 말하고 도움을 청했다. 그리고 제우스를 낳자, 제우스 대신 커다란 돌을 보자기에 싸서 크로노스에게 아들이라고 주었고 크로노스는 레아가 낳은 아이인 줄 알고 삼켰다.

가이아는 제우스를 크레타의 산속 동굴에 숨겨서 키웠다. 성장한 제우스는 '메티스'에게서 얻은 약을 크로노스에게 먹여 그동안 삼킨 자신의 형제들을 토해내게 했다. 크로노스는 제일 먼저 '제우스'인 줄 알고 삼켰던 돌을 토해냈는데, 제우스는 이 돌을 '파르나소스 산'에 올려놓고 자신의 승리의 증거를 삼았다. 이 돌이 바로 '옴파로스'이다.

이 신전 문에는 소크라테스의 유명한 말 '너 자신을 알라'라는 문구가 새겨져 있다. 그리스인들은 그것이 아폴론 신이 인간에게 이르는 말이라고 믿었다. 따라서 그들은 아폴론 신의 말을 대신 전해주는 무녀 사제인 피티아의 예언을 절대적으로 따랐다.

그리스 전역에서 신탁을 행하는 곳은 델포이 외에도 제우스의 신탁인 도도나, 올림피아 또는 테베, 델로스에서도 이루어졌다. 하지만 당시 델포이의 신탁이 가장 유명했다.

델포이의 무녀 사제인 피티아는 나이가 많은 여자이면서 처녀여야 했다. 그녀는 성소의 샘물을 마신 뒤 신전의 지하 방으로 들어간 다음 삼족 의자에 앉아 월계수 잎을 씹으며 신의 계시를 내렸다. 신탁을 구하는 사람들은 그녀의 말을 제사관을 통해 전해들었다.

사실 무녀들의 말은 거의 알아들을 수 없는 말이었다. 현대의 과학자들이 무녀들이 어떻게 신의 말을 전했을까를 연구하고 조사했다. 그 결과 델포이 신전 지하의 단층구조에서 환각을 일으킬 수 있는 가스가 새어나온다는 사실을 발견했다. 따라서 무녀들은 이 가스에 취했거나 아니면 월계수 잎으로 인해 혼미한 상태로 중얼거렸으며 신전의 제사관들이 이것들을 해석하여 신탁을 내려준 것이라고 추정하기도 한다.

그러나 사실이 어떠하든 당시 델포이에는 신탁을 받기 위해 찾아온 그리스인들의 발길이 끊이지 않았으며, 신에게 바치는 제물들이 쌓여갔다.

이러한 제물들은 아테네의 정치를 주도하는 사람들에 의해 관리되었다. 따라서 델포이 신전은 아테네와 그리스의 정치를 주도하는 사

람들 그리고 제사관들, 즉 당시대의 가장 영향력 있는 사람들의 구심
점이 되었으며, 이들은 정치, 경제, 문화의 흐름에 깊게 개입했다.